砥砺当年
——走向改革发展自觉

谭砺 著

⊙S 湖南人民出版社

本作品中文简体版权由湖南人民出版社所有。
未经许可，不得翻印。

图书在版编目（CIP）数据

砥砺当年 / 谭砺著. —长沙：湖南人民出版社，2014.1（2025.4重印）
ISBN 978-7-5438-7015-4

Ⅰ.①砥⋯　Ⅱ.①谭⋯　Ⅲ.①改革开放—长沙市—文集　Ⅳ.①D619.641-53

中国版本图书馆CIP数据核字（2014）第021078号

砥砺当年

著　者	谭　砺
责任编辑	吴光辉
装帧设计	言　石

出版发行	湖南人民出版社［http://www.hnppp.com］
地　　址	长沙市营盘东路3号
邮　　编	410005
印　　刷	永清县晔盛亚胶印有限公司
版　　次	2014年6月第1版 2025年4月第4次印刷
开　　本	710×1000　1/16
印　　张	25.5
字　　数	200千字
书　　号	ISBN 978-7-5438-7015-4
定　　价	58.00元

营销电话：0731-82683348　　（如发现印装质量问题请与出版社调换）

序 言

■陈润儿

我是欣然为谭砺同志这本书作序的。

与谭砺同志相识也是与书有关。2006年底，我任长沙市委书记时，一天到市委讲师团办公室，看见一个同志在埋头看书。经询问，是谭砺同志在对一本名叫《思考无限——中共长沙市委中心组学习专家演讲录（第一辑）》书进行勘读，我看到的这本书是以市委宣传部、市委讲师团名义编辑的。里面收集了2004年到2005年共十四位国内知名学者专家录音整理出来的讲稿，随即与谭砺同志就书的内容、观点、思想和涉及的知识进行了一些探讨，特别是对长沙市委中心组的学习情况进行了初步了解。这样我和谭砺同志算是认识了。

后来，我因主持市委中心组学习，与做中心组学习服务的谭砺同志在学习中时有接触，在一些理论学习上，我们也曾进行过有益的讨论。当然，不仅涉及长沙的历史文化，也涉及哲学、经济学、社会学、管理学等。感到谭砺同志厚实的理论功底、渊博的学识涵养、深邃的思想见解、正直的为人品格，值得称道与敬重。所以，翻阅这一书稿时，由衷地感到欣喜和亲切。

《砥砺当年》这本书可以说是作者进入长沙市委机关二十年以来从事理论宣传工作的思考与习作精缩版。从"文化自觉"、"发展自觉"、"实践自觉"到"思想自觉"，不但显现了长沙近二十年来波澜壮阔的改革开放与进步发展，更凸显了小平南方谈话后长沙历届市委班子为谋划长沙发展而殚精竭虑，为谋长沙人民美好福祉的艰辛探索历程。

谭砺同志思想敏锐。谭砺同志是一个甘愿沉下心来搞研究的人，也是一个善于从高处来思考的人。他的《邓小平文化战略思想研究》是较早从文化视角研究邓小平理论的文章之一，随后，他又相继写出了《当代文化经济的社会形态初探》《论中国共产党人的文化自觉》等，这些文章对文化在政治领域、经济发展、社会进步中的作用都予以正面论述，更与我党"建设社会主义文化强国"的理论不谋而合。

谭砺同志视野开阔。近十年来，长沙市委学习中心组一直坚持马列主义、毛泽东思想、邓小平理论、"三个代表"重要思想和科学发展观为指导，按照学习理论、武装头脑、统一思想、达成共识的原则，紧紧把握国内外发展大局和当代经济社会发展大势，坚持中国特色社会主义理论联系长沙改革开放实践学习。本书"发展自觉"编精选的23篇市委中心组学习综述均出自谭砺同志之手。在综述中，他不但对市委中心组的学习进行了客观的记录，更重要的是，能得益于他个人宽阔的理论视野，使市委学习中心组的综述成为一篇篇颇有真知灼见而又激情豪迈的理论文章。

谭砺同志敢于担当。近二十年来的长沙发展日新月异，但面临的困难和挑战也是前所未有。马克思曾指出："问题是时代的口号。"作为一个理论工作者，致力于社会调查，思考问题，剖析问题是应有的道义责任和理论担当。本书"实践自觉"编就是作者亲自撰写的调研报告和主持的社科课题。这些学术性较强的文稿既紧扣基层建设实际，又前瞻长沙发展走向，可谓眼光独到，字字珠玑。尤其在"思想自觉"编中，使我们可以感受到一个党的理论工作者对党、对国家的拳拳之心，对社会、对群众的赤子情怀。作者忧党爱国、坚定信仰、崇尚改革、守望理性、勇于担当的精神跃然纸上。

谭砺同志作为一个优秀的理论工作者，是当之无愧的。

是为序。

2013 年 12 月 15 日

目 录

文化自觉——文论编

争占制高点·聚建发展极·抉择新模式
　　——明天走向：长沙迈向现代化国际性城市论纲(摘要) /003
关于湖南人才问题的思考与对策 /016
当代文化经济的社会形态初探 /023
对我国传统文化与经济关系的再认识 /029
试论现代城市形象设计与塑造 /034
关于长沙软科学研究几个问题的思考 /044
中心城市在区域经济协调发展中的战略支点作用 /053
邓小平文化发展战略思想研究 /061
湖南戊戌维新派的精神熔铸 /072
提高湖南省经济增长质量与效益——优化产业结构 /078
论中国共产党人的文化自觉——纪念中国共产党成立80周年 /086
如何寓防治腐败于政治文明建设之中 /092
建构新的道德价值观 /096
城市文化与文化产业发展——兼论长沙城市文化标志/102

发展自觉——综述编

牢记"两个务必" 实现长沙率先发展
　　——中共长沙市委中心组2003年第一次集中学习综述 /111
坚定不移地以科学理论指导实践
　　——中共长沙市委中心组2003年第二次集中学习综述/117

为完善社会主义市场经济体制而努力奋斗
　　——中共长沙市委中心组2003年第四次集中学习综述/123
树立科学发展理念　落实全国"两会"精神
　　——中共长沙市委中心组2004年第一次集中学习综述 /129
依法治国执政　建设法治社会
　　——中共长沙市委中心组2004年第二次集中学习综述 /134
落实中央宏观调控决策　推进长沙优质高速发展
　　——中共长沙市委中心组2004年第三次集中学习综述 /139
加强执政能力建设　加快长沙全面发展
　　——中共长沙市委中心组2004年第四次集中学习综述 /144
永葆先进本色　熔铸时代先锋
　　——中共长沙市委中心组2005年第一次集中学习综述 /149
实现科学发展　构建和谐社会
　　——中共长沙市委中心组2005年第二次集中学习综述 /154
把握中部崛起机遇　促进长沙均衡发展
　　——中共长沙市委中心组2005年第三次集中学习综述 /159
坚持科学发展观为统领　推动长沙又快又好发展
　　——中共长沙市委中心组2005年第四次集中学习综述 /164
加快新农村建设　实现城乡统筹发展
　　——中共长沙市委中心组2006年第一次集中学习综述/169
必须用科学发展观武装头脑
　　——中共长沙市委中心组2006年第三次集中学习综述/174
提升科学发展理念　着力构建和谐长沙
　　——中共长沙市委中心组2006年第四次集中学习综述/178
认真学习讲话精神　切实加强作风建设
　　——中共长沙市委中心组2007年第一次集中学习综述 /183

统一思想 提升本领 科学发展
　　——中共长沙市委中心组2007年第二次集中学习综述/190

坚持创新理论武装 筑牢廉洁从政基础
　　——十六大以来中共长沙市委中心组切实开展党风廉政建设综述/197

高扬解放思想大旗
　　——中共长沙市委中心组2008年第一次集中学习综述 /203

把握新形势 开创新局面 夺取新胜利
　　——中共长沙市委中心组学习十七届三中全会精神综述 /212

建设学习型党组织 促进长沙经济社会又好又快发展
　　——中共长沙市委中心组2010年第一次集中学习综述 /219

查找差距 转变发展方式 清醒认识 谋划发展战略
　　——中共长沙市委中心组2010年第二次集中学习综述 /224

常怀忧党之心 不断推进党的建设
　　——中共长沙市委中心组2011年第二次集中学习综述 /230

激扬改革创新精神 坚持推进科学发展
　　——中共长沙市委中心组学习《朱镕基讲话实录》综述 /235

实践自觉——调研编

长沙市社区居委会干部思想状况调查分析报告 /243

关于"加快长沙'三化'进程,优化经济发展环境"的专家问卷调查分析报告 /260

湖南经济社会发展实现科学跨越的路径抉择思考
　　——新型城市化还是新型城镇化/271

坚持科学发展 实现科学跨越
　　——"一化三基"在长沙的成功实践 /278

长沙城乡一体"两型社会"建设的探索与实践 /299

思想自觉——放言编

公有制实现形式的新探索——评《公有制实现形式研究》/319

学习伟人马克思 ——读《马克思传(插图本)》/322

一本好书 ——评《聚集——社会热点理论普及读本》/325

解放思想 知行合一
　　——读《创业富民知与行：长沙市解放思想大谈论调研文集之一》/328

一个久违了的话题——关于《中国人的思维批判》的批判 /334

理论教育工作必须与时俱进——兼论在职干部理论教学的创新/338

理性与激情 /345

统一思想 引导学习 提升思维 指导实践
　　——撰写市委中心组学习综述的实践体会 /350

党委(党组)中心组学习秘书的工作要求与准备 /366

开拓自觉学习的新空间
　　——《党委中心组学习园地》更名为《学习导刊》的往思和寄语 /372

享受工作 /375

走向自觉 /380

感怀感知 /384

百十年间 /390

后记 /394

文化自觉——文论编

争占制高点·聚建发展极·抉择新模式

明天走向：长沙迈向现代化国际性城市论纲（摘要）

争占制高点：长沙经济发展战略依据

一、长沙面临的挑战与机遇

我国正处在一个空前发展竞争的时代，一方面由于"复关"逼近而直接参与世界经济竞争的拼抢，另一方面，我国这一轮经济大发展是全方位开放和建立市场经济体制在时空上并行，重新组合的区域经济格局有可能成为相对永久现实！又因我国的改革开放的宏观政策从沿海到内地基本拉平，在这一时期内，关键就看各区域如何营造小气候，成败就看各城市经济发展速度和综合实力的强弱比试！

当前，作为湖南省会长沙正面临着进一步开放的机遇。世界看好亚太，看好中国，而中国最有希望、最具发展潜力的是长沙

注：原文在《湖南经济报》1994年6月7日—21日系列发表，后为"长沙创建现代化国际性城市理论研讨会"交流论文，并入选《走向新世界——长沙创建现代化国际性城市理论研讨会文集》（湖南省科学技术出版社）1994年4月第一版。

这种有区位、科技、文化、历史名城、人才优势的地方，有湖南这一农产丰盛、资源丰富、劳动力丰裕的辽阔腹地；市场经济的建立给了长沙一个平等竞争的机会，在世界经济大变化，我国经济大开放，牵发我国几千年封建经济、小农经济及后来的计划经济的深刻变化中，实质上是人才和人才的素质竞争，经世致用、日新不息的湖湘文化培育出的湖南人、长沙人勇于进取精神，将在这场大竞争中一展风采。

应该看到，长沙南有沿海优先开放的广州、深圳；北有倚仗雄厚工业基础和黄金水道的武汉；东有京九线修通后，贯穿南北东西的江西南昌；西有雄心勃勃的川贵资源大省，就连西南的广西也正与云贵连手建筑"西南大通道"，其势决不可小视！长沙是前有挑战，后有追兵，南北夹击，东西紧逼！

在全国各区域竞相发展中一个显著特征就是各区域中发挥某个城市的核心作用，带动区域的经济社会发展。如以上海为"龙头"的长江流域经济带，以武汉为"东方芝加哥"的华中经济圈，以成都、重庆为中心的西南大开放，以广州、深圳为国际城市的对华南地区及南亚地区的经济辐射。这种发展模式从区域经济核缘理论与世界先进国家和地区的发展实践来看是符合社会生产力发展规律的。在开放市场经济作用下，经济发展因素及生产要素必将重组，关键是抓住稍纵即逝的历史机遇，依据自身特点，充分调动有利因素确立最佳战略来发展本区域经济。问题是长沙在我国这一轮经济战略大展开的自身位置如何确定？在区域经济发展和城市经济发展中的战略如何选择？

二、长沙经济发展三种可能的前景预测

处在世纪之交的长沙前景有以下三种可能：

（一）在国内外激烈竞争中长沙因缺乏其开放型中心城市带领

区域经济发展的作用，沿袭历史低层次轨迹延伸而失落中心城市地沦为"依附型"的区域经济。进而引发更大的"回波效应"，使长沙及湖南本就短缺的人才、资金、技术大量外流，阻滞了本地区发展。这种区域经济成长当然是低水平、高分散、均质分布为主的，也是缺乏极化效应动力、区域经济空间结构基本处于混乱的、无序状的。

（二）被动接受开放、依照原旧的思维定式和传统的经济发展思路，简单地接受人家扩散过来的劳动密集型的"三来一补"，或高耗能、高耗料、低附加值的传统制造业。回归到人家"前店"，我们"后厂"的"工业生产型"城市经济，这种所谓"垂直分工"的经济转移，是否符合长沙乃至湖南地区的实际情况和由此而产生新的能源、交通、环境等问题暂且不论，就是与现代科技社会发展、高科技含量、新技术应用、现代城市发展新要求和新起点也是相悖的。当然，长沙可以坐大船、随大流，利用特定的区域位置，当个"二传手"，顺理成章地作为一般的消费城市也是可能的，但作为湖南地区的中心城市是否发生位移就很难讲。

（三）抓住机遇，扩大开放，审时度势，争占先发优势的制高点。在我国这一次大规模经济战略展开和新一轮城市大发展浪潮中重新探索振兴长沙的发展轨迹。并以最大限度发挥"区核"作用，以一种新的大中心城市功能，打破传统经济格局，大力发展外向型经济，实施优势领先，综合开发，整体推进，以现代化国际性城市的新态势，直接走向世界市场，将资源优势、特色转化为经济优势，并具备湖南乃至更大地区发展支撑点的经济意义。争取在本世纪末实现迈向现代化国际性城市的转换过渡。纵观国内外发展成功的国家、地区和经济起飞的城市，无不借助于开放的强大推动。以内陆农业经济省份为依托的长沙,近年来确有落伍之感,这与其内陆意识不无关系。长沙要发展、要振兴、要争占经济快速腾飞的制高点,当务之急是扩大开放。只有进一步扩大开放,才能增强长沙人民、湖南人民的竞争意识、发展意识、改革意识、机遇意识;才能聚集科技人才、经济人才、科技信息、市场信息及资金等有利于长沙快速发展经济腾飞的一切要素;才能充分发挥长沙的文化优势、人才优势、科技优势、区位优势;才能站在更高层次上,开阔眼界,用更广博的胸怀看待当今中国,当今世界。我们从小平同志谆谆教导中,更深切地感受到一种催人奋进的历史紧迫感和我们这一代人的历史使命感。

所以三种前景,第一种绝不是长沙的出路,第二种也不是长沙的希望,长沙必须努力扩大开放,争取实现第三种发展前景。

聚集发展极:战略目标的理论基点

一、促成长沙为区域经济的"发展极"

发展极理论是一种非平衡发展理论。邓小平同志曾根据中国的实际指出:要发挥"集中力量办大事的优势"使"一部分地区有条件先发展起来,一部分地区发展慢点,先发展起来的地区带动后发展的地区"。"然而平均发展是不可能的。过去搞平均主义,吃大锅饭,实际上是共同落后,共同贫困,我们就是吃了这个亏。"中国几十年经验教训表明"平均发展是不可能的"。这就进一步验证了发展经济学中各区域不同步发展的非均衡发展战略理论:选择培育区域经济"发展极",把有限的生产要素集中配置在经济"发展极",使之得到优先高速度发展,再通过"发展极"的辐射作用,带动整个区域经济的发展。

湖南地区要实现高速度发展，对外开放的首要任务和目标是迅速打破长期以来传统封闭型低水平均衡发展的格局，提高区域内外生产要素及商品的聚集与流动，进一步提高区域经济开放层次和范围，积极参与国际分工与合作，走外向型经济发展道路，这就必须要形成一个本区域的"发展极"。从区域经济学考察，湖南区域基本上介于分散、均质的无序状与局部聚集不平衡发展的低级有序状时期，前者是说区内目前无发展极，后者是讲省会长沙初步具备了局部聚集条件。就长沙而言，它在区内以"节点"而存在，其"线"是与区内外关系网络，而"面"是广大的区域腹地，其中包括湖南全部和一部分鄂、赣、川、桂、粤。因此多少应以其特有的区位优势和经济社会综合条件，明确自己的历史任务、使命和地位，即一要作为湖南地区经济的发展极、支撑点；二要在华南国际城市带和长江流域国际城市带中确立位置并发挥作用，在我国即将崛起的新兴国际城市带中，长沙绝不能被排斥在外；三要为我国在下个世纪的前期达到中等发达国家水平作出应有贡献。

从发展极与核缘理论或从中外中心城市发展实践中都可以证明中心城市发展的重要作用之一是推动地区经济的发展。对于"沿海的内地，内地的前沿"和地处我国中部的湖南来讲，以其地理位置而言，不但应有一个由沿海向内地的梯度推进中的中转加速、传递连接的枢纽，而且就自身优点和资源发挥来讲也应有一个"发展极"。

长沙城市经济社会的发展，应该以"发展极"为理论基础，站在区域经济发展和全国现代化整体推进的大视角，宏观地、动态地、高起点地谋划长沙未来走向。

二、确立长沙经济社会发展的战略目标

长沙以"发展极"为经济发展理论基础，那么可以从以下四个高度来确定长沙经济社会发展的战略目标：首先是长沙自身经济社会发展的客观要求；其次是作为湖南省会城市的区域经济发展支撑点的要求；其三是国内城市纷纷抢占先发优势的制高点和周边地区高速发展的竞争压力；其四是全球经济竞争日趋激烈，中国必须在新的世界经济活动中成为主角。明确了长沙发展的历史使命，具备了发展理论基础，掌握了发展起点，关键就是抓住机遇。

随着"亚太时代"的来临，国际性城市的空间位置将重新组合，一批新兴的国际性城市在亚太地区的崛起给我国城市经济发展以强烈的示范效应。我国二十多个大中城市相继提出了创建各种类型的国际性城市，这对长沙是千年难遇的一次机遇，比照长沙特点的区位，纵观长沙发展道路上的兴衰荣辱，放眼国内外跨世纪的大趋势，长沙以向现代化国际性城市迈进为战略目标，无疑是历史的、科学的抉择。当代国际区域经济社会发展的趋势是以某一个或若干个现代化国际城市为依托来带动和激发某一区域或国家的经济社会全面发展，以亚太地区的一些成功经验证明了这种开放型城市发展模式的正确。长沙选择向现代化国际性城市迈进的战略目标，应该说有着复杂的外部压力和深刻的内部要求，其最根本的是长沙经济社会发展本质要求——国际性城市的开放性这一基本特征，只有抓紧、把握全方位的"开放"，长沙才有希望在国内外经济发展的竞技场占有主动权。开放的中国正努力走向世界，开放的长沙也将朝着现代化国际性城市的目标迈进。

抉择新模式：战略的可行性论证

一、当代国际性城市模式转换的启示

传统的国际城市通常由其天然地理的中心区位决定。如第一代地中海地区的国际性城市和第二代准国际城市伦敦、纽约等，由其资源（能源）丰富和制造业发达或交通枢纽而确立的国际城市的地位。以现代科技飞速发展为标志的人类文化进步趋势，及随之而来人们生产和生活方式的变更，使旧的模式开始向新型的国际城市特色转换。传统国际城市是因其制造业的大量物资产品需要集散。在知识产业为主导的今天，新型国际城市是以其知识、文化、科技（包括经济科技）信息中心在国际经济中发挥作用。制造业作为世界支柱产业的地位下降，以制造业为依托的"夕阳工业"主导地位逐渐被新兴的知识、文化、科技产业所替代。所以，适合于文化科研、智力密集型产业积聚与发达便利的通信、空中交往的新兴国际城市应运而生。传统国际城市生产分配工业品的基本作用转化为新兴国际城市以生产分配文化知识、科技信息等智力产品为主的作用。同时，新型国际城市必须适应以满足人们对高层次的文化意识追求；对高品位的生活方式的需求，对高质量的生态环境的企求。

这种国际城市的模式转换，对于科技、文化、历史、自然景观和地理区位占一定优势的长沙无疑是有极大的启示的。

二、长沙自身优势的认识与发掘

(一) 得天独厚的文化背景、历史渊源和现代科技发展水平是长沙已经和正被人认识的特色优势。长沙为我国首批历史文化名城之一，源远流长的湖湘文化是博大精深的中华传统文化中重要构成部分，特别是以其独具浓烈的忧患意识和刻苦执着的追求进取精神和牺牲精神，从古至今对中华文化生长和中国历史进程产生着巨大影响。从公元前屈原忧国到近代谭嗣同献身，从辛亥革命叱咤风云的人物群到以毛泽东为首的一代革命家，充分展示了"秦汉名城"、"名人故里"的深厚文化根基，楚湘文化的影响已远远超出了其地理区界，而融于现代中国文化乃至整个世界文化发展的过程。长沙现代科技与璀璨的古代文化相映争辉。长沙以其悠久的历史、灿烂的文化与丰富的人文景观、秀美的自然山水景观铸成了它举世瞩目的特色优势，这也是历史遗留给长沙一块起飞的基石。

(二) 相对的区位优势和市场优势。长沙处在华南沿海经济开放带与即将全部开发的长江经济开放带之间的接合点上。素有"荆豫唇齿，黔粤咽喉"之称的长沙有特定的连接南北、贯穿东西的区位优势。长沙50公里径内形成了我国南方巨大的交通枢纽，南北有京广线，东西有浙赣、湘黔线，西北将有石长铁路把京广线与枝柳线联起来，107、319两条国道纵横交会于长沙，在沿海口岸联系上，长沙到上海、广州、香港、厦门、海口、北海都大多比内地城市快捷方便，在与内地关联上，长沙与川、贵、豫、冀的联系又是沿海一些口岸城市所不及的。

三、模式定位抉择——新兴的文化科技型现代化国际性城市

1.鉴于长沙区位和以农业省份为依托的经济基础，作为"中心位置"型是不现实的，作为"产业中心"也不大可能。长沙并不具备发展传统制造业的各种优势。既非沿海城市以"自由港"型跻身于"再造香港"行列，又难以与上海、武汉依仗"龙头"与

"黄金水道"优势的国际化模式相比。再说,在国际城市模式已发生转换的今天,即使拥有发达的制造业或处于优越的地理位置也未必能成为国际城市。况且长沙在某些传统经济领域和一般的第三产业领域中与沿海、内地的其他一些城市竞争处于劣势。所以只有审时度势,独辟蹊径,寻找机会,大胆开拓,以"特"取胜。

2.在现代化国际性城市发展模式决策运筹中,应避免区域产业结构的同化。据世界银行的有关资料:中国区域经济发展中产业结构同化严重。如广东、湖南、湖北区域资源组合不同,社会经济发展水平不一,但三地的工业结构相似系数竟分别为0.970、0.971、0.970。现以长沙与广州为例:

长沙与广州若干主要工业部门产值构成比较

(1993年资料) %

城市	冶金工业	电力、煤气、自来水	化学工业	机械工业	建材工业	木材及木制品	食品、饮料烟草工业
长沙	3.48	1.98	7.65	33.16	1.02	1.27	15.57
广州	3.90	2.10	15.0	33.90	2.20	1.90	10.70

城市	纺织工业	服装、皮革	造纸、印刷、文教	5个主要部门占工业总比重(机械、化工、食品、纺织、服装)
长沙	4.45	2.97	4.9	76.45%
广州	7.4	5.1	6.6	79.45%

由表中可见,长沙与广州的工业部门高度相似,其主导行业几乎全挤在机械、化工、食品、纺织及服装等5个部门,其集中率最高的是制造业。还可以作出长沙其他周边区域城市大同小异的类似图,这就说明,长沙与周边地区的产业结构关系不是合作、互补、协调,而是剧烈的摩擦和竞争,长沙经济如像武汉那

样也发展传统工业为主线，就势必只能屈就有强大工业基础的武汉经济辉煌的阴影下；如与广州的同构化产业竞争，也会因其技术先进和资金雄厚而使长沙在行业竞争中再蹈困境。

3.据耗散结构构论原理，我们只有按照城市诸要素之间固有的内在联系，把握并通过调控决定城市系统演变的有关参量，使城市系统远离平衡态并最终达到我们所期待出现的耗散结构。所以制定一个城市发展战略，确定发展模式，最忌不根据城市系统的有机性分清诸参量和诸要素的性质与主次关系，造成城市系统永远离不开四平八稳的平衡态。那么长沙再有机遇，再多优势也很难有突破性的发展。

4.长沙成为国际性城市有三点必须特别明确：①要切合市情；发挥优势，紧紧抓住文化这个大特色优势和商贸、区位这两个相对优势，模式确定上要有城市特色、经济特色、发展特色或以"特色立市"，以提高长沙的竞争力。②按传统模式或沿袭其他城市发展套路是行不通的。特别是在发展经济大方略上，必须避免经济同构化。③不能照搬别人摒弃了的做法。如"三来一补"等低档次的合资搞"夕阳工业"，或简单地接受人家扩散过来的劳动密集型产品。与此相反，按未来发展新型国际城市模式要求，根据长沙的客观实际，跳过传统的发展制造业和一般层次的三产业阶段，避免重复人家的发展轨迹和雷同格局。

5.长沙选择"文化科技"型的现代化国际性城市的发展模式，这样才能在我国城市发展竞争中赢得一个生存、发展的机会。在作用上以一个独特功能与其他国际城市标志相识别。在区域经济发展中，以其高文化科技、高信息、高附加值的文化智力密集型主导产业和轻型产业，引导、带动、掌控、指导、支撑区域经济的发展，充分发挥区域发展极的作用。在我国新兴的国际城市带中以紧密的、有机的联系和彼此分工与合作的互利互补关系来促使我国新兴的国际城市带中各个国际城市的类型、结构、功能上向多元、多层次发展。在对外交往中，以文化走向世界，并以此促进国际经济与文化的交融与发展。

6.以长沙为发展极建立国际性城市是振兴湖南的先决条件，是当代以聚建发展极、形成集聚经济而推动整个区域经济增长的战略抉择。"然而平均发展是不可能的"，即使在五区一廊战略中也必须集中力量，突出重点，形成区域经济的一个中枢或辐射源。在"长、株、潭"问题上也应意识到形式上的叠加还不如以长沙为中心发挥其主导和服务功能。如果长沙无法发挥这种现代中心城市功能作用，即使是硬连在一起而"软件"跟不上，也只能造成新的社会生产力浪费和发展机遇的丧失。

四、大文化经济的新举措

1.文化与经济的联姻。这既是长沙经济社会发展的重要课题，又是创建现代化国际性城市的先决条件。文化与经济的融合已是现代经济社会发展的必然趋势。这主要表现在三个方面：①世界高新科技对经济激发促进作用日益增强。高新技术和知识密集型的产业的基础是新兴的科学理论，这是属于文化科学的大范畴的。②从现代世界经济发展看，经济力的竞争离不开文化力的竞争。③在经济生活中，文化经济的社会形态日趋明显。呈现文化对各个产业的强烈注入。

以文立市，发展"科技、教育、文化、旅游"推进型产业。所谓推进型产业，一方面是因为它们对第一、二、三产业及其部门有较强的推进作用和连带关系，另一方面，它们又具发挥"极"

的聚集效应和扩散效应，有加速推进的作用，如在国内外资金、人流、物流上的快速聚集有近期可行和远期发展的功效。发展和依仗湖南长沙的优势，顺应现代经济社会发展潮流，突出发展"科教文旅"产业，在战略实施上，围绕长沙的文化架构独特未来的"文化新都"，依仗"大文化经济"（包括科技、文教体、旅游等高智型、文化型和轻型化工业）是长沙形成区域经济发展极、迈向现代化国际性城市的一项重大决策，也是振兴区域经济高起点地超前引导并包含着主导产业递进、演化的经济结构调整。

2.拓展第三产业新路子。大力发展第三产业是长沙迈向现代化国际性城市的必由之路。国际经验表明，凡是第三产业发达的城市，其中心综合功能的发挥愈充分，经济增长愈快，外向型经济格局就愈容易形成。对于长沙目前和今后发展，第三产业既能促进整个经济特别是工业经济发展，又能为建立市场经济体制，发育市场机制和提供市场服务，这一推动国际经济和市场化进程的作用，正是长沙作为区域经济发展极所必须具备的。长沙产业结构中第三产业与第二产业之比仅为0.66，离钱纳利关于发展中国家在结构变化时期的标准值1.7~2.7间尚远，证明长沙的第三产业发展尚有极大的潜力与发展空间。所以除了加快发展传统的第三产业外主要是着重拓展那些代表现代产业结构高度和市场机制发育要求的部门，以及对经济运行和产业结构起主导作用的部门。

在探索第三产业发展新路子中，应注意把握长沙文化特色优势。如商业、文艺、博物博览、文化鉴赏与娱乐、学术交流、影视艺术与美术体育、咨询广告与信息传播、印刷出版、旅游资源等。它们与传统的第三产业和一般的服务业不同之处在于它们主要是以生产文化知识与科技信息产品或运用其文化智力特点来提供高层次、国际水准的服务的产业或中心,把长沙逐步建成辐射东南亚区域性文化研究、学术会议、博物博览和人才培训中心。

作为国家首批 24 个历史文化名城之一,有着"楚汉名城"、"潇湘洙泗"的深厚文化根基。作为集名山、名水、名洲、名人、名城于一体,四季分明、景色各异,自然景观在国内屈指可数;旅游区位延伸广阔,可上到岳阳洞庭,下至南岳衡山,东达炎帝陵,西及张家界,形成囊括城内外,纵横湘南北的大旅游空间。根据旅游六要素"吃、住、行、游、购、娱",长沙还可以展示文化饮食、民俗、服饰、土特产特色。让国内外游客在一种高尚的文化氛围中,游玩、娱乐、观赏、购物,使长沙逐步成为一种文化型的国际旅游中心。

3.瞄准工业发展的新目标。长沙创建科技文化型国际城市意味着更新更高的发展目标摆在长沙工业面前。作为区域"发展极"的长沙也担负着带领区域工业化进程的重担,在产业结构重组中,长沙既要防止工业化带来的"热岛"效应,又要避免与周边城市的同构化,所以不能再依据对现存产业或行业某项优势的偏好来实施对产业结构调整。最终还是必须依仗长沙的科技、文化、人才的优势,突出产业结构高度化,跨越产业结构的中间阶段。把一些高耗、低效型的工业转变为低消耗、高附加值,以新兴科技产业为主体的轻型产业为核心、具有较高出口竞争能力和能够创造更多国民收入的"都市型"新兴工业体系。长沙不应追求或满足作为工业制造中心,重要的是应成为工业服务的中心,推广科研、引导技术、开拓市场的现代化中心城市。这才是长沙工业新优势的发展目标。

关于湖南人才问题的思考与对策

随着我国全方位开放，各地经济建设迅速发展，在共和国内部争夺人才的形势越来越严峻。自古"惟楚有材，于斯为盛"，近百年来涌现出的大批政治、军事、文化等方面的杰出人才，为中华民族璀璨的文化发展作出了很大贡献。

建国以来，对于湖南经济发展影响较大的曾有三次人才大流动：第一次是二十世纪五十年代，大批专技人才随着支内建设洪流进入湖南，为奠定我省工业基础作出了不可磨灭的贡献；第二次是20世纪六十年代末七十年代初，三线建设和部分科研院所迁入给湖南带来了一批工程技术和科研人才，这对湖南产业结构和科技水平的发展起了积极促进作用；第三次则发生在近十年，大量的中青年知识分子和各类专技人才向沿海开放地区流出，形成"孔雀东南飞"的状况，这一人才外流的新特点以及对湖南经济的影响，给我省如何搞活人才流动，振兴湖南经济带来了新的、值

注：本文获1994年湖南省"搞活人才流动,振兴湖南经济"研讨会三等奖。

得重视的课题。

一、令人忧虑的人才流出现状

自20世纪80年代初，东南沿海地区经济的突飞猛进，人才的需求大增，他们不遗余力地在海外内地招揽人才，其唯才是举、求贤若渴的气势咄咄逼人。我省与最早开放特区深圳的省份毗邻，又是人才辈出之地，加上交通便利，习俗相近，故我省大批人才奔腾而出，势不可挡地流向东南沿海等地。据广东一社会学家调查后称：广东引进的人才中有三分之二来自湖南。据不完全统计，我省从1985年开始仅全民性质的专技人才以每年三千至四千人的速度外流（停薪留职和"五不要"的还不在其列），而流入的每年一千余人，出入约为三比一，且人才素质落差极大，流出的基本上是正处创造力旺盛，工作能力和适应性较强的最佳年龄人才。据有关资料表明，调出人的年龄比是：25—35岁占40%，35—45岁占48%，45—60岁占12%，其动因为"想干番事业"的占78%。流入人才相当部分为照顾进城归故，两地分居或从偏远省份调来的。这就形成了我省智力资源的整量削减和整体效益不适应经济发展的局面。如此人才流动，在我省已成为不容忽视的问题了！

人才大量外流是否意味着我省人才资源的过剩呢？据1992年《中国统计年鉴》我省万人拥有专技人员122人，低于全国148人的平均水平，全民企事业单位中万名职工拥有科技人员和工程技术人员是1128人和432人，分别低于全国1610人和471人的平均水平。我省现有科技人员效益发挥怎样呢？以工业企业为例，我省全民工业企业总产值占全国比重为3.37%，全民工业企业专技人员占全国比重4.37%，人才经济效益系数仅为0.77%，而全国平均水准为1。1992年全国工业增长平均速度为20%，我省仅为11.7%，排全国倒数第7位。

由于各类人才的大量流失，使我省一些科研课题无法落实或顺利开展，企业的经济效益得不到明显提高，以致我省经济振兴始终缺乏重大突破。

二、人才外流原因分析

与我省人才外流形成鲜明对比的是东南沿海地区对各类专技人才兼收并蓄，广纳贤能，各路英豪，纷纷聚集，产生了人才滚雪球效应。为什么在那些地区有如此之大的人才向心力呢？从人才学观来看，影响平衡是因为差异，东南沿海地区与我省的人才生存差异有以下五点必须引起我们思考：

1.**环境宽松**。为各类科技、专业人才营造了一个宽松的政治、思想、工作、生活、学习的环境，使各个人发展的自由度比较广阔，一般具有不同层次才干的各类型人才均能在较为宽广的空间找到适合自身能力发展的位置。

2.**机会多、流动性好**。就业、晋升、致富、施才及被赏识被发掘机会多。社会已达成对人才能力认可的共识，几乎不受什么旧机制人事管理束缚而自主流动。

3.**机会均等**。能力面前人人平等，只要有能力，就可在均等的机会竞争中获胜，不靠后门、关系生存，对人才的报酬、待遇与其付出的才干成正比。

4.**人际关系单一性及互激式竞争**为主。各种社会关系在经济效益观念下明朗化，摒弃和淡化了旧的复杂隐晦的人事关系。同时人才的互补性和自我完善良性发展，内耗遭扼制而共体势能充分发挥。

5.**求才、爱才、护才的氛围**。人才的自尊和成就感得到提高，特别是一些曾被压抑、排挤的人才可以超常释能。不搞人、不整人、不"开枪为你送行",使相当一部分人才有知遇感、安全感。

从宏观上,我省人才外流的原因可从以下两个方面思考:

1.经济超常发展,导致巨大的人才需求,使欠发达和发展中地区相对过剩的人才外流。由于东南沿海地区大批新项目新工程上马、三资企业、乡镇企业如雨后春笋,形成各类专技人才奇缺。如珠海三年内急需四万多名各类专技人才;汕头市今明两年需引进六千多名科技和管理人才;苏州新市区上100个项目需要一千多工程技术、管理人员;惠阳乡镇企业人才缺口数万名,只得在全国重金招聘;东莞近十年引进人才9800人,为了积蓄发展后劲,又拟定新的引进规划……湖南这几年有发展,但速度不快,步子不大,再加上条块分割的人事关系流动性差,使人才容量和选择发挥机会小,大批专技人才只好向能充分发挥自己才干的地区流动来实现自身价值。

2.湖南在重视和使用人才的整体观念淡漠性和举措上滞后性导致人才流失。在我省,适用人才匮乏和人才资源积压浪费并存。我省全民企事业单位专技人员不足占12.7%,集体企业达79%,乡镇企业高达90%以上,但全民企事业单位专技人才发挥不到三分之二。所以,如何真正在我省形成爱才、求才、重才、用才、护才的良好氛围是令人深思的。特别是我省用人的微观环境在外的名声,还有待再造,"窝里斗"、"红眼病",嫉贤妒能的现象在一些地区、单位时有风闻,尽管外流人才的各具体情况不同,但对湖南整个用人环境,游子们无不扼腕叹息。

三、在改革开放中寻找对策

近年来联合国把人才因素列为考察一国或地区经济竞争力中

八大项目之一，可见人才与经济发展的内在必然性。"失才穷，得才富"，湖南应从人才流失的反思中深刻认识人才在治穷致富及振兴经济中的重要作用，在改革开放中寻求搞活人才流动、发掘人才资源的对策：

——**为经济大发展树立大人才观念**。我省要在本世纪最后几年里使经济上一个台阶，就必须从经济大发展的战略角度树立大人才观念，以经济振兴吸引人才，以人才促进经济振兴。20世纪六七十年代，韩国和我国台湾抓住时机，调整政策使经济起飞把内部的人才发掘起来，把原先流到国外的人才吸引回来，实现了经济超常发展。我省要筑"巢"才能引来"凤"，这个"巢"就是经济大发展的大环境、大舞台，这样才能演出威武雄壮的时代大剧。大人才观就是要有博大恢宏的气魄，容纳百川的宽广胸襟，在经济大潮中，使无数英才形成千帆竞渡、百舸争游、蓬勃向上的局面。

——**破除只有自然资源是财富的旧观念**。近半个世纪的发展史说明，许多国家和地区虽资源贫乏，但却拥有广博人才和先进科技，因而经济飞跃。如日本及我国台湾、香港、江苏等，人才兴旺是其经济迅速发展的不可缺少因素。我省资源丰富是个好基础，但必须在这个基础上施以各类人才创造性劳动才能使其既快又好地转化为财富。

——**稳定和用好现有人才**。稳定人才靠有一个能使人才充分发挥作用的宽松和谐的环境，要像改善投资环境那样，大力改善有利于稳定人才、发挥人才的硬软环境。并立即制定适合我省具体情况的政策措施。如从城市及大中企业中抽借边、老、远山区和乡镇区街企业急需的各类各层次专业人才，让他们带职带薪进行智力引导，治穷致富的"人才工程"，不要因整体的人事劳资、社会保障政策未到位而坐失发展良机。这样既可使我省（人才）智力结构分布趋向合理，又能充分发挥各层次各能级人才作用以稳定和吸引人才。

——采取开放性政策，允许人才更大的流动自由。我省有些地区和单位在人才流动问题上原有某些做法挫伤了想走的，唬住了想来的。内部的条块关系和旧的人事制度又难以实现人才结构分布合理化，所以我省应加速人才的合理流动来开发利用人才。人才的流出总是有原因的。应以积极态度，特别是要利用人才的成就感、情感习性，以情动人，激发精神动力。这样，即使流出的人才也会回来或为我省经济振兴出力尽心的。

——搞活人才流动既要务实又要务虚。应根据我省整体发展战略制定搞活人才流动规划。减少和避免盲目性。如有的引进工作只强调带项目或有成果而忽视人才的开发能力和激发作用；反之，有的又只重人才等级和数量，缺乏需求点的针对性。

同时还应摒弃短期行为，不能急功近利，缺乏长远观念，也不能片面地重科技人才，轻经济人才和管理人才。经济振兴缺乏一大批经济管理人才是不可想象的。

——形成尊重人才、礼贤下士的良好氛围。搞活人才流动、发挥人才优势是个大系统，要在全省范围内形成与之配套的观念、思想、举措制度和规范。如何用好用活人才应列为各级党政企事业单位领导人主要政绩的考核条件。同时建立各级人才对所在单位用人状况的登记报表制。对于排挤、打击、压制人才的人和事要曝光和揭露，坚决破除那种固步自封、狭隘守旧、嫉贤妒能的小农经济意识。

——制订实施人才"回归计划"。随着我国经济开发的重心内移，我省经济振兴前景看好，这是我省经济腾飞的一次契机。人才是先决条件，在用好现有人才的同时，应广纳国内外人才，尤其是原来从我省流向东南沿海地区和海外的人才，他们观念新、路子熟，经历过商品经济大开发洗礼，对于促进我省经济发展，将起到积极作用。

二十世纪九十年代中后期，是我国经济发展最关键时期。目前，除东南沿海先进地区外，内陆省市地区也在加速制定和实施经济发展规划。振兴湖南经济，跻身十强之列，靠的是把湖南人才优势发掘出来，以激发经济蓬勃发展。纵观美国历史，如果说发展起源于东部，但正是十九世纪美国中西部内陆地区大开发、人才大流动，才促进了它在二十世纪的经济起飞。那么，我国的内陆省份地区的发展，将预示着中华二十一世纪的繁荣鼎盛和经济的全面高涨。那时，我们湖南将在中国经济大发展中无愧于前列。

当代文化经济的社会形态初探

文化作为上层建筑的重要组成部分是不容置疑的;文化与经济的融合及作用随着人类社会进步日益显现也是无法否认的。在现代经济社会中,物质生产和产品通过打"文化牌"不断提高"文化含量"和"文化附加值",使物质生产和产品得以因文化思想的包装与文化意识的充实而产生新的文化产业和产业文化。同时,文化自身所蕴含的经济价值又决定了文化必然要作为一个独立的产业发展起来,这就昭示了现代市场经济走向的一个重要趋势——文化经济一体化发展。科学技术作为当代大文化的构成部分,也是现代社会发展的重要动力,把科技列为"第一生产力"的科学论断是当代文化经济一体化发展的一个客观反映。

我国的文化研究始终存在一些需要用现代文化经济发展的观点来校正的偏差:一是研究孤立抽象,对现代文化经济的嬗变与

注:原文在《湖南日报》1995年2月22日理论版发表;《社会科学》(上海社科院)1995年第六期刊登;1998年编入《改革开放与市场经济文化》(西南财经大学出版社);1999年选入《新时期湖南优秀社会科学成果荟萃》(湖南人民出版社)。

发展视而不见，总是极力保持"纯文化"的地位，试图回到人为分割文化与经济的旧传统中去；二是片面认识文化经济，视文化经济发展为洪水猛兽，叹息"世风日下"、"人心不古"，苦守"君子不言利"的迂腐；三是对文化经济的社会历史推动意义认识不足，以旧的思维定式看待现代经济社会发展趋势；四是以虚无主义的态度对待传统文化与经济的关系。所以，我们的文化经济研究除了探索文化经济发展的内在联系外，还有必要研究分析现代文化经济的社会形态。本文试图对文化经济的融合、作用、表现的三种社会形态进行分析。

一、"文化产业"存在于经济社会生活中的基本形态

我们讨论的文化范畴是包括文化、艺术、教育、科技等的大文化。关于"文化产业"的论题，国外早在二十世纪二三十年代随着电影业发展就产生了。我国在经济体制转轨和市场经济逐步确立中，各种文化产业脱颖而出并迅速发展起来，对"文化产业"的讨论也随之热门起来，众说纷纭。它产生和发展的背景和成因主要有：(1) 市场经济社会的来临。(2) 世界性潮流的冲击。(3) 现代科技革命的推波助澜。(4) 中国社会文化消费的兴起。(5) 中国文化事业的转型和新一代知识分子的观念转变。文化产业的基本形态大致可分三类：

1.文化产业。专门从事文化产品的生产，组织和引导社会大众文化消费的产业，如影视传播业、文化娱乐业、演出经营、音像用品、文化艺术品经营、报刊、印刷出版等。这种文化产业的外延和前景究竟有多大，我们怎么想象也不过分，在未来发展中至少不会比物质生产的产业空间小。我国从事文化工作的人数已达150万人，机构22万多个（《中国统计年鉴1992年》），是一个极富潜力的高素质领域。深圳1992年全市文化产业年收入就超

过了 20 亿。无论从恩格尔定律还是马斯洛的需求层分析都提供了这样的结论：生产发展不足，物质消费所占比重偏大；生产发展充足，文化消费所占比重偏大。目前我国恩格尔系数大体在 50%以上，市场经济发达国家早已在 20%~30%，其余 70%~80%属于服务性（第三产业）消费，在服务业提供的产品中增长最快的乃是文化消费，所以文化产业将是我国一个新的经济增长点。

2.教育产业。教育有确定的产品，即人的劳动能力，教育要耗费资源，最重要的是教师的教育劳动；教师有专业产权即教师的专门知识，所以教育具有一定的生产性，教育也应在一定程度上实现教育价值和市场价值的统一。教育还是一种基础产业。科技发展、经济振兴、社会全面进步，都取决于劳动者素质的提高和大量合格人才的培养。目前国家基础义务教育大部稳住，小部分如民营、民办中小学已实际上开始走向市场。国家高等教育的改革必须适应市场经济发展，职业教育和成人教育更应具产业性。夜大、职大、各种培训班及编辑发行各种办学教材、辅导材料已逐步按市场机制运营。从把我国"经济建设转到依靠科技进步和提高劳动者素质的轨道上来"战略目标上看，从市场经济发达国家成功的经验来看，重视教育，促进科技进步，最后实现经济社会高度发展，教育产业发展前景应该是广阔的。

3.科技产业。科技产品是智力的物化。它的投资、生产、交换已成为获利最丰的产业。科技产品一是通过实体进入市场，即科技成果的外在形式硬件，内在灵魂软件；二是以专利产品出现，它是科学研究已形成可操作的应用成果，但尚未进入现实生产过程的发明创造，并以现实性、独有性和应用性直接进入商品生产和流通领域;三是从事软科学形式的高智力产业。如学术研讨、科技咨询、决策论证、企业诊断等可列入"头脑公司"经营范围的，在先进发达国家早已成为智力产业。它既包括科技，又包括管理，同时交叉在自然科学与社会科学之间，在第三产业中是一个高智力含量的高级层次。虽然我国软科学研究刚起步，但随着知识产权观念的确立，发展势头看好。

二、文化与其他产业交融呈现的复合形态

这主要是指随着人类社会的发展，文化愈来愈强烈地渗透、注入其他产业。首先是农业。一方面，随着农业科技发展，农业从耕作方式、现代化肥、生物工程、农药技术等农业开发，变靠天农业为高效农业、科技农业、生态农业等"文化性"很强的农业；另一方面从舒尔茨的人力资源理论来看，美国农业劳动者的文化知识水平和技术能力的提高，对美国农业生产迅速发展进步具有极大推动作用。

工业产业文化也获得巨大发展。这是因为：其一，由于科技进步促进工业生产从劳动密集型向知识密集型转化；其二，工业竞争进入了运用文化、艺术、科技等知识，对工业产品进行全新形象创造的工业设计时代，其三，创建企业文化、树立企业精神的企业管理及文化形象，已成为衡量企业发达、进步、现代化程度的标志，在工业企业中得到普遍重视。

在第三产业中，商业文化几乎与商业同时产生发展并日臻完善。就商业文化而言，一是商业物质文化，即商业的建筑、技术装备、装潢包装、商标广告及物质生活等文化内涵；二是商业管理文化，包括制度、规章等；三是商业精神文化，包括商业科技和营销活动中的文化内涵、商业观念文化体系，如商业哲学价值观、伦理道德、习俗风尚氛围等。旅游业本身是一种高文化行为的体现，是人类物质文明达到一定水平后对精神文明的一种追求，同时又促进了文化资源的深度开发。

文化产业中介于第二形态与第三形态之间有一个过渡层面，较为典型的是广告业，在文化产业中影响力最大。它充分调动"文化产业"的一切有利因素，最生动形象地展示其他产业，又把所有的经济"文化地"推向公众。我国的广告业发展较快，从1981年只有1000多家广告经营单位，1亿多元广告营业额，到1992年已达到16000多家和67亿多元，但也只占国民生产总值的0.28%。而同期日本是1%，美国是2.4%，可见是一个发展前景巨大的市场。

三、作为对整个经济社会综合发展的文化背景——高级形态

复合形态与高级形态之间的典型过渡层是微观经济中的文化意识形态表现——企业文化与企业精神。对各个行业来说，现代经济发展的要求是倡导科学管理，使产品知识化，建立文化理念支柱，提高员工知识化水平，不断增强企业凝聚力和向心力以增强企业活力。对外与社会关联上，倡导对消费者需求的尊重，企业的社会责任和文化责任等。在经济全球化、集约化过程中，企业跨国经营又提出了跨文化行销与大知识行销，并由此而产生了经济战略加文化战略问题，以及随着全球经济一体化发展而产生的本土文化与外来文化碰撞与交融的问题。

至此，我们探求到了作为一个区域、一个国家、一个民族经济社会综合发展的文化背景的文化经济高级形态。

当今社会，文化因素与经济发展的关系成了整个国际社会普遍关注的世界性问题。二战后，特别是近年来世界经济格局的重组和人类社会跨世纪的发展新趋势表明，人们越来越重视探讨文化背景与经济发展的关系、作用和影响。

文化伦理、道德、价值取向、精神心态、民俗习性对经济发展的影响的研究是从韦伯开始的。韦伯通过分析西方加尔文派的新教伦理与近代欧洲资本主义经济发展的因果关系，为人们展示了一个探究文化背景对经济发展作用的新视角。二战后，东西方学者循着韦伯的思路研究文化背景与经济发展的内在联系，发现不同的文化背景和价值观念在各种市场经济模式中的不同作用。

目前，在世界"和平与发展"的大趋势中，各国经济竞争日趋激烈。在国际范围的经济格局中，各国综合实力的较量，实质上是"文化力"的较量。发达国家之间、发达国家与发展中国家之间的经济竞争，也越来越呈现出"文化"特征。如美国尽管其文化历史不长，但对外经济活动中总是不断植入它的文化和价值，处处要拉起"美国精神"的旗帜。日本以物美价廉的汽车、家电占领了全球大部分市场，近年在对美国本土实施经济扩散时综合了文化攻势，大规模地收买美国的思想和人心。纵观世界经济大走向不难看出：由生产导向到消费导向到文化导向；由物质需求导向到精神需求导向；由各国经济到国际经济和全球经济的导向；由制造业导向到服务业导向；从硬件导向到软件导向；从实业经济导向到虚拟经济导向，整个社会的经济进程已深深地融入文化发展的过程。

中国优秀传统文化对社会经济发展曾起过积极作用。当它随着时代进步发挥正面作用，并与外来文化交融和自我吐故纳新后，对经济发展的激发作用是巨大而深远的。这不但在"中华文化圈"的亚洲"四小龙"的经济起飞中得到验证，而且对西方文化丧失了信心的西方学者和有识之士也把目光投到了东方传统文化（主要是以儒家学说为主干的中国文化）。中华文化的理性精神、倡导和谐、群体意识、智德教育与秩序规范等，在新世纪的社会经济发展中，将成为人类的共同财富。

对我国传统文化与经济关系的再认识

发展的文化因素呈现是多种多样。于是人们对中国传统文化、伦理思想刮目相看。人们开始思考：中国传统文化对东南亚国家和地区经济发展作用与西方伦理在欧美产生作用的异同。

作为中国传统文化主干的儒学伦理深入日本民族的心灵深处，成为战后日本思想文化的要素。儒家的勤苦、节俭、敬贤、秩序、礼节、自勉互勉、德智教育等成为战后日本经济发展的重要助因。在日本经济高速发展过程中，儒家伦理是最主要的文化因素，日本民族孜孜以求建立强大的现代化国家的实现过程中，儒家文化思想使他们增强了凝聚力、爱国心和献身精神。这种被称之为"东亚模式"或"日本经济模式"不仅仅是日本企业内部的经营管理方式，而且在国家经济发展政策、指导思想、经营策略、企业精神、产品形象等方面无不使人感到儒家文化伦理的潜在作用，特别引人注目的是近年来日本把文化战略实施到与其他发达国家的经济竞争上来。

注：本文原载《长沙经济》1995年第三期。

处在儒家文化圈的另一成功例子是新加坡。作为新加坡一位有远见卓识的政治家李光耀早就认识到，一个国家即使有了富裕的物质生活，而若缺乏一股能使全国凝聚在一起的精神力量，那是很危险的。他很赞赏日本经济发展模式，认为日本现代化的成功，重要原因是儒家文化在日本经济社会中发挥作用，并坦言，"中国文化五千年历史，我们继承了这个系统的文化"、"二十世纪五十到七十年代一代人的文化价值观念是新加坡成功的一个最强有力的因素"。正因为他积极推行儒家治国的方式及卓有成效的实践，使新加坡从一个破陋的港口、缺乏资源的小岛迅速实现工业化和现代化，发展成为政治清明、经济繁荣、文明进步的新兴现代化国家，亚洲"四小龙"之冠。

韦伯认为新教伦理作为资本主义核心精神可能促进经济发展，但对东方传统文化经济的关系作用的认识，也许因时代局限或一种宗教偏见而忽视。现实社会中，东亚和东南亚"儒家文化圈"成功的发展事例，使得我们对儒家文化伦理有必要重新认识与评价。追求利润的正当化、天职观念以及勤劳节俭等这些韦伯认为对经济发展有积极作用的新教伦理，在当今的东方"儒家文化"圈中亦有存在，而且有更丰富的内涵。如古文《尚书》就说到"克勤于邦、克俭于家"；中国佛教从《百丈清规》起就确立了"节俭"和"勤劳"两大经济伦理支柱；明清儒家主张"治生"论，提出"新四民论"的新儒家伦理，衍变成为后来的商业精神，新儒教伦理更具有"运用最理性方法来达以非理性的目的"的根本特征。

儒家文化对经济发展的积极作用大体可以从以下五个方面来考察认识：

1. **以"仁"为文化伦理的核心**。包括建立一种包含天、地、人之间的和谐关系。在人际关系上，倡导群体精神、凝聚精神，把"仁"具体贯穿到义、智、信等具体的行为规范中去，这在新儒家湖湘学派代表人物谭嗣同的《仁学》中最为突出，他强调用"仁"来处理人际关系，以求得和谐；实现和谐的方法是行"忠恕之道"，与此并行的是道德自律和独立人格，这都带有较重的个性解放色彩，这和"浩然之气"、"塞于天地之间"（《孟子·公孙丑·上》），由此激发出无穷创造力，与"日日新，又日新"（《大学》）是相通的。

2. **以"义"为是非曲直的判别标准**。春秋时期人们还没有商品经济意识，但对利益的取舍判别标准上，儒家倡导的是"见利思义"、"见得思义"（《论语·宪问》）。在义和利矛盾时，重义轻利。儒家学者也决非不食人间烟火，对求富求利之举并不一概反对，条件是"义然后取"，如"不义而富且贵，于我如浮云"（《述而》），并且倡导正当谋增财富如"仁者以财发身，不仁者以身发财"（《大学》）。这对后来商业道德和行为规范有极大的影响。

3. **以"信"为本的立世伦理**。体现"仁"的德操是"信"。即诚实信用，把处理人际关系的一般准则运用到朋友关系上，运用到为人处世，待人接物的方式上就是具体化的"信"。"与朋友交，言而有信"（《学而》）；"人而无信，不知其可也"（《为政》），引申到经济交往中以"信"为本，这些观念即使在市场经济法制下亦还是有其重要意义的。

4. **以"治"为旨的使命观**。儒家学说有相当积极入世的思想。从"修身""齐家""治国""平天下"到发"禹思天下有溺者,由己溺之也,稷思天下有饥者,由己饥之也"(《孟子·离娄·下》),表现了心忧天下的恢宏心胸与高远见识。为国为民"杀身以成仁"(《论语》)、"舍生而取义"(《孟子》),赴汤蹈火在所不惜的献身精神与"先天下之忧而忧,后天下之乐而乐"的忧患意识形成了千百年来志士仁人经世济民的志向和为民族富强昌盛而前赴后继的优秀文化精神。

5. 以"用"为实的现实态度。从司马迁《史记·货殖列传》到先秦儒家经济思想为代表的自由放任主义论及的社会分工、国富源泉——农工商虞,及汉初的自由化政策促进地域经济的发展,都市兴盛带动新兴产业的发展和货殖家作用等,甚至影响了西方重农学派乃至亚当·斯密。尤其是儒家"经世济用"的伦理,具体包括勤、俭、智、仁、勇、忠、信、公,导致从宋代新儒学起,士贾逐渐不分。元儒更强调"治生",明代起由"士入贾者众"。从程宋理学的克己敬业到王阳明心学"满街都是圣人","古者四民异业而同道"把士、农、工、商从阶梯层次上拉平。王献芝"士商异求而同志",把士大夫求仕与商贾求利划为分工不同而志向一致,这都说明儒家文化经世济用的现实主义观点。

当然,中国传统文化中确有一些轻利—轻经济—反经济的负面因素,这无不与历代封建统治的自我维护和误入歧途的文化人有关。其实,从范蠡弃官经商到明清时晋商、徽商都说明了知识分子被积极入世心理驱使的商化和商人锐意进取精神的知识化中千丝万缕的内在联系。与那些皓首穷经的腐酸学儒截然相反的是顾恺之画佛点睛公开收索观费,第一天竟"俄而得百万钱"(《京师素记》),元代赵孟頫字画双绝"但亦爱钱,写字必得钱而后乐为之书";郑板桥更是认钱不认人,公开悬挂笔榜。正所谓中国一句老话"君子爱财，取之有道。"

所以，这就存在一个对中国传统文化儒家伦理的一个认识和创新的问题。在日本，德川幕府时期就定为官学的朱子学，对原本的中国理学就有拓展和变异。如朱子"存天理，灭人欲"在日本学者中有其批判态度，认为人欲是天道中很自然的，并通过对义利关系来肯定人欲的正当性：商人谋利的人欲和士人求知及农人耕作都是义而非利，只是贪非分之高利，不正当竞争才是不义。日本儒家通过演化朱子学说（新儒学）开拓自己的经济观，认为人们的经济活动是合于天道的一种行为，是赞天地之化育的道义。无疑，这种伦理价值观对后来的日本资本主义经济发展产生了巨大的积极作用。

中国传统文化从来就是积极包融外来文化和更新的。从战国的百家争鸣到汉初与西域的交流，到唐时中外文化大交融的鼎盛时期，到近代一大批志士学者效夷之技。中国的历史还验证了原本文化接受融合了外来先进营养对当时的经济社会发展的积极作用。

中国传统文化在市场经济的新形势下，是大有可为的，尤其是在文化与经济的关系上，亟待我们努力去开发研究，发扬光大。中华民族文化伦理有"一为向上之心强，一为相与之情厚"（梁漱溟）的特点，只要我们坚持"以人为本"（管子）、发扬"浩然之气"（孟子）始终"自强不息"，以"修身""齐家""治国""平天下"的精神努力奋斗，中国经济突飞猛进，跻身世界发达国家之行列，指日可待。

试论现代城市形象设计与塑造

一、现代城市形象问题的提出

随着各国经济日趋国际化，世界城市格局已初见端倪，我国城市体系也呼之欲出，国内及国际城市间的竞争日益加剧，不同级别城市的关系在世界经济一体化中被重新调整与确定。各国城市将以什么姿态跨入 21 世纪，更敦促城市的决策者和市民对城市政策重新审视与估价，如何有效地解决城市进步中的诸多问题，探寻城市未来发展的新动力等，这些给科研工作者提出现代城市发展研究的新课题，其中一个重要问题即现代城市形象研究问题。

我国城市化的快速推进对城市科学的深入发展提出了新要求。由于种种原因，我国城市化水平的起点很低，改革开放后对城市化有了正确的认识并开始稳定发展。1970 年我国城市化水平为 17%，1994 年底城市人口已占总人口的 28.6%，据预测，到 2000 年可达 33%至 35%，城市人口 4.5 亿左右，达到城市化初期阶段，我国城市化正进入一个较快发展时期，仅 1991 年到 1995 年，我

注：本文获湖南省委讲师团系统 1995 年度优秀社科成果奖。

国建制城市从479个增加到622个。在2050年即建国100周年之际可望达到城市化的中期水平。所以，必须有现代科学理论、方式指导城市发展，必须从现代城市化的要求，全面分析研究城市形象问题，确立城市质量在城市网络中的地位、作用及与区域经济的关系。

现代社会文明发展提出的新问题。现代城市是一个大系统，包括城市的物质形态、生态环境和城市经济、城市社会、城市文化、精神文明等方面。现代城市科学研究，应当综合城市现代化趋势和各地域（民族）文化本身的特征，深入认识现代城市内在的规律和内涵；城市的现代化绝不只是城市物质文明现代化，同时也应是城市精神文明的现代化。

我国改革开放和社会主义市场经济建设也提出了我国现代城市形象设计问题。现代城市一般是一定地域的政治、文化、科教、交通、信息、商贸中心。我国各等级的城市是率领各地区经济快速、持续、稳定发展的火车头，在改革事业中，城市有着不可替代的示范效应，在对外开放中，它又是起着"窗口"和"桥梁"的作用。如何发掘、提高城市作为整体资源特别是经济资源的利用价值，寻求城市的最优发展模式、设计和塑造城市的最佳形象，是我国城市科学研究中的当务之急的一项重大任务。

二、现代城市形象研究理论的基本认识

城市形象研究自本世纪60年代中期以来在意大利、德国、法国和美国都有所开展，但基本上是遵循"城市设计"的思路，主要偏重城市建筑设计及群体效果，研究讨论城市物质构筑原则和空间形式问题。进入90年代后，经济社会新发展和科学技术蓬勃兴起，使整个经济社会运行的关联因素更为错综复杂，现代城市首先是各种社会、经济、文化现象交叉反映的综合体。城市科学沿袭过去那种偏重研究城市工程技术的、单纯物质环境的方式去研究现代城市显然已力不从心。运用综合研究、交叉研究、系统研究和比较研究的方法，在多学科交流的基础上重新认识现代城市问题，是探寻解决城市问题的有效途径。

对于现代城市形象的研究，从理论到实践，目前尚未形成较完整的体系和方式，我国学术界、理论界对此也刚刚涉及，众说纷纭。本文拟就现代城市形象的一些基本概念、研究对象与方法及指标体系试作初步论述。

所谓城市形象一般是指：某一城市内部与外部公众对该城市的物质形态的、文化历史的、现实综合的和未来发展的综合评价与整体印象。它既有对其历史轨迹和现状发展的一般认可，又有对其文化指向、经济动向、城市走向的基本认可。城市形象研究的对象十分广泛，可以说，在某一城市之中或之外，对这一城市所感受到的一切——空间外形和内涵实质的大大小小的所有事物（当然也包括人在内），均为城市形象研究的对象。

现代城市形象设计是以城市四维空间形态为研究、考察、设计，即在城市三维空间形态基础上引进时间要素（行为的调节）。换言之，现代城市形象设计针对的必须是物质形态和非物质形态相互依存、互为因果、相互引发螺旋式上升发展的结构方式与变化规律。城市形象设计的基本内涵有：城市规划——地域规划与经济社会发展规划；城市建设——物质形体建设与精神文明建设；城市管理——技术管理与政策法规管理；城市发展——效率发挥与功能性的发展。

城市形象设计与塑造的战略目标是从改善城市的物质基础和

精神内涵的现代化建设入手的，以保证城市社会生产、生活以高效、优质、协调的运行；战术目标是通过城市形象的优化，达到增强城市集聚和辐射功能，进而提高城市在地域经济（或国民经济）的地位与作用。

城市形象研究与其自然科学和社会学科有纵向和横向的密切关系，但又因其研究内容、研究对象和研究方法有所不同。从学科之间的关系来看与城市学科类关系似乎更紧密一些：如城市规划学着重的是研究城市土地使用功能组合与综合协调经济、社会、工程技术的发展，追求经济社会环境效益的综合平衡；城市设计学主要是针对城市物质形态设计问题，重点是建筑群及周边的空间处理；城市经济学是运用经济学的理论，从经济分析角度来探讨城市是如何按经济规律运作的；城市社会学则是以城市社会作为对象，探究其起源、分布、变化、结构、市民社会生活与社会行为等。可见前两者侧重从城市的物质构筑原则研究城市空间形式问题，后两者侧重从城市的非物质结构方面研究城市的内在规律。城市形象研究是把现代城市作为一个有机整体，试图综合运用自然科学和社会科学、基础科学和应用科学的研究成果和方法，从跨学科的系统出发探寻、分析、研究、阐明现代城市发展的最佳过程和模式，制定和实施明确的城市发展政策和城市管理规范。所以，城市形象研究绝不是替代各学科的研究，而是充分依靠各学科的研究，进行综合、交叉、动态、系统的研究，这也正是城市形象研究的基本方法。

三、现代城市形象研究的战略意义

现代城市是国家形象、民族形象的重要组成部分。现代国际社会生活中，一个国家、一个民族的整体形象是由其政治、经济、军事、科技、文化、历史等形象组成的，而一个国家所有的城市是它不同级别层次上的政治、经济、文化、科技的社会中心，是一定地域内不断集聚着的社会、经济和物质的综合实体，它们在很大程度上代表着一个国家的发展历史、发展水平和发展规模。也在很大程度上代表这个国家及民族的基本形象。我国幅员广阔，各特大中心城市和各地区的省会（首府）城市还显示出不同的地域形象。就城市建筑风格就有北方的厚重、南方的灵巧、东部的兼容、西部的古朴。我国众多的城市形象汇集而成的也就是我国综合的国情国力的基本形象之一。所以，重视和加强对城市形象的研究对国家和民族形象的塑造有着十分重大的战略意义。

城市形象是人类社会文明进步的标志。奥·斯宾格勒在他那本名著《西方的没落》中惊叹"人类所有伟大的文化都是由城市产生的"（这里的文化是指人类社会文明）。马克思声称在人类社会发展上"城市的建造是一大进步"（《马克思、恩格斯全集》第3卷33页）。现代城市在社会文明进步中的作用和地位更为突出，现代城市的未来发展形象可以说代表了人类社会发展的未来。

城市形象设计与塑造是促进我国两个文明建设的新举措。从城市现代化来看，它是由城市物质文明现代化和城市精神文明现代化有机构成的。城市精神文明（城市文化、城市精神、城市道德、城市秩序等）对城市物质文明建设（城市规划、城市经济、城市建筑、城市环境等）有着重大的影响。我们建设中国特色社会主义，必须从战略高度认识城市形象研究中两个文明建设的关系。城市发展中的两个文明有它们各自的属性和研究领域，而它们之间的不可分割性又正好以城市形象作为两者的耦合点、连接器。城市形象研究既包括城市发展的物质基础，又包括城市发展的精神内涵。前者有城市形体物质和城市建筑，也有城市经济实力的设计，后者有城市文化的概括和精神观念的提炼，也有市民精神面貌的展现与健康向上的生活方式示范，两者融合为城市标志和特定景观设计与建筑风格和建筑群体的文化内涵、风土人情和地域文化的传播与自然（人文）景观和保护和生态环境治理等。

城市形象研究作为高层软科学的一种综合技术形式能直接产生巨大经济效益和社会效益。良好的城市形象是一种巨大的无形资产，并有不断向有形资产转化的机能。最具说服力的成功事例是新加坡。作为岛国城市，地小资贫，但新加坡把迷人的自然风光、古老的传统建筑、现代化的物质设施与全社会思想道德建设妥善地协调起来，大大地增强了城市形象魅力。由于新加坡政府长期在设计、塑造城市优良形象上倾注的努力，使新加坡赢得世人公认的赞誉，也带来了巨大的经济效益。1991 年新加坡共接待海外游客 520 万人次，是本国人口的 1.8 倍；每年在新加坡召开的国际会议高达数百次；新加坡还是少数几个贸易额大于国内生产总值的国家之一；20 世纪 60 年代中期开始外资不断涌入，到 1991 年外资在新加坡仅制造业中比重就达 84%，在 30 多年时间内国内生产总值平均以 8.5% 的增长率递增；1991 年新加坡人均国民收入为 11500 美元，达到发达国家的人均收入水平。现在新加坡正更加努力地筹划自己的新形象，提出在下世纪初建成"赤道地带最卓越的现代城市"。所以，这种以城市形象设计与塑造的形式，自觉地生产和积累自身的无形财富，并不失时机地转化为有形财富，对于发展中国家和地区的城市来讲是极具战略意义的。

激发我国各地区良性竞争，促进我国整体经济健康发展。我国全方位改革开放政策的实施，使东部、中部和西部竞相发展，在综合实力、发展速度和改革力度上明显地存在强弱比试。把城市形象设计与塑造作为一种城市发展战略，并作为与周边地域城市进行良性竞争的主要方式，对于促进我国整体经济社会的发展意义非同一般。我国区域经济结构关系和发展道路应该是合作的协调的和互补性的，作为地域经济发展"龙头"的各级别城市间的经济关系不应是剧烈的摩擦和恶性竞争。各个城市（包括现有的和新设建制的城市）以不同的战略、模式、功能和地位形成各自的城市发展形象，在有机联系和彼此分工合作的互利互助关系中，促使我国现有的和新建制的城市在类型、结构、功能、风格上的多元化、多层次发展，进而使我国经济社会健康协调地快速发展。这也是我国各个城市的管理者、领导者进行抉择时必须思考的。

强化公众形象意识，提高民族文明水准。良好的城市形象都具有极强的鲜明性、生动性、独特性和深刻性，同时，对城市内部的公众具有很大的向心力、凝聚力、影响力和制约力。优良的形象意识一旦掌握了公众，其产生的精神力量和物质力量是无穷的。如果我国各个城市都注重自身的形象设计与塑造，都相信群众、依靠群众、组织群众积极参与城市形象设计与塑造，努力营造优良的城市形象环境，并以"点"带"面"，形成与我国社会主义现代化相匹配的精神文明氛围，那么我们中华民族的文明程度必将提高到一个新的水准。

四、现代城市形象设计的基本原则

现代城市形象设计是城市各物质要素和非物质要素以及它们两者结构动态的整体设计，必须以它的基本准则作为指导，以下十条基本原则是应该遵循的：

客观性原则。城市形象设计既不能脱离其自然环境、地理位置和历史传统和民情风俗，也不能脱离它的经济发展水平和社会条件。

超前性原则。设计城市形象思维要开阔，要有适当的超前。在物质形体上讲，要高起点的筹划，因为现代社会的发展是加速度的，留给后代的城市应该经得起历史的检验。从意识形态来讲，应该是高姿态、高境界，作为号召标志的城市形象应该不断激励公众在"两个文明建设"中迸发出蓬勃的创造性和积极性。

系统性原则。现代城市是一个复杂的、不断变化的、各要素相互影响制约的大系统，它的外部有更大的系统和其他城市系统，内部有各个子系统；城市形象设计和塑造本身也是一项系统工程。所以，城市形象研究应运用系统论的观点、方法。

协调性原则。如城市物质文明的建设与精神文明建设的协调。城市整体布局与局部造型的协调；城市的经济发展与国民经济发展的协调；城市的经济现代化与城市生态环境保护的协调；传统民族文化的继承与外来文化的兼收并蓄的协调；公众的物质生活水平与社会精神文化生活的协调；等等。

阶段性原则。城市形象设计应根据城市宏观发展的规律显出阶段性。阶段性的形象是城市总体发展形象中的环节，长远的总体形象设计又规范着各个阶段的发展目标，因此，阶段性的目标设计应与城市长远发展有机结合起来。

独创性原则。各个城市的地域条件是千差万别的，经济、社会、科技、文化发展也是不平衡的。每个城市都有其自身优势和特征。城市的独特性是由城市的地域特色、文化特色、民族特色、环境特色、布局特色、建筑特色、艺术特色、服饰特色、饮食特色等组成。在城市形象设计中注重独创性，可避免公式化、趋同化倾向，防止城市面貌平淡、苍白和"千城一面"。

开放性原则。城市形象设计的内部和外部的效应都必须具有开放性。现代城市形象设计必须是积极地、主动地、开放式地把自己推向世界，用开放意识接受人类文明的优秀成果。要以开放性的城市空间结构，容纳、创造多元文化的城市生活氛围，以开放促开发，以开放促发展。

时代性原则。城市形象设计时代性要求：一是用当代先进的科技装备城市经济社会的各个部门；二是用当代先进的科学手段管理城市经济社会各部门；三是当代先进的科技成果广泛应用于城市社会生活；四是与当代社会物质文明进步相协调发展的现代精神文明体系和城市文化艺术。所以，在城市设计中必须具有鲜明的时代感。

公众性的原则。城市形象塑造从构思到设计，从实施到完善都是一项公众色彩强烈的行为展示过程。对内部公众而言，首先是要关注公众的意向、心理、情绪，正确引导公众的感性和理性思维，使城市形象成为公众的自觉追求和心理导向，对外部公众而言，成功的城市形象设计和塑造将产生积极的号召效应和示范效应，特别优良的城市形象对外将产生强烈的吸引力和向往力，甚至具有征服作用。

操作性原则。一个优良的城市形象设计需要通过充分的可行性论证，然后通过统一规划、分级管理、分类指导、分工负责，付诸实践。因此城市形象设计的门类指标和期量标准都必须是具有很强的操作性，以便城市的各个部门、各个方面围绕城市形象主体内容而展开各自的工作。

五、城市形象评价指标体系

现代城市形象设计的主要内容之一是建立其评价指标体系，

并作为城市形象的具体化、度量化和可比性的基本依据。评价指标体系的制定是一项十分繁杂的工作，本文谨初步拟设一般城市形象评价指标体系，思路是把城市形象指标体系分为若干层，由上至下，将客观的、抽象的评价过渡到微观的、具体的、可度量的指标。第一层为城市总体形象综合评价。第二层分为由过去(历史)到现在(现实)再到将来(发展)和自在的(自然)到自为的(物态)再到自觉的(未来)两个方面六个特征指标。第三层为分域指标，由上层的特征"软"指标细分而成。第四层为反映指标，即开始反映为某一微观领域或具体方面的水平状态类指标。第五层是测量指标层，要求反映可量度化和可比性。本系统只划分到第三层指标，第四层和第五层以"现实形象"指标和"城市经济"指标为例，其他暂略。

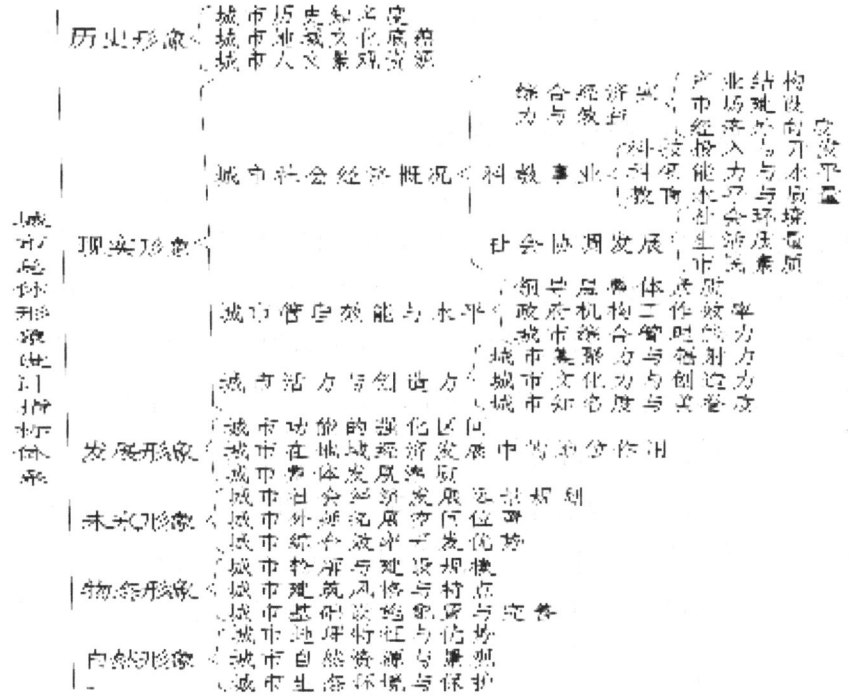

关于长沙软科学研究几个问题的思考

要充分发挥软科学在加速长沙科技经济一体化和推动经济社会全面发展中的重大作用,把长沙的科技优势、潜在优势转化为经济优势和现实优势,就必须提高对软科学的认识,深入对软科学研究的思考,并从中探索出促进长沙科技、经济与社会协调发展的相应对策。

一、软科学研究的现实意义

软科学是一门涉及自然科学、社会科学和工程技术诸多领域并运用现代知识体系解决复杂实践问题的一门综合学科。它具有综合运用人类知识财富,集成群体智慧,把交叉互补思维引入决策过程,多视角、多层次地系统分析从而揭示事物内在关联性,从思想上、理论上、方式上和手段上为人类实践活动提供跨领域、全过程的决策支持等特点。

由于软科学的理论综合性、实践应用性特点,它的运用已成为科学技术运用于人们社会实践的重要途径,成为科技与经济相结合的重要环节。它有助于生产要素的合理配置,有助于生产力

注:本文获"长沙市1996科技年——科技兴市理论研讨会"二等奖。

的优化布局。对于我国物质文明建设、精神文明建设和民主政治建设的重要作用不可低估。

在物质文明建设方面，它为国家宏观经济决策、区域经济发展进行预测、数量分析、跟踪预警、战略抉择，并进行跨部门、跨行业、跨地区的大系统综合研究，能够取得极大的社会效益和经济效益；它为企业的生产和发展进行各种课题研究、项目分析与可行性论证，在节约资源、优化结构、避免失误、提高效益上具有理性思维指导的先决作用。

在精神文明建设方面，软科学的普及、应用，会大大拓宽人们的视野，促进对科学知识和先进技术的了解、认识，使思想观念由传统型、封闭型向现代型和开放型转变，促使现代科学文明行为规范和健康有序的生活方式的社会合成，启迪人们创造性思维，树立全社会的科学意识。

在民主政治建设方面，软科学能够引导和促进决策的民主化、科学化，促进各级决策层进一步解放思想、实事求是，尊重知识、尊重人才，避免失策，减少负面作用。软科学作为"支撑民主和科学决策的整个科学知识体系"能够极大激发广大人民群众的主动性和创造性，有力地推动我国社会主义现代化建设向前发展。

随着我国全方位改革开放政策的实施和加速中西部发展战略的推进，湖南长沙欣逢千载难逢的发展机遇，但也面临周边区域和城市竞争发展的巨大压力。湖南省会长沙应该加快经济发展，并理所当然地担负起率领区域经济起飞的重任。如果我们在实际工作中，决策不妥当，甚至出现失误，那必将在前进中增加新的困难，丧失宝贵的机遇和有限的优势，甚至付出更大的代价！我们应当尽量避免各个层次上的失误，尤其要避免事关全局的战略性失误，这就要求我们必须增强"决策科学"意识，不断提高各级领导的决策水平，在迈向21世纪中，发挥"科技第一生产力"的主导作用，把握"决策科学"这一重中之重。

软科学在长沙发展战略中一个重要作用是引导我们不断解放思想、摆脱许多已不适应时代发展的、陈旧理论和陈旧观念的束缚。长沙与沿海一些先进和开放城市相比，最大差距就是思想观念上的差距。小生产的内陆意识、封闭意识和传统的思维定式不时影响着我们的思维、思想、观念和行为，使我们在接踵而来的一系列重大问题面前显得力不从心。软科学能帮助我们倚仗科学的思想、方法和手段分析新情况、研究新问题、总结新经验、推出新思路、设计新方略。软科学研究的发展对于长沙加大依靠科技进步的力度，实现经济腾飞具有关键性作用。

二、长沙软科学研究的基本内容

一个时期来，在长沙宏观发展战略思路上，在一些重大投资项目上，在城市的基础设施建设上，存在着起点不高的问题。这说明我们的一些工作缺乏较为严密的科学论证，缺乏高度的科学决策意识，缺乏综合运用现代科技知识体系为各级决策提供依据和支撑。由此可见长沙的软科学研究和应用相对滞后。近年来，软科学研究已引起了长沙决策层的重视，并作过一些卓有成效的尝试，如创建现代化国际性城市研讨活动、长沙"九五"规划发展建议和湘江风光带项目研究等。但总的来看，长沙软科学研究对于长沙经济社会发展要求尚存在研究起点不高、分析视角不广、运作方式简单、指标体系残缺等诸多问题。下面就长沙的软科学研究，提出三点看法：

第一，长沙的软科学应该加强改革开放理论与政策法规的研究

长沙发展上的差距来自改革上的差距，改革上的差距来自思想开放度上的差距。如果没有思想上的解放、观念上的转变、理论上的突破，就很难在改革实践上取得实质性进展，改革开放本身是个实践问题，改革开放的理论、方针、政策必须在实践中总结、提高并返回来指导实践。长沙软科学研究要结合湖南省情、长沙市情，联系改革开放中实际情况和问题进行深层次研究。比如，改革开放带来的思想道德观念的建设、关于"开放强市"的理论探讨与可操作性研究、关于招商引资的政策配套与环境营造等等。软科学应在这些领域内为长沙改革开放向纵深发展提供重要的理论依据和措施对策。长沙市作为具有地方立法权的省会城市，也为软科学研究提供了用武之地。长沙软科学应为制定政策法规进行跨学科的综合研究，以提供科学的法规理论保证。

第二，长沙的软科学应该加强区域发展战略与实施规划的研究

区域发展战略与实施规划的研究是软科学最活跃、最能体现成果的领域之一。一方面软科学研究为区域发展总体战略思路提供了强有力的综合技术支持，使区域发展战略研究产生了革命性的转变；另一方面软科学在区域发展战略研究中形成的发展理论和模型体系，有利于战略实施各步骤上的通盘考虑与整体协调。长沙市委、市政府领导为全市人民提出了本世纪末的宏伟奋斗目标，软科学在长沙发展战略方面的研究应把握三个方面：一是把握世纪末我国将初步建立社会主义市场经济体制的发展趋势；二是把握"九五"时期中央加快中西部改革开放和缩小东部沿海与中西部差距的发展机遇;三是把握产业的优化升级,对国有企业所进行的战略性调整。软科学在长沙发展规划方面的研究要从世界经济大态势和未来中国经济大格局来审视,从湖南省域经济的总体要求和区位战略来考察,从我国城市化与工业化交织发展进程中来进行长沙城市经济和城市文化走向的探索、求证。

在长沙的发展战略研究中,软科学应开发建立具有中国特色、切合长沙市情的目标论证系统和决策支持系统。如"开放强市"中的"度"的研究与创新行为导向研究;"流通活市"中流"量"与流"素"的调控与培植研究;"科教兴市"中加速实现"两个转变"的政策引导与氛围营造研究;"依法治市"中立法建制与执法监督的社会整合效应研究等。

第三,长沙的软科学要加强经济建设与社会发展方面的研究

宏观方面,主要是研究全局性的重大问题,如效益与速度的问题,长沙与周边地域关系问题,经济发展与人口、资源与环境的协调问题。还要进行经济宏观的政策模拟、发展预测、宏观预警、应变方案方面的研究以及与其他地区、城市对比分析和发展追踪研究。还要以黄皮书(宏观研究报告)的形式为各级领导提供决策理论根据。

中观方面,主要研究我市各行业的发展对策和实施方案,如农业发展战略抉择与政策保护,行业现状普查与行业归口管理,支柱产业的确定与新经济增长点的发掘,一、二、三产业发展的比例确定和变动趋势,产业带动效应与优先发展分析,城市产业布局与产业结构调整,现代企业制度与社会保障联动配套等。长沙软科学在中观领域的研究中,由于一些交叉性的关系还会涉及长沙城市经济与城市文化的共生互动问题。

微观方面，这应该是软科学研究最活跃而又最广泛的领域，如重大项目的可行性论证，引资方案的考察分析，重建或扩建项目的科技研究与效益分析，优化生产力组织和技术结构调整，企业形象设计与市场调查，企业技改与新产品开发。软科学在微观经济领域的研究应该为各行业、各部门领导层、执行层避免大的决策失误和执行失效提供帮助。

三、发展长沙软科学研究的基本途径

长沙的软科学存在极大的发展潜能和势能。长沙地区拥有20余所高等院校，有20余万各类专业技术人员，其中社科类占51.3%。在长沙的中央、部、省属党政机关、企事业单位聚集着一大批各类优秀人才和数量可观的硬件支撑系统。现就长沙的软科学研究如何发展提出以下三点建议：

1. 构筑体系，突出重点

长沙的软科学研究要从两方面进行体系构筑：一方面是软科学自身工作体系，即加强基础研究和应用研究。从学科上讲要充分调动现代最新科技为己所用，如运用系统论、运筹学等现代科学知识，借助电脑模拟、模型测算等现代科学方法，对软科学基础理论进行开拓性研究。在运用研究上要建立行之有效的工作程序和操作方法，促进软科学研究的成果的物化应用。在人员配备上要培训一批兼有自然科学和社会科学知识结构的软科学工作者。另一方面，要建立起以省会城市长沙为中心的地区性的软科学研究机构为主体的综合信息服务网络系统。同时长沙软科学研究机构必须打破传统的从属关系和门户之见，尽快形成合理配置、科学分工、优势互补、有机结合、互通信息、共同协作的软科学研究网络体系。

长沙的软学研究应该紧紧抓住我市改革开放、经济生活和社会发展前沿中的重点，遴选课题，认真研究，特别是对一些政策性强、操作难度大、涉及深层次理论的突出问题，进行大胆探索，深入研究。近期内研究的重点应该是实现"两个根本转变"的有关课题，只有抓住这个重点，才能抓住长沙经济问题的实质。

2.放开一片，培育市场

长沙地区的软科学机构，大多是作为行政附属物而存在。由于过多地依赖政府或单位的行政支持而缺乏自我发展的能力，科研队伍不稳定、设备陈旧、研究水平不高的现象存在。面对市场经济对软科学的急切呼唤，应该结合科技系统转换机制、调整结构、分流人才的改革和党政机关转变职能、精简机构的改革，动员、鼓励一大批科技人员和机关工作人员自主兴办各类民营的软科学研究机构。

软科学作为大系统的综合研究将进一步引导科技第三产业的兴起和发展，这一以生产新思想、新理论、新观点、新政策等各种智力产品为主的新产业，将成为长沙经济发展的新增长点。我们在培植这一新产业时，要努力开拓市场，引导对软科学的有效需求，实行政策倾斜与政府鼓励，使长沙地区的软科学事业社会化、建制化和规范化。

3.大力发展咨询产业

软科学是咨询业的基础，咨询业是软科学的应用。我国软科学事业的发展为我国咨询业的崛起奠定了基础。全国现已有各类咨询机构4万多家、信息服务机构2万多家。长沙市工商登记注册的咨询机构有148家，从业人数1700多人，尚处发育期。目前这些咨询机构中实际从事咨询业的不多，大部分还靠兼营他业维持。这与市场发育不全、缺乏较强的市场需求动力有关，这需要从四个方面加强：

第一，去除依附，形成实体。我市多数咨询机构，依附主营部门，尚未成为自主经营、自负盈亏的实体，一些项目"肥水不流外人田"，课题研究的自主性、独立性大打折扣，科学性和操作性也令人怀疑。这种决策与咨询一体化是小生产方式与计划经济的混合产物，不改变这种状况，不利于咨询业的健康发展。

第二，提高水平，形成规模。我市咨询机构鱼龙混杂，水平不一，致使大多企事业单位对寻求咨询服务的信心不足。有的咨询机构接到任务后，把有关的专家凑在一起，项目完成后一哄而散。这种将知识简单拼凑而缺乏有机结合和系统研究的做法，难于提高咨询业的水平。有的咨询机构对客户的咨询是讲一通"放之四海而皆准"的大道理，下一个不痛不痒的书面结论，影响了咨询业的声誉。长沙咨询业除加强人员素质建设外，还必须在研究改革开放前沿问题中锻铸研究实力，在推进经济建设中形成产业特色，在市场竞争中完善运行机制，在业务交往中建立信息网络，以此逐步形成产业规模。

第三，规范运作，平等竞争。长沙地区的一些咨询机构应改革经营管理方式，改变大部分咨询机构人员素质偏低，兼职挂衔过多的现状。有的咨询机构连基本的企业形象资料的执业规划都不具备，以致对咨询项目缺乏严谨的科学态度，草率从事，急功近利，咨询报告内容贫乏肤浅，现状、问题、建议"三段式"，形式千篇一律。长沙咨询业应通过组建地区性行业协会，从内部产生和完善行业规范，如项目公开竞投规则、成果验收评审办法、科研与咨询收费标准等，促使咨询业依靠自己的实力加上行业规范约束来平等竞争，以规范的行为、良好的企业形象和优质的服务赢得各层次客户的信赖。

第四，宣传成果，引导市场。长沙咨询机构要大力宣传服务范围和科研成果。长沙地区有的咨询机构无论是实力上还是成果上都具一定影响和竞争力，但在一些跨地域的大型项目竞投中却失之交臂，有的外商极力想寻找民间独立性强的咨询机构为其进行项目论证、市场调查而苦于无门，原因在于咨询机构影响力不大，声誉不高。一些咨询机构只盯在"官方"，只盯在财政几个钱上，殊不知两个巨大的市场可供开发引导：一是企业对咨询的需求，如企业诊断与改组，市场调查与企业形象设计、技术中介等。二是社会生活市场，如知识产权保护与法律咨询，各种活动、会议策划、家庭及社会化服务等各种专业和综合咨询服务项目等。

中心城市在区域经济协调发展中的战略支点作用

　　注重发挥中心城市在地区经济发展中的作用,培育、确立各地区中心城市为区域经济的发展极,对于引导地区经济的协调发展形成若干个各具特色的区域经济,逐步缩小地区间的差距,提高我国经济整体水平,加快我国现代化建设的步伐,均具有十分重大的战略意义。

一、地区经济增长与非均衡发展之间的辩证关系

　　长期以来,我国区域经济的发展,基本上沿袭一条均衡发展的轨迹。但是,纵观国内外经济发展的经验教训,应该认识到:其一,均衡发展是个较长的历史过程;其二,由于各地区的地理位置、自然条件、经济技术、历史文化条件及社会条件的差异,均衡发展实际上是相对的;其三,各地区的经济、社会、文化特性差异导致了均衡发展的相对性。任何一个国家的地区开发与发展,客观上都要求充分发挥自身优势,并追求经济增长的高速化和经济效益的最大化。特别是在市场经济条件下,各地区的有限

注:本文获湖南省讲师团系统1996年社科优秀成果奖。

生产要素总是力求流向最大利益的区位和部门，各地区的资源也是根据其比较利益的大小进行经济配置，这都必然导致发展不均衡。然而，在我国内地某些地区的经济发展却囿于思维定式和计划经济体制运行的惯性作用，过分强调地区经济均衡发展，热衷于平均主义的"整齐划一"，或出于种种原因，习惯于"面面俱到"、"四平八稳"，把战线拉得又粗又长，致使有的项目建设工期拖长，或建成后不配套，内外协作困难，基础设施欠缺，经营管理失效，长期无法形成生产力；或者形成"大而全、小而全"的产业经济同构化，大家都想发展，实际又形成不了规模经济、谁发展也快不了的结构性矛盾。实践证明：均衡发展不能成为当前我国地区经济发展的目标模式，也不能采用不顾国情国力搞所谓"整体推进"的大片战略转移方式，而只能采用以点连线，点线结合，重点开发，点线带面的非均衡发展战略。

从 20 世纪 80 年代开始，我国区域经济发展战略有重大的校正，主要是实施了对经济相对发达、工业化程度相对较高的地区和沿海地区倾斜。十多年来，我国经济高速增长主要来自东部地区的推动力这一不可否认的事实证明，这种非均衡发展战略的选择是十分正确的。至于东、中、西部地区差距拉大的现象，是属于发展中的问题，主要是国家宏观决策调控中"期量标准"的掌握，不应该说是我国区域经济发展战略抉择问题。邓小平同志曾十分明确地指出："平均发展是不可能的。过去搞平均主义，吃'大锅饭'，实际上是共同落后，共同贫困，我们就是吃了这个亏。"随着我国改革开放的深入，在我国国民经济发展取得一定成就以后，我国适时地调整发展战略，在继续发挥东部地区经济推动作用与示范效应的同时，加快中部地区经济的发展。那么，如何促进我国中西部地区经济的快速增长？如何促进地区经济的协调发展？我们认为应该采用非均衡发展战略模式。我国中西部地区与东部地区的技术经济水平差异甚大，各地区内部的发展水平也不均衡。像我国这样幅员广大，人均收水平低而资金不足的发展中国家，应该根据各地区经济发展的内在要求，实施非均衡战略，由非均衡达到均衡，由局部发展促进全面发展，使一些地方率先发展，带动地区经济协调发展。这样，既符合生产力发展规律，又符合全国人民的长远利益。

二、"中心城市——发展极"是我国地区经济协调发展的战略模式

发展极理论是一种非均衡发展理论。其基本内涵主要包括：所有的概念均以非均衡发展理论为基础；在经济地理意义上的空间单元系指区位条件优越的"极点"，通过集聚效应带动其辐射区域的经济发展。自20世纪50年代以来，"发展极"理论已成为政治经济学、地理经济学、发展经济学等共同关注和拓展的对象，70年代以后，成为发展中国家和欠发达地区经济发展规划的重要理论工具，由于收到明显效果而得到联合国的提倡。我国经济学、地理学界也在理论上开展了积极的探索和研究，特别是党中央在十四届五中全会上提出"坚持区域经济协调发展"的方针，为我国应用发展极理论提供了外部政策条件。从发展中国家来看，发展极理论主要应用于解决落后地区的经济开发与现代化问题、自然资源开发与其相关的城市化问题。从我国经济地理条件来看，我国的一个省区（甚至地区）面积就相当于一些国家的版图，分布于各地区的中心城市，尽管发展水平不同，但已经或基本具备发展极的某些外部因素和内部因素。因此，以各地区的

中心城市为"点",通过经济网络的"线",纵向连接更高一级的特大城市(更大的发展极)和下一级的中小城市(次极发展极),横向周边经济腹地"面"辐射,在中心城市"集聚"与"扩散"的效应中逐步形成"点—线—面"的全面扩展和空间转移,使我国各地区资源和空间得以充分的开发利用,以达到地区经济协调发展。

我们将一定区域或地区居于经济中心地位的城市,称之为"中心城市"。中心城市为地区经济协调发展战略支点的思想,最主要是依据我国的国情国力,充分发挥各地区在国家宏观调控下发展地区经济的积极性。从我国区域经济发展战略抉择来看,无论是"梯度推进"、"逆梯度推进"还是"重点转移"、"齐头并进"的理论观点,都不可轻视我国分布于各地区各级中心城市的存在。正如我们在80年代初,不能人为地抑制东部地区的发展,使东部地区在世界新技术革命挑战中坐失良机,拉大我国同发达国家和地区的差距那样,绝不能在各地区中心城市的发展上掉以轻心,使这些中心城市在促进地区经济协调发展中,丧失机遇或作用失落而拉大我国东、中、西部本来就存在的差距。在地区经济发展战略选择时,我们应该看到,在中西部与东部差距上,中西部地区中心城市差距要小,发展中西部地区的中心城市要比发展中西部地区容易。如中西部各个地区的发展"齐步走"、"一起上",不仅一时难奏效,国情国力也不允许。先重点发展中西部中心城市,形成地区经济的发展极,再由"点线面"的辐射发展,先缩短与东部地区的差距,带动各地区经济发展,摆脱贫困,走向共同富裕,应该说是我国地区经济协调发展的必由之路。

就我国各级中心城市本身而言,至少有五个方面,我们在确

立地区经济发展战略时必须高度重视:

1.各中心城市在各地区的现有作用。城市是地区经济的核心与火车头,它以工业成品、信息、技术、政策和社会文化供给并率领它的地区,支撑并促进地区经济的运行与增长。如果采用重新布局或单向均衡推进,甚至"削富济贫",是不现实的也不符合生产力发展规律的,那样就势必出现投资膨胀,重复建设,项目过滥,结构趋同,这种"公平"、"协调"的发展,后果必然是重复浪费与贻误发展机遇,形成的是地区经济发展的不经济、不协调和不规模。

2.我国各中心城市蕴藏着领衔地区经济的巨大潜力。城市的兴衰有着一定的社会历史原因,但我国一些城市近几十年的发展即带有明显的计划经济的痕迹和行政区划的烙印,随着我国经济体制的转型和改革开放的深入,中心城市特别是中西部中心城市,从人的思想观念到经济运行规则都有一个极大的更新,使这些城市在促进地区经济发展中,释放出巨大的潜能,焕发出新的活力。

3.城市化趋势与经济社会发展的共生互动。近代城市化是经济快速发展的"历史动力",也是当代社会发展的大趋势,其空间形式是以中心城市周围设置卫星状排列的中小城市(镇)。同时,又形成以特大中心城市为核心,以一定经济联系为纽带的若干邻近城市组成的紧密型空间结合体系——城市群,这一城市化过程既是各地区经济社会发展到一定阶段的标志,又使各地区经济在城市化进程中得以协调发展,其资源的重新合理配置和空间重新有序排列是并行的。

4.以中心城市为核心的区域经济产业的形成。一个中心城市的形成与发展必须要有一定的它所赖以生存与发展的腹地作为源头与基础；城市的发展又促进了城市集聚区域的形成与发展。在此过程中，城市的规模、等级得到扩大与提高，城市的数量、密度也在该区域增加，从而逐渐形成了以大城市为辐射中心的大中小城市相结合的城市体系。体系内城市相互依存、彼此协作，从而实现了以中心城市为核心的区域经济的产业关联性，带动了区域经济整体效益的增长。

5.只有中心城市才能率领地区经济的现代化和外向发展。我们很难想象中心城市没有实现现代化而其地区能实现现代化。处在信息时代和世界经济一体化浪潮中，过去那种孤立的、封闭的地区经济已不复存在，地区经济为快速增长必须实现国内和国际两个层次的外向发展，而在外向发展中理所当然地由中心城市充当"窗口"和"桥头堡"。所以只有外向型的现代化城市才能带动地区经济的外向型和现代化，并向经济国际化迈进。

三、中心城市在地区经济协调发展中的战略支点作用

以中心城市为地区经济发展极的战略，避免了单纯倾斜式发展战略带来的某些弊病。如地区差距拉大而引起的地区矛盾化、资源配置的宏观效益降低而迫使工业化速度放慢等。同时，这种中观发展战略体现了在一定区域地区发挥"集中力量办大事的优势"，体现了在地区经济发展中非均衡发展战略思想，即把有限的生产要素集中配置在地区经济发展极，使之得以优先发展，再带动整个地区经济发展，达到共同富裕的目的。这是我国地区经济协调发展的有效途径。

1.中心城市在对地区内外的经济联合与经济技术协作中发挥组织、协调、推动作用。根据市场经济发展的宏观要求和区域经济的内在联系，建立若干个以中心城市为依托的区域经济网络。

中心城市在区域经济协调发展中的战略支点作用

中心城市以其空间集中为特征的特殊地域空间，适应于社会分工与专业协作在地域上的集中化要求，它又以其技术或产品方面的"比较优势"为核心，在中心产业和拳头产品周围组建一批相关产业。目前，我国地区经济发展中产业结构调整面临着：一方面是各地区自然禀赋及技术经济水平不同而表现出各地区商品生产上的差异；另一方面是日益发达的交通通信网络与国内外经济大融合，所以中心城市在两者之间的衔接、中继、组织地区经济的作用日益显著。

2.中心城市在地区经济协调发展中的科教领先作用。一般来讲，我国的中心城市中，高等院校，科研单位众多，相对集中了一大批科研和师资力量，这就有利于本地区科研——生产的一体化；有利于促进地区经济建设转入依靠科技进步和提高劳动者素质的轨道；有利于各地区的科教文化优势转换为现实的生产力；有利于推进我国经济增长方式转变，把提高经济效益作为经济工作的中心。所以，以中心城市为核心，联结城乡，科教兴市、兴地，实施科研、教育、生产相结合，应该是促进地区经济协调发展，合理布局生产力，缩小城乡差别和地区差别的科研——生产的基本方式。

3.中心城市在地区经济协调发展中的功能服务作用。中心城市以其地理为区位特性和城市基础设为商品交换与流通服务，其集中体现在经济中介功能的发挥上。中心城市是一定区域内外物质商品集散地，它以相当规模的交通、通信、金融、流通加工等商业配套服务等发达的第三产业来保证人流、物流、信息流的正常、合理、有序和有效的流转。在现阶段，我国中心城市的市场功能作用日趋明显，中心城市的发展，不仅直接促进了统一的经济市场形成，而且为地区内外的生产要素（如资金、先进科技、人才等）提供了市场服务。中心城市与全国统一的大市场紧密地联系在一起，又与区域性的中心市场相依存，它反映着中心市场的网络的市场动态信息。特别是我国社会主义市场经济体制建立时期，正处在科技高速发展，信息千变万化及与世界经济全面接轨中，中心城市在促进其地区经济协调发展的市场服务功能尤为重要。在现代经济社会发展中，中心城市还必须发挥社会生活服务功能作用。我国的中心城市应作为一个新的文明时代、新的生活环境楷模，它应该也必须为人的全面发展提供高级社会文化生活的功能。各中心城市所处地域不同，其社会文化和民情风俗各异，在地区经济发展和城市化进程中，也伴随有新观念、新需要、新文化和新的生活方式产生，各中心城市如何正确引导并提供新的服务，坚持物质文明和精神文明共同进步，经济和社会协调发展，也是促进我国地区协调发展的一个重要社会条件。

邓小平文化发展战略思想研究

邓小平建设有中国特色社会主义理论体系，内容丰富，博大精深，全面继承和发展了马克思主义、毛泽东思想。其文化发展战略思想是这一理论的重要组成部分。认真研究邓小平文化发展战略思想，对于我们推进社会主义文化建设，充分理解以江泽民为核心的第三代领导集体对邓小平理论的坚持与发展，把我国建设成为伟大的社会主义现代化国家，有深远的历史意义和重大的现实意义。

一、邓小平文化发展战略思想是时代的产物

邓小平同志的一生是同20世纪国内外风起云涌的历史大潮联系在一起的。但邓小平的文化发展战略思想主要是70年代他复出以后，成为我党第二代中央领导集体的核心时期形成的。因此，研究邓小平文化发展战略思想的产生形成，应以这一时期为

注：本文原为参加"湖南省邓小平发展战略思想与加快湖南发展理论研讨会"宣读论文，并先后选入《人大报刊复印资料》1998年第六期、《新时期湖南优秀社会科学成果荟萃》、《98'湖南优秀理论文集》。

背景。

从国际背景分析。二战后世界进入相对和平时期，这个时期又可分两个阶段：一是70年代以前冷战与局部战争交叉共生阶段；二是70年代以后，和平与发展成为当代世界两大主题阶段。在这一大前提下，世界政治经济和社会发展出现了许多新变化，这些政治经济的新变化强烈地反映到人们的思想文化层面上，向人们提出一系列值得深思的重大问题。如人的本身价值和命运问题；人类生存与发展、人的价值观念的重新确立问题；如何看待文化矛盾与冲突问题，等等。特别是西方理论界在这种世界格局与国际形势变化中加强了文化战略研究，并力图为他们提出的各种文化战略提供理论基础。有西方学者宣称，20世纪发生的根本变化是西方自由主义取得了胜利，有理论家进一步论证，要使西方文化成为世界"主流文化"，使西方价值观支配国际政治秩序。在新的国际背景下，世界文化辐射和传播后面是文化价值观的选择与重构，在与生态、心态和生活方式息息相关的文化意识背后，往往是雄厚的经济实力比试和特定的政治内涵较量。

从国内背景分析。中国共产党领导人民革命取得胜利后，把一个半殖民地半封建的旧中国建成了一个社会主义的新中国。但是长期以来，由于在政治上坚持"左"的指导思想，以"阶级斗争为纲"，搞"无产阶级专政下继续革命"；在经济上沿袭"苏联模式"，实行高度集权的计划体制，虽然社会主义建设取得了不少成就，但人民付出的劳动同他们得到的实惠极不相称，特别是十年"文革"，把国民经济推向了崩溃的边缘，不少群众连基本温饱尚不能保证更不用说文化生活了。粉碎"四人帮"以后，一系列事关社会主义前途和国家命运的重大问题要求人们重新思考、认识并作出新的判断。这些问题主要有：如何认识、建设和发展社会主义？中国这样经济文化比较落后的国家如何实现现代化？如何重新树立社会主义的前途理想？在新的历史时期如何构建中华民族新的思想文化价值观等。

邓小平文化发展战略思想就是在以上特定的时代背景下产生的。邓小平正确地指引了我国社会主义文化继毛泽东提出的"民族的"、"科学的"、"大众的"革命文化向解放的、开放的、发展的社会主义建设文化历史性过渡，正确地解答了中国和世界历史发展中所提出的一系列文化发展问题，从而形成了具有中国特色社会主义的文化发展战略思想。邓小平文化发展战略思想是特定时代的产物，它适应了社会主义发展的需要，并服务于特定时代的发展。它适应了国家民族的需要，并服务于国家民族的兴盛。邓小平文化发展战略思想是中华民族奋起实现伟大复兴的历史产物。

二、邓小平文化发展战略思想的基本结构

作为革命家和政治家的邓小平，他的文化发展战略思想既是一个理论形成的过程，又是一个付诸实践的过程。当我们现在把它综合起来加以系统考察时，其逻辑结构也是十分清晰的。

1. 解放思想，实事求是是邓小平文化发展战略思想的核心

20世纪70年代末，是现代中国政治、经济和文化发展的根本转折时期之一，国家百业待举，而人们的思想"还处在僵化和半僵化状态"。邓小平同志以马克思主义者非凡胆略和科学态度，号召全党全国人民"解放思想，实事求是"，恢复和发展毛泽东同志倡导的马克思主义思想路线。他指出："一个党、一个国家、一个民族，一切以本本出发，思想僵化，迷信盛行，那它就

不能前进，它的生机就停止了，就要亡党亡国。"邓小平同志在我国新时期的关键时刻所作出的每项重大战略决策，都体现了"解放思想、实事求是"这一革命胆略和科学精神相统一的思想路线。"解放思想、实事求是"是邓小平有中国特色社会主义理论的活的灵魂，也是邓小平文化发展战略思想的核心。

在拨乱反正遇到"两个凡是"障碍的时候，邓小平同志以革命家的战略洞察力和思想家的理论勇气，在为十一届三中全会作准备的中央工作会议上，作了《解放思想，实事求是，团结一致向前看》的重要讲话，领导和支持了"实践是检验真理唯一标准"的大讨论，使我党和我国人民经过长期的思想屈从和僵化以后，通过这场极具战略意义的思想解放运动，使人们的思想从教条主义的条条框框中解放出来，从对虚幻的理想王国的期盼中解脱出来，开始恢复和发扬实事求是的精神、理论联系实际的精神。

在全党面临如何克服"文化大革命"错误影响，如何扭转局势重新奋起的时候，邓小平同志清楚地认识到，由于长期的个人迷信盛行，人们思想僵化落后，观念陈腐保守，文化精神失落，要摆脱困境打开局面"首先是解放思想"。他指出："我们讲解放思想，是指在马克思主义指导下打破习惯势力和主观偏见的束缚，研究新情况，解决新问题。"并指引全党毅然抛弃"以阶段斗争为纲"，促使全党打破精神枷锁，冲破思想禁锢，勇于思考，勇于探索，勇于创新，使人民开始正视我国经济、社会发展的实际状况，正视我国与发达国家的差距，使整个民族从闭关锁国走向开放。

2.改革开放是邓小平文化发展战略思想的基石

邓小平同志指出，十一届三中全会以来，我们主要做了两件事，一是拨乱反正，二是全面改革。全面改革就包括了政治、经济、文化各个方面的改革，特别是"正确地改革同生产力迅速发展不相适应的生产关系和上层建筑"。改革是中国的第二次革命，这场革命要大幅度地改变落后的生产力，就必然要多方面地改变生产关系，改变上层建筑，尤其要改变不适应我国现代化建设和束缚生产力发展的思想观念、思维方式、文化价值观和文化模式。按照邓小平文化发展战略思想，就是要通过全面改革使我们重新审视长期形成的传统观念，使我们从这些被实践证明不合乎中国实际、不合乎时代进步、不合乎经济和社会发展客观规律的精神桎梏中解脱出来。以"努力形成有利于现代化建设和改革开放的理论指导、舆论力量、价值观念、文化条件和社会环境，克服小生产的狭隘眼界和保守习气，抵制封建主义和资本主义的腐朽思想，振奋起全国各族人民献身于现代化事业的巨大热情和创造精神。"

在邓小平有中国特色社会主义理论体系中，对外开放与全面改革连成了他文化发展战略思想的一块坚实基石。社会主义建设必须学习一切民族、一切国家的长处是马克思主义的重要观点。邓小平同志更是把包括学习资本主义科学文化在内的观点，提升到人类社会发展必然规律的新高度。他说："要尊重社会经济发展的规律"、"社会主义要赢得与资本主义相比的优势，就必须大胆地吸引和借鉴人类社会创造的一切文明成果。""我们决不能再长期闭关自守，把中国搞得贫穷落后，愚昧无知。""我们要学习资本主义发达国家先进的科学、技术、经济管理方法以及其他一切对我们有用的知识和文化。闭关自守，固步自封是愚蠢的。"资本主义社会经过几百年的发展，特别是一些发达国家在经济、科技、教育、文化和社会管理等方面取得了许多历史性的文明成果，我们必须大胆借鉴和吸收，结合新的实践进行新创造，为我所用才能加快发展，正如经济上实行对外开放那样，"对外文化交流也要长期发展"。邓小平文化发展战略思想的开放性，表现出我们中华文明古国恢宏气度和努力克服狭隘的民族文化心态以及小生产意识的束缚，努力吸收、消化人类创造的一切优秀文化成就的博大胸襟。

3.发展科教是邓小平文化发展战略思想的重点

邓小平同志早在1977年就提出，"我们国家要赶上世界先进水平，从何着手呢？我想，要从科学和教育着手"。在国家时局和他本人处境还十分艰难的时候，他说"我知道科学、教育是难搞的，但是我自告奋勇来抓，不抓科学、教育，四个现代化就没有希望"。邓小平同志所指的抓科学，一方面是加速科技进步，依靠科技力量促进经济振兴与发展，另一方面是提高全民族的科学文化水平，增强全社会的科技意识。他所指的抓教育，一方面是大力发展教育，提高全民族的知识文化水平，另一方面是通过各类各级教育，提高广大人民群众的思想道德水平。我国总人口平均文化程度偏低以及具有较高文化程度的人口所占比例太少，已经成为阻碍经济发展的重要因素，智力资源和人力资本缺乏与我国经济社会发展的矛盾十分突出。邓小平同志曾在1985年指出："我们国家国力的强弱，经济与发展后劲的大小，越来越取决于劳动者的素质，取决于知识分子的数量和质量。"从文化的角度来看，我国社会主义现代化，出发点和目标都应该是社会主体——人的现代化。人的现代化是指人的素质要能适应并推进现代社会发展的需要。邓小平同志发展科教的文化发展战略思想，就是从根本上适应和推进有中国特色社会主义现代化，提高整个中华民族的科学文化素质和思想道德素质，促进社会的全面进步。

邓小平文化发展战略思想重心放在发展科教上的战略指导意义是：一方面要解决整个民族的科学文化素质和现代化建设的智力支持问题。文盲半文盲人口较多的中国要实现现代化更需要教育、科学和文化的发展。教育发达、科学昌盛、文化繁荣既是我国经济建设的重要条件，也是我国社会全面进步的重要标志。另一方面要解决整个民族的精神支柱和精神动力的问题。到下世纪中叶基本实现社会主义现代化，是我们党和我国各族人民现阶段的共同理想并坚信通过我们努力奋斗一定实现。所以，要教育人民成为"四有"人民，教育干部成为"四有"干部。通过社会成员素质的提高，从而促进整个民族的科学文化素质和思想道德素质的提高，是我国文化发展战略的一项根本任务。

4.两手抓、两手都硬是邓小平文化发展战略思想的方针

邓小平关于"两手抓"的论述包括十分丰富的思想内容，但邓小平同志强调得最多的是"一手抓物质文明，一手抓精神文明"。在建设社会主义物质文明的同时，努力建设社会主义精神文明，"坚持两手抓，社会主义精神文明建设就可以搞上去"这是邓小平同志一贯坚持的重要思想。广义的文明是涵盖文化的，精神文明与文化一般是重叠和交叉使用的。早在1979年邓小平同志就指出："我们要在建设高度物质文明的同时，提高全民族的科学文化水平，发展高尚的丰富多彩的文化生活，建设高度的社会主义精神文明。"邓小平同志一手抓物质文明，一手抓精神文明的战略观，深刻地反映了物质文明与精神文明、经济建设与文化建设共生互动、协调发展的辩证关系，是马克思主义的思想方法和工作方法的统一。

当全党对物质文明建设的重要性达成共识，我国经济建设与发展取得举世瞩目的成就后，也出现了另外一种值得注意的情况，这就是由于市场经济的某些负面效应和对外开放的某些消极影响，致使一些地方、部门的领导把经济建设为中心片面理解为单纯的经济增长，形成了重物质文明，轻精神文明，重经济建设，轻文化建设状况。这种物质文明和精神文明之间的反差，如果长期不能克服，必然影响到我国社会进步，对我国现代化建设和改革开放事业也将产生严重后果。正是邓小平同志向全党、全国各族人民大声疾呼，"不加强精神文明的建设，物质文明的建设也要受破坏，走弯路"。并尖锐地指出，十年最大失误是教育，主要是思想政治教育削弱了，一手比较硬、一手比较软。其实党的十一届三中全会以来，邓小平同志就多次批评实际存在的一手硬、一手软的倾向，强调"两只手都要硬"。1986年1月，他就指出："经济建设这一手我们搞得有成绩，形势喜人，这是我们国家的成功。但风气如果坏下去，经济搞成功了又有什么意义？会在另一方面变质反过来影响整个经济变质，发展下去会形成贪污、盗窃、贿赂横行的世界。"他曾严肃指出："一个地区，一个部门，如果只抓经济，不抓教育，那里的工作重点就是没有转移，或者说转移得不完全。忽视教育的领导者，是缺乏远见的、不成熟的领导者，就领导不了现代化建设。"邓小平"两手抓"、"两手都要硬"的思想不仅是指导我们建设有中国特色社会主义伟大实践的基本方针，也是我国文化发展战略思想的基本方针。

三、邓小平文化发展战略思想的特征

1.时代性。邓小平文化发展战略思想作为马克思主义在当代中国实践的产物，具有强烈的时代特征。面对世界范围内各种思想文化相互激荡和科学技术的迅猛发展，邓小平同志坚持用马克思主义的基本观点和基本方法，对当前时代特点和国际形势变化进行正确分析，作出了科学判断而形成了新的文化发展战略思想。当代中国还处在社会主义的初级阶段，经济和文化也都处于落后和不发达的水平，社会经济形态与文化形态的相互制约性，也决定了我们不能以超越阶段的观念企图去追求建立经典意义上的社会主义文化，而应根据我国经济和文化发展的实际，确立正确的文化发展战略。实践证明，邓小平文化发展战略思想完全符合当代中国实际，从而也体现了社会主义初级阶段相适应的文化时代精神。

2.独创性。邓小平文化发展战略的独创性主要体现以下两个方面：一是在形式上，古今中外文化发展战略主要有三种，即文化道德优先的文化发展战略、经济优先的文化发展战略和政治优先的文化发展战略。从历史上和各国发展的经验教训来看，三种文化发展战略各有利弊。邓小平文化发展战略思想是根据当代中国文化发展的实际，把经济、政治和文化各个要素有机结合起来考虑，即在大幅度提高社会生产力水平的同时，改革和完善经济制度和政治制度；在建设高度物质文明的同时，建设高度的社会主义精神文明；通过大力加强文化建设，为经济发展提供智力支持和精神动力。二是在内容上，马克思主义文化观认为文化发展离不开实践活动，但在实践中究竟如何从生产力和生产关系的统一来构建文化发展战略，邓小平文化发展战略思想解答了这一问

题。中国经济改革的目标是建立社会主义市场经济体制，而经济模式和文化形态是有机统一的整体。所以建立市场经济不单是一场经济变动，同时也是社会的文化的拓展与创新，邓小平文化战略思想比一般的文化发展的内涵要深刻得多，丰富得多。

3.继承性。"五四"以来，作为西方文化最高成果的马克思主义传入中国，并同中国革命实践与文化传统相结合而形成的毛泽东思想，把近代中国社会和文化现代化推向了一个新的历史时期。毛泽东提出的"民族的，科学的，大众的"文化发展战略思想，极大地改变着中国人民的文化性格和文化心理结构，成为鼓舞中国人民改造旧中国建设新中国的强大精神动力，为新民主主义文化向社会主义文化的过渡开创了良好的开端。然而，建国以后，帝国主义的经济文化全面封锁和当时的"一边倒"，文化领域阶级斗争的扩大化，最终演成一场十年文化浩劫。邓小平文化发展战略思想，使中国人民逐步摆脱了现代迷信，从"左"的精神枷锁中解放出来，消除自我封闭的文化心态，弘扬祖国传统文化，吸取西方先进文化精华，积极建设和发展社会主义现代化事业。邓小平的"思想解放"的、"改革开放"的、"经济发展"的建设文化是毛泽东"民族的，科学的，大众的"革命文化在新的历史时期的继承与发展，在中国新文化发展历史进程中有着承上启下的重要作用。

4.发展性。邓小平文化发展战略思想的"解放"、"开放"、"发展"的文化本质和思想内涵，为以江泽民为核心的第三代领导集体文化发展战略思想开启了极为广阔的发展空间，创造了我国社会主义文化向更新、更高层次发展的前提。江泽民同志根据邓小平文化发展战略思想，向全党和全国人民指明，建设中国特色的社会主义，就是建设包括中国特色的社会主义经济、中国特色的社会主义政治和中国特色的社会主义文化。江泽民总书记多次强调："建设中国特色的社会主义文化，这是事关中华民族振兴的大问题。"十四大以来，以江泽民为核心的第三代领导集体对社会主义文化建设实施了重大的战略发展，包括实施科教兴国战略，努力提高全民族的科学文化素质、充分发挥思想政治教育的优良传统、坚持正确舆论导向、明确社会主义思想道德建设的基本任务等等。在对外文化交流与开放方面，江泽民主席在西雅图会议上积极倡导各国人民努力发展自己丰富多彩的文化，各国人民之间、各种文化之间相互交流，取长补短，共享人类文明成果。江泽民主席这一站在迎接新世纪高度的讲话，不仅是对邓小平改革开放文化的继承与发展，而且体现了一个新兴向上的、自强不息的民族接纳世界优秀文化、共创人类文明的博大胸怀和泱泱华夏之风。邓小平文化发展战略思想的指导意义和强劲生命力还将在中国社会主义初级阶段的历史时期不断地得到验证。以江泽民为核心的第三代领导集体，继毛泽东、邓小平文化发展战略思想之后，正在新的伟大实践中，形成社会主义建设的新战略发展思想。

湖南戊戌维新派的精神熔铸

爱国主义精神凝成了救亡图存和民族振兴的原动力。湖南自古为"屈贾伤心地",他们深切的忧国忧民之情映照着拳拳爱国之心,爱国主义传统在湘弦歌不绝,令历代士子怆然感怀。在国是危艰之际,极具民族情感的忧患意识是仁人志士关心国家民族前途命运的一种可贵心理品质,是爱国主义的一种崇高表现。湖湘文化中有着深厚的爱国主义传统土壤,湖南士民具有优良的爱国情操,甲午之后深重的内忧外患,使他们在变法维新中奏出了救亡图存的最强音。谭嗣同的悲愤感时诗:"四万万人齐下泪,天涯何处是神州!"抒发了强烈的爱国激情。他在时务学堂和南学会上的演讲无不以救亡御侮、变法维新为主题,剖析"中国形势危急",呼唤人们的民族忧患意识,激扬人们奋发图强的爱国热忱,慷慨激昂使"闻者无不感动"。唐才常在其文章中多次为国家民族危亡大声疾呼,号召国人为挽救中华而奋斗。湖南维新派人士最具共同特点的就是饱含爱国情愫,他们发出了中国已面

注:本文原载于《长沙市委党校学报》1998年第四期。

临"豆剖瓜分于他人之囊"的呐喊，宁可"蹈东海而死"也不忍"坐而睹其状"，"中国不昌，吾死不瞑"。在爱国主义旗帜下，湖南省政高层心气相联，结为一体。"新政重臣"陈宝箴深忧国难，上痛陈时局，下力推新政；有"诗史"之誉的黄遵宪作为一个忧国忧民的政治人物，诗作充满了爱国思想和政治抱负；年轻持重的学政徐付铸悲悯时事，为国忧心，全力支持维新派人物。救亡御侮、振兴图强把湖南士风民气与省政高层融合起来，形成了"人人皆能言政治之公理"，"以爱国相砥砺，以救亡为己任"的新局面，演化成一场声势浩大的爱国主义维新运动。湖南时务学堂实行新式教育的目的不仅把学生培养为具有维新变法的坚强意志和通晓中外古今知识的专门人才，而且要求学生树立"以天下为己任"的大志，将来为振兴中华效力。近有著述说维新派与守旧派在爱国上颇有共同之处，其实不然，守旧派是由于"天朝大国"观念导致骄傲自满，闭关自守，夜郎自大，盲目排外，其忧的是"四夷自服，万国来朝"的盛景流逝，从根本上讲是危机感缺乏，进取意识淡漠。而维新志士们积极倡导的忧患意识与爱国豪情是一种升华了的、富于进取的、革新开放的爱国主义精神。维新派在戊戌维新中突出贡献就是向广大人民群众进行了一次广泛深入的爱国主义教育，使爱国主义精神凝成了近代以来中华民族救亡图强、民族振兴和推进中国社会近现代化的原动力。

敢为人先精神升腾了社会责任感和历史使命感。甲午惨败在理性上警醒了国人重新思考振兴中国的路径抉择，在感性上强烈刺激了国人耻辱神经，更强化了国人拯救国家与民族的责任心和使命感。湖南维新派当仁不让，以"救中国从湖南始"，"吾湘变，则中国变，吾湘存，则中国存"的殉道气概，把挽救国家民族危亡的崇高理想付诸身体力行的革新实践。这种敢为人先的精神成为了近代以来的志士仁人的榜样，也使他们具有的社会责任感和历史使命感得到空前升腾；这种"天下兴亡舍我其谁"的英雄品质，激励着后来民族精英为自己所希望成就的事业赴汤蹈火。湖南士民普遍认为，"求救亡之法，而先从湖南一省办起"。他们也的确以自己的实践证明和光大了这种勇于任事、敢为人先的精神。唐才常曾豪迈宣称："支那受创后，能毅然举新政，设学堂，谋国是者，首湖南，其士民忠诚勇猛之气，甲于十八行省，足兴策支那，足兴策亚东。"在万马齐喑的封建时代，湖南竟有"小兰西"，"小日本"之称，可见湖南维新运动独领时代之先。维新志士谭嗣同、唐才常也是最先用鲜血点亮了照彻暗夜的薪火。在维新派人士中，谭嗣同在思想理论上，革新实践上都是走在前列的，如他废除君主专制的主张和直犯君臣礼义的思想就远远超出了一般改良主义的"抑君权，伸民权"的境界，无怪乎梁启超赞叹"其思想为吾人所不达，其言论为吾人所不敢言"。湖南维新派不仅把变革推进到政治法律宗教诸领域，而且也敢于涉及中国社会最具神秘感的婚姻伦理领域和现实中最忌讳的满汉关系方面，要求改变封建专制主义政治制度乃至整个传统的价值观念体系，甚至直接威胁到儒家文化封建核心——三纲学说。敢为人先精神在思想文化上的重大意义就在于冲破了中国传统文化对人们思想行为的羁绊，激发了强烈的开拓、开创意识，一扫数千年封建社会造成的畏葸、羸弱、逆来顺受、胆小怕事的小农经济的、处事为人旧风气。它作为一种新文化基因，孕育了中华民族的新文化精神。它对后代湘人的影响是湖南英雄辈出,对国人的影响是在近代为民族复兴奋斗中，无数英雄儿女用血肉之躯谱出了一曲曲气壮山河的凯歌。

探索求真精神激发了思想自由和思想解放的内驱力。湖南维新派在实践上鼎新革故，厉行新政，在理论上孜孜不倦探索求真。戊戌维新思想家们基本上都是从旧文化营垒中走出来的布衣，他们深知旧文化思想包袱的沉重，也深感挣脱旧传统束缚的紧迫，必须排除传统文化制约的因素，突破旧的思维定式，冲决旧的思想网罗。"欲动天下者，当动天下心"，在探索"大本大源"中批判旧的、探讨新的、追求真的。维新派思想家亦认识到，宇宙一切事物都是运动的、发展的，中国在世界竞争中再不能"守古固旧"，必须"以变求新"。湖南维新派人士在追求思想自由和思想解放上表现出不怕困难、百折不挠、追求真理、勇于开拓的凛然大气。谭嗣同不囿世俗，大胆揭露清朝屠杀、压迫汉族人民的罪恶，深切同情反抗清朝统治的农民武装斗争，热情讴歌西方资产阶级革命。当大官僚张之洞对《湘报》所阐民主、民权思想横加指责时，谭嗣同拍案而起，旗帜鲜明、词锋凌厉地进行斗争，表现了为探求真理不畏强权的无私无畏的高风亮节。谭嗣同认为依靠以儒学为核心的封建文化是无法开启中国近代化的，中国近代化的启动从本质上是资产阶级政治、经济、文化本身使然。他反对原始儒学"爱有差等"，提出"仁"的真实意义是融通为一，一切平等、博爱，把"仁"赋予了资产阶级的政治伦理色彩，他提出"通为仁第一要义"，"通"有"中外通"，即反对封建的闭关锁国，学习西方先进国家的政治、经济、文化；"上下通"，即反对封建专制，建立西方式议会制；"男女内外通"，即反对封建礼教，要求男女平等；"人我通"，即实行资产阶级的民主、自由、平等、提倡个性解放。湖南时务学堂师生思想自由空气甚深,探索求真无所顾忌,教习议论新奇几达发聋振聩,其崇实自由学风影响深远。梁启超来湘讲学亦在探索求真的精神感染下,时不时也发出超改良思想范围的激进言论。由于探索求真精神激发了国人思想自由和思想解放的内驱力,推动了中国知识分子学习和吸收西方社会政治学说,认识外部世界和新的文化思想体系,使闭塞的中国社会透进了新鲜的空气和阳光,促使中国知识分子对传统文化盲目认同与依附心理的日趋淡化,许多人奋起批判和改造传统文化,推动了中国社会由传统向现代转型的历史进程。

改革献身精神铸就了大无畏思想品质。自古以来中国改革者命运几乎都是悲剧性的。然而,戊戌维新先烈的改革献身精神,"亘古不磨"地激励了一代代中华爱国志士。在毅然殉道的维新先烈中,集中体现改革献身精神的要数"中国为国流血第一烈士"湖南谭嗣同,他早就预见到"今日中国能闹到新旧两党流血遍地,方有复兴之望",做好了"杀身灭绝"的思想准备。面对生死之择,他坚定表示"大丈夫不做事则已,做事则磊磊落落,一死亦何足惜?"并声称"外国变法无不从流血而成,今日中国未闻有因变法而流血者,此国之所以不昌也,有之,请自嗣同始"。临危自若,视死如归,一腔热血,千钧誓言,"我自横刀向天笑,去留肝胆两昆仑"。为中国改革献身的精神光照日月,气雄千古,浩然正气,长存青史,以自己的鲜血和生命唤起"千百人站起来继续进行维新的工作"。谭嗣同从破除"我执"与大生命合流的无我的信念中得到鼓舞,"大仁之极生大勇",在民族矛盾尖锐与阶级斗争激烈的时代树立了爱国救亡的人生观,认为"达者兼善天下,不知穷者亦兼善天下,且比达官之力量更大"，这一思想对后来的青年毛泽东影响极大。湖南维新运动中异常激烈的新旧斗争，炼淬了维新志士的献身精神，熊希龄曾表示：在斗争中"惟有以性命从事，杀身成仁"，唐才常亦发"生死何足道，殉道思由回"壮语，在庚子之役中临危不惧，被捕时"坦然自若"，就义时"神气不变，慷慨如平生"。维新派具有强烈的英雄主义特征的改革献身精神，铸就了近代民族先驱大无畏思想品质，在戊戌变法后的百年间得到继承、发扬和光大。为抗议和警醒国人而投海自戕的陈天华尊称谭氏为"轰轰烈烈为国流血的大豪杰"。《革命军》作者邹容对谭嗣同满怀敬仰，题诗自勉以其改革献身精神从事革命。许多早期民主革命家都是在维新志士改革献身精神感召下走上革命道路。毛泽东从青年时代起就仰慕谭嗣同，谓"前之谭嗣同，……魄力雄大，诚非今俗学所可以比拟"。近年来对戊戌维新及代表人物的研究与评价大都为实事求是和正面肯定的，但也出现了贬抑失当、用现在眼光去观察，斤斤计较当时改革的成本、指责维新派过于偏激等。他们不明白，即使是"世界的进步，当然大抵是从流血得来的"。况且当时的中国黑暗到了极处，腐败到了极处，危亡到了极处，必须要有救亡图存的维新运动兴起，必须要有维新志士的慷慨悲歌、从容就义、舍身成仁、唤醒民众，舍此不能启动中国近代化历程。

提高湖南省经济增长质量与效益
——优化产业结构

在新的形势和条件下,如何优化经济结构、提高省域经济增长质量和效益,是需要认真研究和深入探讨的。

一、产业结构优化是省域经济发展的基本要求

改革开放以来,我国的产业结构经历了三次重大变化:即20世纪70年代末80年代初的农、轻、重工业比例协调;80年代中期的轻纺、家电业和第三产业快速发展;90年代基础设施和基础工业的加快发展。这种宏观经济结构上的调整,极大地促进了我国国民经济整体发展。各省域经济结构根据国家经济发展的战略性调整,主要是在结构上作相应的调整,并在各个阶段取得了一定的成效。但各省域经济结构完全按同一模式或一结构则是不可能,也是不必要的。特别是在市场经济条件下,各个省域主要依靠行政手段建立的自成体系的产业结构,必将影响到经济增长质量和效益的提高。

注:本文原载于《跨入21世纪的湖南经济——"湖南省优化经济结构,深化国有企业改革理论研讨会"优秀论文集》,并全文刊登在《湖南社会科学》2000年第一期。

在市场竞争条件下，就某一省域而言，没有必要也没有可能求得省域范围内产业结构的最优。产业结构的调整优化是宏观经济的范畴。宏观经济的运行客观上要求各区域产业之间有较高的依存度，保持相应的平衡协调发展。省域产业结构必须在全国范围内平衡，而且这种平衡必须通过省域优势产品来取得，产品优势又需要以产出的经济效益来检验。因此，产出结构的优化是省域经济发展的基本要求。

产出结构与产业结构是两个不同概念。产出结构是产业结构的实现形式，它包括产品产出构成和效益产出的构成。市场经济条件下，效益的产出是产出结构的核心。产业结构则是现有各个产业之间的构成关系。产出结构与产业结构同时又具有关联性，产业结构是产出结构的基础，合理的产业结构能够发挥省域资源和生产力的优势，保证产出品的合理构成，从而保证产出的经济效益。但应看到省域产业结构与产品结构没有必然联系。这是因为省域产业结构是全国产业结构的组成部分，省域产业布局原则上必须服从国家产业的分工，如果从国家产业分工的要求来看，某些省域产业结构是合理的，但产出结构或产出效益在这些省域可能是不合理的。就全国资源优化而言的经济结构和产业结构调整，具体到省域就不一定是合理或优化的，如果各个省域片面地追求省域经济结构优化，例如在三次产业结构中，人为地调整成"合理"的结构比例，那么在国家整体经济结构中就极有可能不是合理的也不是优化的。一些省域经济（包括一些地方经济）发展战略思路不是那么清晰，这也就是近年来，我国各地依然存在的，不顾地域实际重复建设，一次次陷入"大而全"、"小而全"，以及一些地方调整优化结构而事倍功半的一个重要原因。

省域产出结构调整优化并不排斥省域产业结构调整优化。在省域产业结构符合市场需求、产品价格能够反映产品价值的条件下，产业结构调整优化也能转换成产出结构的优化。产出结构优化客观上要选择有市场优势的省域主导产品的生产。所以，产出结构优化不但带动了产业结构的升级，而且以主导产品为依托建立省域产业之间的联系，在国家产业结构处于最优状时就能保证产出结构的优化。在产业结构形成引入市场机制以后，各省域在利益机制作用下，也必然要以产出效益为标准来调整优化省域产业结构。

产出结构优化是符合省域经济利益的。从根本上讲，省域经济利益表现为省域内居民人均收入水平提高上。省域经济发展中经济行为的目标选择，有两个外部强约束，一是国家的各项分解发展指标；二是省域居民对它的社会评价。改革以来，省域经济发展的利益动机增强。在服从国家经济布局、产业结构优化调整以及保证各项分解发展指标前提下，努力实现产出结构优化，即包括优质（优价）产品构成优化和高产出效益构成的优化，在市场竞争条件下，无疑是保证了省域经济利益的最大化，同时也保证了国家发展的整体要求。实际上，省域经济发展所采取的经济行为，一般都是"双边平衡"后的结果，是各方面动机冲突中的"妥协"。所不同的是，以产出结构优化为省域经济发展的基本要求，是以市场为导向，适应需求变化从市场最终实现的效益去考察分析、调整优化经济结构，提高经济增长的质量和效益。

二、我省经济运行与经济结构调整中的问题

我省经济运行从总体上看，由于经济结构不合理、科技进步不快、产品落后、机制不活、管理粗放等，以致经济发展的质量

和效益问题十分突出。主要表现为，一是GDP提供的财政收入低。我省每亿元GDP实现的财政收入要低于全国平均水平25%左右，因而始终处于"财政穷省"的地位。二是工业效益综合指数低。近年来我省低于全国平均指标15个百分点以上，徘徊于20世纪90年代以来的"低谷"区间。三是农民收入水平低。占我省人口74%的农民人均纯收入低于全国水平，制约了我省整体消费需求的增长，影响了我省农村市场消费品生产发展带来的连动效益。四是科技水平低。我省科技实力在全国排位趋后，科技转化生产力不强，产品构成中科技含量不高。

我省的产业结构特征是一产业占GDP比例比全国高10个百分点，二产业比全国低10个百分点。从工业结构来看，我省轻重比重为39.9：60.1，全国为46.4：53.6。从产品结构来看，农产品优质率不高，工业名牌产品不多；上游产品多，下游产品少；初（粗）加工产品多，高附加值产品少。从企业组织结构看"散、小、差"的特征明显，传统产业企业多，新兴产业企业少；中小型企业多，经济规模的少。从所有制结构看，我省个体、私营等非公有经济发展迟缓，在我省独立核算工业企业的产值中，各种非国有及集体工业比例仅为10.3%，远远低于全国30.3%平均水平。

我省经济运行质量不高，既有结构问题，又有效益问题，但最终还是归结于效益问题。我省的产业结构在国家整体布局中，是作为农业为主导的省域经济结构形态存在，中央政府恐怕在短时期内不可改变。在工业方面，因为缺乏特别明朗的资源前景，亦不会有较大的国家投资倾斜。应该说服从国家区域产业布局规划、发挥农业资源优势、保障粮食安全、依托农业发展省域经济也是农业大省的经济责任。如果我省在产业结构调整上背离国家产业结构布局调整的大前提，跨越我省各产业现有的投入产出关系，进行自体系的结构比例调整，势必造成经济结构比例失调、重复建设和资金匮乏，这方面是有深刻教训的。产业结构比重是按国内生产总值计算，这既可以通过整体经济运行质量和效益的提高来提高GDP绝对值总量，也可以通过某一产业经济运行质量和效益的提高来改变产业比例结构。

省域间的经济增长之所以形成较大差距，一个重要原因就是各省域经济运行的质量和效益的不同。从近年有关数据分析来看，在东部经济高增长省域有以下四个明显特征：一是工业都保持了两位数的增长率，大多企业通过改制焕发生机，扭亏为盈，成为推动当地经济的主要力量；二是产品结构调整迈出新步伐，工业增长值大幅提高，高新技术产品成为工业产出新的增长点；三是所有制结构趋向合理，非公有经济比重不断加大，使整体经济效益水平不断提高；四是据国际市场需要变化，通过出口产品战略调整，保持增长速度，出口对这些省域经济增长起到了拉动作用。我省与先进地区存在着差距的原因是多方面的，抛开历史、自然的条件因素不论，先进省域经济增长的主要特点，就是注重经济运行质量和效益，尤其是适应市场变化，调整和优化了产出结构以及影响产出结构效益的诸因素，从而激活了省域经济的勃勃生机。

三、我省优化产业结构的政策建议

我省经济发展面临诸多困难：固定资产投资增幅回落、消费需求持续不振、外贸出口利用外资下降、农业生产低速低效、工业经济效益不高，同时还受到先进地区和周边省（市）经济结构调整优化和经济高速增长的巨大压力。解决办法还是如何通过结构的调整和优化，努力提高我省经济增长质量和效益。我国以往几次结构调整的目的是理顺结构、发展能够迅速提高人民生活水平的产业，而这一轮结构调整的目的则主要放在提高经济运行质量和效益上。东部先进省域经济的快速增长，恰恰就是把握了这一市场经济条件下省域经济运行发展的趋势。如前所述，从理论上分析，产出结构优化是省域经济增长的基本要求，从现实对比来看，产出结构优化是省域经济增长的重要特征，所以，提高我省经济增长质量和效益的现实选择应该是把着力点放在我省产出结构调整优化上。产出结构主要是从产品产出和效益产出这两个方面来体现其优化成果，从当前经济结构相关性来看，产品和效益的产出主要是与产品结构、企业结构和所有制结构直接相关，优化我省产出结构的切入必须在这三个结构调整优化上有所突破：

1. 以市场为导向的产品结构调整优化

改革开放 20 年来我省生产能力有很大增长，但我省产品结构长期处于落后失衡的状况没有得到根本改变，特别是在告别短缺经济后，市场对产品的选择和容纳更为严厉，我省产品构成从整体上讲未能按照市场供求关系和最终需求的变化及时转换。这也说明了我省产品结构调整有较大空间。我省应以市场为导向，大力培育名牌产品和主导产品，推动产品结构调整，市场竞争的新优势。一是要加大科研投入，加快发展高新技术、大力推进科技成果转化和新产品开发，进一步加强产学研联合，鼓励对传统产业和产品的技术改造和升级换代，加速推进农业科技革命、提高农副产品的优产高产和产品的深加工能力。二是要加强对国内外市场预测和新型消费需求结构的分析；下大决心、大气力调整产品生产结构,将有限的物力、财力集中于真正有优势、有前途的新产品和优品种上,坚决放弃劣势产品和落后品种。三是要大力营造促进新产品新品种开发生产的政策环境。要在国家有关鼓励政策基础上,制定更有效的地方鼓励政策,实施强有力的政策倾斜,保护知识产权,保护新品种、新成果转化的商业利益。

2.以效率为导向的企业结构调整优化

我省产出效益结构不高与我省企业结构不合理有极大相关性,我省企业结构不合理主要表现在企业组织结构上大小失当,企业层次结构上高低失衡,企业内部结构上管理失调。我省必须以坚持效率为导向加强对企业结构调整优化。一是以国有企业战略性重组为契机,加大企业组织结构调整优化的力度。进一步加快国有企业兼并重组的步伐,在支柱行业和优势产业中培育一批上规模、上水平的集团公司。同时,引导中小企业围绕大中型企业实行跨地区、跨部门、跨所有制专业化协作。二是在企业层次结构上要尽快调高调优,加快我省向工业化后期——高加工度化演化的进程。一方面大批企业生产能力严重过剩,另一方面高水平的生产能力严重欠缺,所以,我省应切实加强分类指导,积极引导和鼓励企业升级换代、扩大经济联合和技术协作,使大批企业尽快上档次、上水平、上效益。三是加强企业内部结构调整优化。我省企业普遍存在"两头大中间小"的状况,即技术研究,产品开发和营销环节薄弱,中间生产过程膨胀的"橄榄型"企业。而在市场条件下,企业面临的是市场需求不断变化和竞争异常激烈。这就要求企业技术研究、产品开发与市场营销、售后服务"两头必须强",为了降低成本,中间大量一般加工靠协作配套。市场经济条件下要求企业是这种"两头强、中间精"的"哑铃型"企业。所以，为了提高我省企业整体效益，应加强企业内部结构调整优化，这包括进一步深化企业改革提高企业经营管理水平等。

3.以发展社会主义市场经济为导向的所有制结构调整优化

我省所有制结构变化低于全国水平，与经济发达先进的省份相比，步伐尤显缓慢，主要表现为各种经济类型中，传统的国有经济比重过大。我省国有企业和正在完善的股份制企业与全国的情况一样，经济效益普遍远不如私营和外资等非公有经济企业。产出效益低的公有制比重较大，而产出效益高的非公有经济比重较小，这就势必影响我省整体产出效益水平的提高。为了推进我国社会主义市场经济的发展，促进我省整体产出效益的提高，我省应把所有制结构调整优化，提高非公有经济占全省经济总量的比重和经济增长的贡献率，形成多种所有制经济共同支撑我省经济增长的格局。一是要充分认识非公有制经济"重要组成部分"的地位作用，在所有制结构调整中，加大跨度，加快步伐，切实改善经济发展环境，加强政府的政策保护和服务功能。二是适当收缩国有经济运作战线。在高新技术产业、农业产业化和社会化服务体系领域，鼓励股份制、股份合作制和个体、私营经济发展；在竞争性工业领域、零售商业、服务业等领域，促进各种所有制经济成分共同参与、平等竞争，有序发展。三是对非公有经济要促发展，促提高。即通过政府引导和政策服务，促进非公有经济数量上、规模上的发展和素质上、水平上的提高，把发展非公有经济作为加快省域经济发展，提高经济增长质量和效益的重要战略举措。

论中国共产党人的文化自觉

——纪念中国共产党成立 80 周年

在中国人民实现民族振兴的伟大历程中，已经充分证明并将继续证明中国共产党人的深刻文化自觉，这种自觉就是中国共产党人对文化的本质力量的深切了解、对近代中国文化问题的正确判断、对中国先进文化发展方向的深刻把握、对当代世界文化发展趋势的高瞻远瞩和中国共产党人文化使命的清醒认识及自觉担负。

一个民族的振兴首先需要其文化的振兴；一个政党是否先进，不仅在于它的阶级基础是否先进，而且在于它对先进文化及其前进方向的自觉。

在纪念中国共产党成立 80 周年之际，回顾党领导中国人民进行革命、建设和改革的光辉历程，我们深切感到：中华民族的振兴，靠的是中国共产党的领导，靠的是世界上最先进文化思想——马克思主义、毛泽东思想、邓小平理论的指导。80 年

注：本文在 2001 年 7 月 2 日《工人日报》理论版发表；"获长沙市纪念中国共产党八十周年理论研讨会"一等奖。

来，中国共产党倡导和建立的一整套先进和崇高的价值体系，继承、吸收和弘扬了中外先进文化，彻底改变了中国人民的精神面貌，中国共产党作为中国先进文化的代表，推动了中华文明的发展和进步。80年的伟大历程充分证明中国共产党人的深刻文化自觉，这种自觉就是中国共产党人对文化的本质力量的深切了解、对近代中国文化问题的正确判断、对中国先进文化发展方向的深刻把握、对当代世界文化发展趋势的高瞻远瞩和中国共产党人文化使命的清醒认识及自觉担负。

中国共产党人对先进文化的自觉

中华民族是一个伟大的文化民族，对人类社会进步和文明发展有过巨大的贡献，也曾创造过绚丽的辉煌。但自鸦片战争之后，帝国主义列强侵略使中国逐步沦为半殖民地半封建的国家，中华民族蒙受极大屈辱，中华文化遇到前所未有的挑战。为了拯救民族危亡，中国人民开始了寻求真理的艰苦历程。

20世纪初，中国200多万产业工人已成为一支日益重要的社会力量，代表着先进社会生产力发展的要求，并以独立的姿态登上政治舞台，迫切需要建立与之相应的思想文化体系，这是马克思主义得以传播的最重要的社会基础，也是早期中国共产党人先进文化深刻自觉的社会现实回应。十月革命的胜利，大大地拓展了中国先进分子的思想眼界和文化思维，使他们看到马克思主义在指导革命群众运动所产生的巨大威力，从而认识到决定人类命运的不是资产阶级和资本主义，而是无产阶级和社会主义；进而提升了当时具有初步共产主义思想的知识分子文化自觉的深刻性和正确性。

中国共产党从一开始就把中国实现社会主义当作自己的奋斗目标，从而为中国社会文化的发展指明了前进方向。然而，比确立奋斗目标更为艰难也更为重要的是找到实现这一目标的具体道路。世界上最先进的思想理论和思想文化，怎样与中国的国情和实际相结合，以创建成为指导改造中国的先进思想文化，是摆在中国人民面前的历史性课题。通过艰难的实践探索和思想斗争，中国共产党人终于清醒地认识到，在中国，必须通过新民主主义革命才能走向社会主义，必须始终把马克思主义一般原则与中国革命的实际相结合，把社会主义的未来理想与当时中国社会的历史主题相结合，从而最终夺取革命的胜利，实现民族独立和人民解放，缓解深刻的民族文化危机，为完成中华文化的现代转型和中华民族的振兴创造政治前提。

中国共产党人对中国先进文化的自觉，主要表现为：其一，坚持实事求是地把马克思列宁主义与中国革命实践相结合，领导中国人民创造了新的革命文化，并产生了中国先进文化的旗帜——毛泽东思想；其二，在创造中国先进文化中前所未有的开创性和担负中国文化发展历史使命的积极主动性；其三，中国先进文化即革命文化的准确定位和成功实践，并把中国文化融入世界先进文化的发展大潮中。

中国共产党人对中国先进文化前进方向的自觉

社会主义制度建立以后，究竟如何建设社会主义，中国共产党人围绕这个问题进行了长期而艰辛的探索。革命的成功不等于近代以来中华民族文化危机的彻底摆脱，革命文化的形成也不等于中国传统文化向现代转型的完成。把新民主主义革命文化，适时而充分地发展到社会主义建设文化，是中国先进文化最为现实的基本前进方向。

党的十一届三中全会以后，以邓小平同志为核心的第二代中国共产党人在总结建国以来正反两个方面经验的基础上，在研究国际经验和世界形势的基础上，在改革开放的崭新实践中，找到了建设有中国特色社会主义的正确道路，创立了邓小平理论。

中国的改革开放极大地推进了中华民族的现代化进程。在领导中国人民进行社会主义现代化建设和改革开放的伟大实践中，中国共产党人对自己的文化使命有了更深刻的自觉。在当代中国，先进文化发展方向就是有中国特色社会主义的文化，即以马克思主义、毛泽东思想、邓小平理论为指导，以弘扬爱国主义、社会主义、集体主义，凝聚民族精神和民族意志为根本的文化；是继承发扬优良传统而又充分体现时代精神，立足本国，服务人民而又面向世界博采众长的文化；是以培养有理想、有道德、有文化、有纪律的公民为目标，以面向现代化、面向世界、面向未来为核心的，民族的、大众的、科学的社会主义文化。

亿万中国人民在中国共产党的指引下通过丰富多彩的实践，既创造了幸福生活，也创造了崭新的现代文化。中国共产党人对中国先进文化前进方向的自觉集中表现为：其一，以世界历史发展的宏观视野思考中国先进文化前进的方向；其二，以开放的胸襟和气魄，学习、吸取西方的和其他民族的先进文化，同时对中国传统文化推陈出新，赋予它以新的时代精神；其三，以对国家、民族和人民高度负责的态度，创造新的符合时代发展要求的文化环境，繁荣发展文化事业，满足人民日益增长的精神文化需要，以提高人民生活质量，促进人的全面发展。

中国共产党人对始终代表中国先进文化前进方向的自觉

当代中国先进文化始终是动态的发展过程，其特征是中国共产党人在持续的社会实践和文化传承过程中，始终自觉地根据时代要求进行文化创新；始终自觉地把代表世界先进文化的马克思列宁主义同本国的具体情况结合起来；始终自觉地把本民族文化传统中丰富的精神财富与时代发展结合起来；始终自觉地代表中国先进文化前进方向。在整个世界面临重大历史变迁的当代，对于肩负着领导中国人民进行社会主义现代化建设使命的中国共产党人来说，如何以海纳百川的宽阔胸襟，以宏观的历史视野和开创性的文化态度面对新世纪文化精神的主流趋势；如何在全面的现代化实践中把握时代发展的根本要求，并凝聚成先进文化思想，作为中国先进文化前进的代表，从而引领当代中国先进文化的发展；如何在先进文化思想的指导下，顺应时代发展的历史潮流，全面进行理论创新和体制创新，创造性地改革党的领导方式和执政方式，是中国共产党人更好代表中国先进文化发展方向必须认真思考并积极进行实践的现实课题。以江泽民同志为核心的当代中国共产党人，从社会主义在中国的前途命运和中华文明伟大复兴这样的战略高度，深刻地认识和把握了中国共产党对始终代表中国先进文化前进的自觉。

以江泽民为核心的第三代中国共产党人对文化使命和历史责任的自觉集中表现为：其一，加强意识形态文化的主导地位，确定邓小平理论为新时期党的指导思想并把它与马克思主义、毛泽东思想一起郑重地写在党的旗帜上；其二，对文化在新时期的地位作用有更深刻的认识，提升到凝聚和激励全国各族人民的重要力量、综合国力的重要标志、经济和社会持续发展的重要保证；其三，创造性地加强和改善党的领导，是中国共产党自觉担当中国先进文化创造和发展的内在要求，是中国共产党更好地代表先进文化前进方向的切实保证。

如何寓防治腐败于政治文明建设之中

在政治制度建设中融入防腐机制

从制度上讲，政治文明包括完善的民主政治制度和与之配套的政治运行监督机制，以及确保这种制度和机制合理运转的规范程序。在社会主义初级阶段，人民民主的发展必然受到社会经济发展水平的制约，政治体制也还有不够完善的地方。从民主政治制度来看，人民群众享有的民主权利，特别是对国家工作人员监督的权利，尚未得到充分行使，因而一些国家公职人员和党政领导干部脱离群众、滥用职权、以权谋私的行为就容易发生。就党内来看，民主集中制的运行还不够完善，怎样有效制约"一把手"，防止个人说了算，还有待进一步探索；党员的民主权利和监督权力未得到充分发挥和有效保障……经常发生的事从规律上找原因，普遍发生的事从制度上找原因。政治体制上的不完善，在一定意义上讲，就是腐败产生的一个重要因素。

注：本文发表于《中国纪检监察报》2003年11月7日理论版。

党的十六大提出："要着重加强制度建设，实现社会主义民主政治的制度化、规范化和程序化。""要把制度建设贯穿于反腐倡廉工作的各个环节，体现到各个方面。"从根本上遏制腐败，必须从政治制度建设入手，坚持标本兼治、注重从源头上预防和解决腐败问题。在党内民主制度建设方面，目前推行的"票决制"是扩大党内民主制度建设，其实质是把地方党委常委会一部分决策权划给全委会，从而使全委会逐渐成为名副其实的党内权力机关，防止"一把手"独断专行。应尽快制定和实施《中国共产党党内监督条例》，迅速改变目前党内监督法规不完整、不系统、不协调和权威性不高的状况，通过政治制度的建设实现权力制约。在民主政治制度建设方面，应积极实施政治问责制。党内问责制主要是领导责任、政治责任和党纪责任的追究制。政府问责制主要是法律责任追究制。民主政治的发展标志是民主政治制度的建立、完善和实施。中国共产党有力量、有办法解决自身存在的问题，不仅仅是依靠自身的力量，更重要的是能发挥广大人民群众的力量。发展民主，是解决制度问题的关键。清正廉洁，是以完善民主制度为基础的。

在政治机制完善中防治腐败

权力的运行必须有相应的、有效的制约和监督机制，这是社会主义政治文明又一重要内容。不受制约和监督的权力必然滋生腐败。没有科学完善权力运行机制，对权力的制约和监督就是一句空话，腐败和决策失误就在所难免。分析近年查处的案件可得出一个基本结论：凡是腐败滋生蔓延之处，必是权力运行出现严重问题之地。对权力的监督缺位，制约乏力，导致一些党政领导干部和党政部门滥用职权；决策不民主、不科学导致决策失误，导致国家和人民利益受到严重损害。十六大报告提出要加强"权力运行机制"建设，当前突出的就是制约和监督机制的建立与完善。权力监督机制的实现和真正发挥作用，必须要以政治透明度作为基本条件。各种权力运行，除国家机密外，必须公开透明，决不允许在"暗箱"或是在神秘状态下进行。

加强权力运行机制建设的另外一个突出重点是改革完善决策机制。不仅要加强决策科学化、民主化，提高决策透明度，而且尤其要注重决策的程序化。过去在行使公共权力时，一些领导干部只注重动机和结果，对过程的理性认识不足，久而久之这些党政领导干部习惯自我感觉很好地代人民群众"做主"，以至于产生许多弊端。权力运行的程序规则是现代政治文明的重要内容之一。它不仅是现代民主政治的重要特征，也是发展民主政治、杜绝和防治腐败的必然要求。在权力运行中遵守严格法定程序，能够有效地排除各种偶然因素的干扰，克服各种特权现象的干扰，特别是克服各种各样的"长官意志"的干扰，保证正常的民主政治秩序。

在政治文化创新中反对腐败

建立一种新型的社会主义民主政治文化，提高公职人员的从政道德和全民族的政治文化素养，在社会氛围、软环境和意识形态方面抑制和反对腐败行为的发生。我国建立社会主义政治文化的任务十分紧迫而又艰巨，在文化层面上封建残留还有着不小的影响。邓小平同志说过，旧中国留给我们的，封建专制传统比较多，民主法制传统比较少。不少地方和单位，都有宗族式人物，他们的权力不受限制，别人都要唯命是从，甚至形成对他们的人身依附关系。正是这些旧的政治文化意识不断地滋生新的腐败。同时，市场经济引发人们的政治文化观念和政治思维方式发生深刻变化，对是非曲直、弊利得失、尊卑荣辱等价值判断标准也在发生变化。一些党员干部之所以违纪违法，走上犯罪的道路，都是从理想信念丧失，文化心理失衡，世界观、人生观、价值观扭曲开始的。

政治文明在文化观念上的体现是先进的政治文化、政治思想和政治道德。一个国家政治文化水平的高低与腐败的程度是成反比的。消极的奴性的政治文化，必然为专制政治的权力腐败提供文化土壤，而民主的积极的政治文化，必然是权力腐败肆虐的障碍。在反腐败斗争中，必须高度重视在政治文化创新中反对腐败，在克服我国传统文化糟粕的影响的同时，还要抵御西方颓废的文化生活方式和文化价值观念的侵蚀。在建设民主政治文化过程中，加强国家公职人员，特别是党政领导干部的思想道德教育，以确立和强化他们立党为公、执政为民的政治文化价值观念。同时，要加强对全体公民进行民主法制教育，使每个社会成员的政治文化观乃至全部价值观得以重新构建，强化人民群众的"主人"意识，提升他们抑制、反对腐败的自觉性和能力，为防治腐败创造良好的文化氛围和社会环境。

建构新的道德价值观

　　随着我国改革的深入和市场经济体制的逐步建立，在社会实践中出现的新矛盾折射出人们道德困惑和观念冲突。其实质是中国的市场经济取向这一重大变革势必将引发人们的思想价值观的新变革；农耕经济和长期计划经济基础上积累的道德价值取向在"后现代"的市场经济条件下势必面临挑战和日益消解；全球化和信息化趋势使东西方文化道德思想势必在同一时空、不同层次出现交锋与碰撞；社会结构复杂化和利益多样化势必导致人们价值取向多元化。所有这些的综合效用，导致社会转型期通病出现，传统的价值逻辑出现紊乱，原有的伦理资源开始亏损乃至社会道德呈现无序。短短20来年，中国实现了从计划经济到市场经济的转型，带来社会关系的深刻变化，特别是以身份为特征的依赖性关系向以个人独立自由为基础的契约性社会关系的变化，迫切要求重新组合社会共有价值体系，规导社会利益冲突，协调社会伦理规范，提供社会道德动力。于是，中国社会主义市场经济发展

　　注：本文获中国第三届公民道德论坛二等奖，并全文载《道德之旅》（湖南人民出版社）2006年9月第一版。

面临一场全新的思想变革，需要建构新的道德观来引导和规范。

建构新道德观关键是它的价值取向。价值取向的确立是一种精神的确立，也是一种观念文化深层次的抉择，在观念文化发展的坐标系中，横向的发展要求价值取向必须是适应现有的社会形态并能促进这种现存合理的社会健康有序发展；纵向的发展要求价值取向必须是具备历史沿革和现实基础条件并能顺应人类社会未来发展趋势。结合中国的社会现实，确立新的道德价值观必须同时包含以下四个方面：

一、必须适应市场经济发展的基本价值取向

这一价值取向处于最基础的、最根本的地位，是因为选择这一价值取向就是确定了不断激活经济社会发展的原动力，确立了社会公共道德规范的立足点。它在社会主义市场经济发展中具有强烈的激励性和明显的规导性，一方面激励社会及成员昂扬向上、奋发进取，实现功利最大化；另一方面，调节和规导社会及成员的道德自我选择，牵引着人们的思想、品质和行为，规范着人们在功利活动中的公共原则。这种价值取向要求是自主权利、公平竞争、互惠共赢，在实现个人价值最大化追求中并践行着对社会责任和社会诚信的道德自觉。这种以市场经济基本原则为起点的价值观取向不仅为社会精英所崇尚，而且在整个社会生活必然为各社会阶层普遍认同。这一层次的道德价值元素的培育，由于资源不多而成为构建新道德观的重大课题。西方市场经济发展史上，通过文艺复兴和新教革命激发人的"原动力"的经验，值得我们从中获得启发和借鉴。

二、必须吻合社会主义信念的核心价值取向

这一核心的价值取向有着鲜明的时代性和导向性。它具有当

代最先进、最合理的道德思想理念，是对人类社会发展规律科学认识的升华，其价值判断是树立符合时代要求的世界观、人生观，其道德集中表现是崇高的共产主义远大理想和坚定的社会主义信念，把个人理想融入全体人民共同理想中去，把个人奋斗融入社会主义事业中去，为实现人生价值奠定坚实的思想基础和道德基础。中国共产党领导中国人民在争取民族独立和社会解放的长期革命斗争中形成的光荣传统和作风，如威武不屈、富贵不移、艰苦奋斗、谦虚、谨慎等，是我们构建新道德价值观的宝贵资源。改革开放以来，形成的以改革开放为核心的时代精神也汇集成为广大中国人民的理想信念和道德价值基础。现实社会生活中，这一核心价值观具有强烈的导向性。一方面是对个体和群体人生价值、政治思想、政治品质和政治行为的外延性约束性的导向激励，另一方面是在整个社会主流价值体系中起着内涵式支撑性的导向作用。这种社会主义的核心价值取向，不仅具有时代的广泛性，而且具有引导时代的先进性。

三、必须传承中华民族传统美德的伦理价值取向

以崇尚道德的中国传统文化有丰富的伦理意蕴，传承了这种美德的伦理价值取向具有鲜明的民族性和大众性。民族性是以爱国主义为核心的民族精神和自强不息、厚德载物的民族秉性为集中体现。它具有不断增进民族认同、凝聚民族力量、展示民族形象、推动民族发展的强大功能。大众性是以忠信仁孝、礼义廉耻、恭俭节用、和谐共处等为文化积淀的道德元素，是千百年来中国人民繁衍生息、世代相承、广泛接受的社会伦理基础。这些价值理念是社会及成员的伦理标杆，凸现的是个人在社会生活中对民族、国家、家庭的伦理守则。这些伦理价值取向有丰富的底蕴是应当传承的，例如：以爱国主义为核心的民族精神已成为中华民族的道德价值基因，是中国现代道德价值观的母本，应发扬光大。以强调个人对社会的责任义务、重视人自我修养的整体主义是中国传统文化思想基础，在建构新的道德价值观中，应加以扬弃，使之成为适应现代社会发展的集体主义价值基础和个人品质修养的道德追求。但也应该清醒地认识到，建立在农耕经济之上的中国传统道德局限性主要表现为宗法伦理，历代专制统治把它发挥到极致，因此，对于这种压抑理性思维、抹杀个体自主的封建伦理道德必须彻底清算和摒弃。

四、必须顺应世界文明进步潮流的人文价值取向

新道德价值观的人文价值取向必须比较全面地表达全体社会成员各个层次的需要和利益，概括反映人们共同追求的最根本、最普遍的基本理念。它必须具有包容性和进步性。它包容不同文化但反映现代人需求一致性的人文价值，以及超时空的人类共同的价值基础。如社会生活中的是非美丑、善恶真伪的现代人性判断，以及生态伦理价值和道德的科学确认。进步性是充分肯定有利人类社会生存发展的进步意义的人文价值元素。如现代社会中的民主、自由、博爱等性质道德理念，以及人性的宽容仁慈、人际和睦互爱、人与自然的和谐共存、对真理的尊重探求的科学精神。由于它超越了人类社会种种狭隘界限，以不计个人背景（种群、职业、阶层、贡献）的共通性确立了人们彼此交往的道德价值准则。西方先进发达国家的人民创造了许多被历史证明了的、优秀的道德思想精华，如我国"五四"以来就倡导的民主科学精神、自由理性精神，就是直接引进西方进步的价值取向。在西方市场经济发展中逐步形成的重视契约责任权益和尊重监督制约的伦理规范，对于我们建立市场经济条件下的道德伦理应该合理吸收。但我们决不能对西方的道德价值观良莠不分、囫囵吞枣，特别是现代西方社会已经暴露出的文化矛盾凸现的价值取向问题，如过度享乐主义、唯利是图的极端利己主义、恃强凌弱、崇尚强权等思想都是我们应该旗帜鲜明反对的。

以上四种价值取向，既呈现出整体结构性发展关系，又包含有机的辩证统一关系。适应市场经济发展的价值取向，作为一种观念文化的意识形态，是适应我国当前和今后相当长的一个历史发展时期的经济基础的，是促进生产力发展的。应该实事求是地看到我们的道德价值观念的解放已经远滞后于社会实践。究其原因，一是由于小农经济和计划经济的传统意识；二是市场经济的某些法则的负面效应；三是建构新道德观的价值理念乃至思想认识严重滞后。

构建新的道德观，必须清醒认识当前及今后一个时期所处的时代本质，真正从理性认识上，从理论建构上认同社会主义信念的价值取向是与市场经济的价值取向相辅相成的，这种结合是符合人类社会形态发展规律的。它是立足于并又高于现阶段社会发展的理想道德追求，它适应并又促进市场经济条件下的社会生产力发展要求，在价值观上规导市场经济自发价值观念的异化，这两者关系是：没有后者，社会活力不够；没有前者，社会陷入无序。片面否定后者是不切实际的、脱离初级发展阶段的空想社会主义；同样，简单地抛弃前者是缺乏对社会发展规律的认识的。坚持两点论，新道德价值取向的二重性，才是唯物史观的应有态度。

传承中华民族传统美德与顺应人类文明进步趋势的两种价值

取向是辩证统一的关系。中华文明有着丰富的道德文化资源，无论是从宏观的天地自然、社会与人的和谐价值认同，还是从对人的精神、生灵的重视以及人格修养的道德探索，都有着许多适应现代化需求的道德资源可供发掘，否则，我们将陷入自我否定的历史虚无主义。同时，我们必须承认，不同质文化中有着适应人类社会发展的共通性，文化差异也不能掩盖和抹杀人在特性和需求上的一致性。这些共通性和一致性构成了超越地域、文化、种族界限的人类共同的价值基础。否则，我们就将陷入一种狭隘的民族主义，这不仅使我们眼界短浅，而且使我们在建构新道德观中处于非理性的境地。例如，在学界，有的人绞尽脑汁来发掘所谓"儒家经济伦理思想"，试图从古老的农耕文化中为当前建立市场经济体制过程中的经济活动寻根正名，以为这样就能击破西方市场经济的某些合理的伦理思想。又例如，有的不加分析地褒扬专制皇权下的吏治和官德，以为这样就可以贬低现代社会国家的制度设计和伦理规范。一个简单的现实是：两千年封建礼制下的道德建构在不到20年的市场经济冲击下就出现"道德滑坡"。所以，在新道德观构建中我们要本着辩证唯物主义精神，既要传承民族传统美德的伦理价值，保持民族道德文化特质，又要正视顺应人类文化进步趋势的人文价值，吸纳世界文明道德精华。中华民族伟大之处在于具有健全的道德更新能力，有海纳百川的胸襟和气势。新的道德价值观将作为中国先进文化精神在未来人类社会文明进步中得以充分展示。

城市文化与文化产业发展
——兼论长沙城市文化标志

一、城市文化与文化产业相关问题的提出

党的十七大提出"提高国家文化软实力","大力发展文化产业"以来,我国出现了文化产业大发展的新局面,2008年全球金融危机以来,我国的文化产业恰逢难得的发展机遇,全国各地都在加快文化产业的发展。结合国内外文化产业发展情况来看,当前文化产业发展出现了以下三个新的特征:

(一)文化产业发展已形成文化竞争态势

到2008年年底,全国已有45个中心城市提出文化立市、文化强市、文化活市的发展理念,加快区域文化资源综合开发,推进文化产业规模发展,着力提升区域经济文化实力。各区域都是积极利用丰富的人文资源和独特的自然禀赋形成新的文化产业。

一些文化产业发达国家也把自己文化符号不断强化。"9·11"事件后,美国政府部门成立了"全球传播办公室",重塑

注:本文原载《燕园问道——北京大学长沙文化产业研修班文集》湖南人民出版社2009年。

"山巅之城"的美国形象；英国近年开展了以"大不列颠"为文化主题的形象宣传活动；德国自2006年世界杯足球赛以来，定期策划了"德国——创意之国"大型文化宣传周。欧洲的历史文化传承使每个城市都大打文化标志牌：巴黎的"浪漫之都"、维也纳的"音乐之邦"、佛罗伦萨是文艺复兴发源地、罗马为当之无愧的"历史、伟大、永恒之城"等。各地乃至各国的文化产业发展，实质是一种独特的、非正式信息扩散方式的文化外溢，而在产业形态上则表现为全球性的文化市场竞争。

(二)文化产业终究反映核心价值的社会诉求

世界各国所有文化产业的背后，都推销着一定的思想文化意识，传播着各种社会形态的文化价值观。韩国不但将其"江陵端午节"列为联合国非物质文化遗产，还以一部电视剧《大长今》塑造了朝鲜民族坚韧、执著、善良、彬彬有礼的形象，发扬了韩国的服饰文化、医药文化。美国就是"让唐老鸭担任世界大使"，让米老鼠实施"睦邻大使"，让迪斯尼公园体现美国主题。美国的文化产业无时无刻不在向全世界传播美国式的核心价值：个人主义、资本主义、自由主义和所谓民主政治等。当今世界，倘若一个国家的文化处于中心地位，别国就会自动地向它靠拢，而这种文化势能正是以强大的文化产业来实现其文化价值观的。

(三)文化产业一般规律在发展中日益显现

一是在文化产业发展的价值抉择上——共性与多种性相互交识。从一些成功的文化产业发展来看，正是正确处理好了"越是超越民族的越是世界的"和"越是民族的越是世界的"两者的交织关系。

二是在文化产业发展的内容上——创新性与传统性相互渗

透。在传统文化资源开发整合的基础上开发创新的内容,使文化产品具有鲜明的时代感;在新开发的文化领域,继承和发扬历史的文化脉络,使创新的文化产业更具生命力。

三是在文化产业发展形式上——娱乐性与主导性相互包容。娱乐性就是要把大众的,即包括各个阶层、不同信仰、各个年龄层次的社会公民都能接受的文化商品和文化服务推销出去,使人们都能找到各自追求的、崇尚的、认同的和利用的东西,并在主导性、引导性的前提下充分表现。而主导性、引导性的主流意识在各种令人欢愉、易于传播和表现的形式中充分融合,稀释到广泛接受的娱乐形式中。

二、城市文化与文化产业的关系以及相互作用

当前,我国文化产业发展在实践中突出表现为:城市文化资源发掘与文化产业发展不同步;城市文化影响力与文化产业竞争力不匹配;城市文化品牌转化为文化产业品牌不适应;城市文化发展与文化产业结构不合理。一些中心城市在文化产业发展战略中,不是以文化消费市场需求为指向,就是盲目地随着所谓大众消费的"跟风式"发展,形成缺乏城市个性和地域特色的、千城一面地同构性发展。造成的后果是大量的城市文化资源、人才、资金、技术的浪费和各地的恶性竞争。所以在制定各地区文化产业发展战略,推进文化产业发展中,必须正确地处理好城市文化与文化产业的相互关系。

既要考虑到文化产业领域各个分支产业的可适用的文化之源符号、元素的通用性,包括高雅文化产业和低端文化产业的可适用性,又要突出城市固有的文化基因和独特的禀赋资源,使城市文化在文化产业中得以传承、创新、张扬。

既要具有文化产业的时尚性、参与性、体验性和大众娱乐性，又要使城市文化在文化产业链中具有关联性、溶散性，以城市文化引导文化产业做强、做大、做好，形成区域经济的支柱产业。

既要使城市文化的创新适应文化产业发展各种模式的运作，又要促进文化产业在国内外市场上自觉地凸显，充分展示城市文化优质资源。

既要兼顾到文化产业中城市文化资源的公共服务性、大众话语权、社会影响力和城市文化集聚力、扩散力，又要兼顾文化产业在企业营销和市场扩张中的城市文化品牌价值现实。

我国文化产业在自身发展的经济行为中，理所当然地承担着社会责任，文化产业为社会无论提供的是文化商品还是文化服务，都必然不同程度地存在着社会主体意识和主导核心价值观的合理因子，这也是我们中国特色社会主义性质决定的。所以，文化产业不是无限制地迎合市场消费需求，而是有序引导和创新市场，引导社会的人理性地、科学地、健康地享受文化商品和文化服务。而这些内在的合理基因就是先进的、优秀的文化元素和基因。在我国主流思想意识形态和核心价值观是作为文化核心层部分，先进城市文化是作为传导和中介的中层部分，它直接联结着文化外层（表面）——文化产业。所以城市文化应该，也有可能作为文化产业的文化支撑和文化依托，它在文化产业中支撑着价值引导和价值实现的双重作用。

文化产业对城市文化建设发展有积极的促进作用。一方面是对城市文化资源发掘利用上起到极大的促进作用。文化产业的兴起推进了城市文化宝库的发掘，文化市场的巨大需求强烈地刺激着城市文化发展的冲动。另一方面是文化产业极大地引发了城市文化的创新。从城市文化内容到城市文化的形式，从城市文化的品牌到城市文化的特征，在新的时代要求下，在新的发展形势中，在新的市场需求冲击下，用新的文化理念、新的审美角度、新的思维方式去创新城市文化。中国城市在文化产业的迅猛发展中进入了一个全新的文化创新时代。

当代中国城市文化必须顺应时代发展潮流，传承优秀历史文化，发展先进文化，创新民族的、地域的、发展的新型文化。全新的城市文化除了新的文化定位、新的文化特质、新的文化品牌和新的文化集聚、扩散力外，对文化产业必须有新的适应。这就是必须容易渗入文化产业的核心价值观；必须容易为大众所崇尚、认同和接受；必须容易为文化产业实现国际化和品牌化；必须容易转换成为文化产业中各行业的文化元素；必须容易开拓广阔的产业发展时空间；必须容易形成同质性的基本文化娱乐元素；必须容易衍生良好的文化内涵（品格、品质、品性等）和文化外延（商品、服务、交换等）。这样城市文化与文化产业就得以相互促进，共同发展，形成良好的文化经济互动。

三、长沙城市文化创新与文化产业发展

近年来，长沙文化产业发展快、项目多、影响大、效益好，但长沙文化产业发展状况同样存在参与全球性文化市场竞争力不强、产业规模不大、缺乏统一的城市文化品牌和优质文化标志等问题，以致在新形势下世界性文化市场竞争中，缺乏文化产业整体核心价值和文化竞争力整合。这种状况与全国各地文化产业蓬勃兴起、国内外文化产业竞相发展、世界性文化市场竞争日趋激烈形势很不适应。

长沙的文化产业发展正处在一个整体提升、规模发展的关键时期。长沙文化产业做强做大跨上新的台阶，必须要有新的突破，除了对长沙文化产业发展战略、政策、环境的措施等操作性层面提出了新的要求外，更应该关注文化产业发展的文化理念、文化思想、文化标志等战略思维层面上的要求。长沙文化产业的业态是经济形态，核心是价值文化，标志和符号是城市（地域）文化。所以，对产业文化内在的底蕴提出了新的要求——这就是对长沙城市文化科学合理地发掘利用、对长沙城市文化大胆全面地实现创新。

长沙有着深厚的历史文化资源、丰富的红色革命文化资源、独特的景观文化资源。长沙精神"心忧天下，敢为人先"，高度浓缩了长沙文化性格，作为文化符号，其内涵是一种担当精神、悲情文化。长沙的文化精神作为一种先进文化精神，对于凝聚人心、激发斗志、勇于进取、积极担当有着强烈的文化感染力、号召力。但是在新的历史条件下，如何赋予长沙城市文化精神以新的时代性内涵和外延？这正是我们要思考的，也是长沙文化产业发展战略性思维必须面对的重大文化问题。长沙城市文化精神作为长沙文化产业的文化标志和文化品牌必须进行科学合理利用和实施文化创新。

长沙城市文化是一种地域文化，应该反映该地域的传统文化和当代文化特征和经济政治社会的发展。长沙成为我国"两型社会"建设试验区是当代长沙的重大发展特征。长沙发展宏图是建设具有国际理念、人民引以为荣的创业之都、幸福家园和重要区域性现代化城市。作为当代长沙城市文化的标志，至少要包括四个内涵：历史传承上要体现社会担当、勇于创新；基本理念上要融入科学发展、以人为本；价值取向上要突出公共利益、博爱关怀；文化基点上要凝聚共同愿望、激发个体热情、追求全面发展、提升人生意义。基于此，笔者拟提出"健康快乐，智慧创新"作为长沙新的城市文化标记：一是作为长沙文化标志与长沙精神"心忧天下，敢为人先"对应；二是明确提出文化价值诉求；三是体现文化转型的时代特色；四是结合历史传承与现代创新；五是率先提出城市文化主题以提升城市文化竞争力；六是体现人与社会、人与自然、人与人的和谐精神；七是符合社会各阶层的基本文化心理要求；八是适应文化产业的国际市场竞争。

"健康快乐，智慧创新"对于长沙文化产业整合为地域文化特色标志，更加易于产业化、商业化、市场化运营。既可以作为整体标志又可以分解为"健康长沙""快乐长沙""智慧长沙""创新长沙"。可以得出初步结论：如果确定、培育和推行新长沙城市文化，对长沙文化产业将起到极大的推进作用；而长沙文化产业的新城市文化发展理念，作为产业发展的文化主旨和核心价值，将使长沙城市文化建设达到一个新的高度。

发展自觉——综述编

牢记"两个务必" 实现长沙率先发展
——中共长沙市委中心组2003年第一次集中学习综述

3月27日—29日,市委中心组进行了2003年第一季度集中理论学习。这次集中学习的内容主要是:毛泽东、邓小平、江泽民同志关于艰苦奋斗,居安思危,保持同人民群众血肉联系的论述;胡锦涛同志到西柏坡学习考察时发表的《坚持发扬艰苦奋斗的优良作风,努力实现全面建设小康社会的宏伟目标》的重要讲话;全国"两会"精神。市委中心组成员以及全市县处级以上单位的党政主要领导和分管理论宣传的领导600余人,听取了全国人大代表、市委副书记、市长谭仲池同志和全国政协委员、副市长曹亚同志分别传达的十届全国人大一次会议和全国政协十届一次会议精神;听取了北京市副市长范伯元同志作的题为《中国环保与节能发展战略》的专题报告、中国社科院博士王世汶同志作的题为《从环保产业到环境产业——中国未来最具潜力的投资领域》的专题报告。市委副书记、市人大常委会主任杨顺初和市委副书记吴志雄分别主持了学习讨论。省委常委、市委书记梅克保

注:原文载2003年4月3日《长沙晚报》。

委托吴志雄对学习进行了总结。通过学习和讨论大家达成了以下共识：

一、落实党的"十六大"和全国"两会"精神，必须把思想与力量统一到"两会"精神上来，努力使今年长沙的各项工作开好局、起好步

今年的全国"两会"是继党的十六大之后我国人民政治生活中的又一件大事，是在全面建设小康社会的起步阶段和开局时期召开的一次重要会议。这次大会是求真务实，开拓创新和与时俱进的大会。会议以邓小平理论和"三个代表"重要思想为指导，全面贯彻落实党的十六大精神，审议并批准了《政府工作报告》和其他各项重要报告，使党的十六大提出的宏伟任务通过法定程序成为了国家意志。朱镕基同志代表国务院所作的《政府工作报告》遵循"言简意赅，朴实无华，尊重历史，一切归功于党中央"的原则，总结五年来的政府工作，提出今年政府工作的建议，全面落实党的十六大确定的各项任务。整个报告无处不跃动着"促进国家繁荣，增进人民福祉"的理性和激情。这次全国"两会"是中央领导班子在新老交替之后，实现了十分重要的换届。十届全国人大一次会议选举产生了新的一届中央政府国家机构。十届全国政协委员新任委员过半，尤其是"新阶层"委员使人耳目一新。这次全国"两会"代表和委员们更加关注民生，参与国事，对于全面建设小康社会充满信心和豪情。总之，今年的全国"两会"是一次具有划时代意义的盛会。党的十六大精神在盛会上得到充分体现；众望所归、坚强有力的新的领导集体在盛会上选举产生；全面建设小康社会的宏伟目标在盛会上更加明晰。

当前，摆在全市各级党组织和广大党员干部面前的一项重要任务，就是联系长沙实际，进一步深入学习贯彻党的"十六大"和全国"两会"精神，把我们的思想统一到党的"十六大"和全国"两会"精神上来，统一到今年工作中去。今年是全面贯彻落实党的十六大精神的第一年，做好今年的各项工作，对于长沙今后5年以至更长时期的发展，具有十分重要的意义。根据"两会"精神，要做好今年长沙工作，关键是继续坚持以邓小平理论和"三个代表"重要思想为指导，认真落实党的十六大精神，进一步深化改革，全面提高对外开放水平，加快经济结构的战略性调整，促进国民经济持续快速健康发展，实现社会主义物质文明、政治文明和精神文明协调发展。就当前情况来讲，大家特别关注的热门话题集中到了三点：一是要继续推进"三化"进程，促进经济发展，目前我市要着力抓好农业结构调整、防洪工程扫尾、工业项目尽快落实到人、重点工程抓紧开工等；二是要进一步加大改革开放的力度，转变观念，放宽政策，大力招商引资，促进非公有制经济的发展；三是要切实关心人民群众的生活，努力创造就业机会，提供就业岗位，进一步深入开展"四帮四送"活动，再次掀起活动高潮。要加强对人大、政协工作的领导，将重视人大、政协工作提高到建设政治文明的高度，尽可能为人大、政协建设创造条件，解决问题。

二、落实党的"十六大"精神和全国"两会"精神，必须在抓住机遇、加快发展上下功夫

当今世界发展有如逆水行舟，不进则退，慢进亦退。"发展是硬道理。"所以，针对长沙面临的形势和任务，切实加快长沙的发展步伐，必须紧紧抓住以下三个方面：一是要牢牢把握机遇，坚持发展是党的执政兴国的第一要务。长沙的发展速度直接影响到全省的发展速度，长沙应该有强烈的大局意识和责任意识，率先在全省建成全面小康社会义不容辞。从我市的现状看，实现全面小康社会的目标，重点在工业，难点在农村，关键在改革开放。所以，我们要以新的发展思路谋求发展，以新的突破促进改革，以新的局面扩大开放，以新的举措推进全市各项工作上新台阶。二是要紧紧抓住重点，加快实现长沙经济社会跨越式发展。要坚持走新型工业化道路，以信息化带动工业化，以工业化促进信息化，努力提高经济运行质量；要推进科教兴市与可持续发展战略的新进程，注重科技进步与创新，努力提高人民生活质量；要继续优化经济发展环境，进一步加快对外开放，努力提高外资规模和投资质量。三是要不断解放思想，开拓创新，始终做到与时俱进。全市各级党组织和广大党员干部，要努力增强高举邓小平理论伟大旗帜和贯彻"三个代表"重要思想的自觉性和坚定性。勇于实践，勇于创新。要彻底破除因循守旧的思想，形成强烈的发展意识；要彻底破除安于现状的自满思想，强化积极的进取意识。全市各战线都要紧密联系自己的工作实际，自加压力，自觉瞄准先进水平，找出差距。要把发展放在高于一切，重于一切，先于一切的位置，大力营造加快发展的氛围，大力营造团结干事的环境。全市各级党组织和广大党员干部，要以强烈的事业心，高度的责任感，牢记使命，埋头苦干，千方百计造福长沙百姓，全心全意服务长沙人民。要在全市上下造就一股思变求进的恢弘气势，形成一种创新创业的浓厚氛围，熔铸一股共谋发展的强大合力。

三、落实党的"十六大"和全国"两会"精神，必须牢记"两个务必"，发扬艰苦奋斗的优良作风

在我党和我国一个重要发展的历史时刻，胡锦涛同志立足现实、思考历史、把握未来，提出全党重温毛泽东同志在党的七届二中全会上的重要讲话，重温邓小平、江泽民同志关于艰苦奋斗的一系列论述，再次郑重地把坚持"两个务必"的问题提到全党面前，可谓寄情殷切，托意深远。在新形势下坚持做到"两个务必"，这是胡锦涛同志为总书记的党中央向全党发出的号召，是贯彻落实十六大精神的必然要求，是全面贯彻"三个代表"的具体体现，是坚持党的基本理论、基本路线、基本纲领和基本经验的生动实践。在新的历史时期，坚持和发扬这一优良传统，对于抵御各种腐朽思想的侵蚀，保持党和国家政权永不变质具有重大意义。全市党员干部特别是领导干部要在贯彻落实党的"十六大"和全国"两会"精神中，认真学习胡锦涛总书记在西柏坡学习考察时的重要讲话。一是要牢记"两个务必"，增强忧患意识。居安思危的精神状态和艰苦奋斗的工作作风是我们党的优良传统，是凝聚党心民心的法宝，是我们实现国家富强，民族振兴的强大精神力量。我们党正是依靠艰苦奋斗来同人民群众建立和保持密切联系的，也正是依靠艰苦奋斗不断发展壮大我们的事业的。二是要牢记"两个务必"，保持党和人民群众血肉联系。我们在新的历史条件下，务必发扬谦虚谨慎、艰苦奋斗的作风，坚持从群众中来，到群众中去。市委市政府确定今年领导干部下基层调研作为一项重要的工作考核指标，就是为了贯彻落实"两个务必"的精神。在讨论中大家纷纷表示作为党的领导干部在新的形势下应带头深入基层，深入群众，认真倾听群众呼声，真心为群众办实事，把人民群众的利益维护好、实现好，做到权为民用、情为民系、利为民谋。三是要牢记"两个务必"，增强拒腐防变能力。"忧劳可以兴国，逸豫可以亡身。"我们党在新的历史条件下，所处的地位和环境发生了根本变化，我们的一些党员干部容易萌发和滋生居功自傲、贪图享乐的思想，如果我们不旗帜鲜明地坚持"两个务必"，时刻保持警醒的头脑，腐朽的文化思想和没落的意识形态就会乘虚而入，侵蚀我们健康的肌体。能不能坚持"两个务必"？能不能经得起权欲、金钱、美色的诱惑？对每个党员干部特别是领导干部，是一个很现实的考验。广大党员干部必须针对自己的工作实际和思想实际，在改造世界观上下功夫，在保持党的先进性上下功夫，在密切联系群众、永远同人民群众心连心上下功夫。

梅克保在学习总结中最后强调：全面建设小康社会，实现现代化建设第三步战略目标，是全市人民的共同心愿和根本利益。我们要坚持解放思想、实事求是、与时俱进，深入贯彻落实"十六大"精神和全国"两会"精神，把思想统一起来，把力量凝聚起来，始终牢记"两个务必"，发扬艰苦奋斗的优良作风，同心同德，群策群力，紧紧抓住本世纪头20年的重要战略机遇期，聚精会神搞建设，一心一意谋发展，加快推进"三化"进程，深化改革开放，大力推进党的建设新的伟大工程，促进社会主义物质文明、政治文明和精神文明的协调发展，为长沙到2014年率先在全省全面建成小康社会而努力奋斗。

坚定不移地以科学理论指导实践
——中共长沙市委中心组2003年第二次集中学习综述

7月20日至23日，市委中心组集中学习"三个代表"重要思想。其间，大家认真研读了江泽民同志关于"三个代表"重要思想的一系列重要论述，学习了胡锦涛总书记的"七一"重要讲话、《"三个代表"重要思想学习纲要》和《中共中央关于在全党兴起学习贯彻"三个代表"重要思想新高潮的通知》。市委中心组成员、市直机关各单位中心组成员和各区、县（市）有关领导等集中听取了中央党校党建部副主任王长江教授关于深入学习贯彻"三个代表"重要思想的专题辅导报告。市委中心组全体成员用一天半的时间集中讨论，市领导谭仲池、余合泉、董学生、秦卓夫、简用超、赵小明、谢树林、谢建辉、袁观清、范小新、孔光明、李咏芳等畅谈了学习体会和心得，省委常委、市委书记梅克保同志作了总结讲话。大家紧密联系思想、工作实际，对如何迅速兴起学习贯彻"三个代表"重要思想新高潮，在贯彻落实"三个代表"重要思想取得新成效上达成了重要共识。

注：原文载2003年8月16日《长沙晚报》。

一、深化认识，明确目的，迅速兴起学习贯彻"三个代表"重要思想新高潮

中心组成员在学习讨论中一致认为，胡锦涛同志的"七一讲话"高瞻远瞩，高屋建瓴，全面阐述了兴起学习贯彻"三个代表"重要思想新高潮的重大意义和基本要求，是以胡锦涛同志为总书记的党中央对在全党兴起学习贯彻"三个代表"重要思想新高潮的总动员、总部署，充分体现了新的中央领导集体是一个高举旗帜、执政为民、与时俱进、开拓创新的领导集体，为全党学习贯彻"三个代表"重要思想，开创社会主义现代化建设的新局面作出了榜样。

大家充分认识到，贯彻落实中央的《通知》精神，必须进一步明确深入学习贯彻"三个代表"重要思想的重大意义。要深刻认识"三个代表"重要思想与马克思列宁主义、毛泽东思想和邓小平理论是一脉相承而又与时俱进的科学体系，是马克思主义在中国发展的最新成果；要深刻认识"三个代表"重要思想反映了我国最广大人民的共同意愿，体现了当今世界和中国发展的时代精神，是全党全国人民在新世纪新阶段继续团结奋斗的共同思想基础；要深刻认识"三个代表"重要思想为我们正确认识和处理新世纪新阶段面临新的重大课题提供了科学理论和科学方法，是我们带领人民群众实现全面建设小康社会宏伟目标的根本指针；要深刻认识"三个代表"重要思想是我们党在思想理论建设上取得的最新的重大成果，是各级领导干部提高领导水平和执政能力的锐利武器。

大家联系我市实际，认为兴起学习"三个代表"重要思想新高潮，当前要着重解决以下几个方面的问题：（一）要正视和查找思想认识上的差距,充分认识在新的历史条件下高举"三个代表"重要思想旗帜,就是真正高举马克思列宁主义、毛泽东思想和邓小平理论的旗帜。(二)要正视和查找改革实践上的差距,充分认识用新的理论指导新的实践的重要性,坚持用科学理论来指导我们在国企改革改制、行政管理体制改革和农村税费改革等方面的实践。(三)要正视和查找解决具体问题上的差距,充分认识"三个代表"重要思想理论和方法的科学性,在正确处理好改革发展稳定的关系中推动长沙物质文明、政治文明和精神文明协调发展。(四)要正视和查找干部思想作风建设上的差距,充分认识"三个代表"重要思想的本质要求,把立党为公,执政为民落实到各级领导干部的思想和行动中去,落实到关心群众生产生活的工作中去,扎扎实实推进长沙的发展。

二、武装头脑,指导实践,在抓发展这个执政兴国的第一要务上取得新的成效

大家在学习讨论中深刻认识到,建设中国特色社会主义,必须把发展作为党执政兴国的第一要务。要坚持用发展的眼光、发展的思路、发展的办法解决前进中的问题。要聚精会神搞建设,一心一意谋发展。全市各级党组织和广大党员干部,要自觉增强加快发展长沙的使命感、责任感和紧迫感,坚持发展为主题,大力推进长沙"三化"进程,不断取得加快长沙发展的新成效。第一,要在树立与时俱进的发展观念上取得新的成效。要用世界眼光来观察中国、审视湖南、分析长沙的发展,要用全球经济发展态势来着眼长沙发展走向,抓住世界经济调整与产业转移的机遇和我国经济结构发展战略部署的时机,发挥比较优势,乘势加快发展;要树立现代市场经济观念,应用市场机制激发长沙区域经济活力，激发广大人民投入发展、加快发展的积极性和创造性；要树立现代文明观念，提升城市文化品位，构筑与现代市场经济相适应的观念文化与思想风貌，熔铸先进的、发展的、新时代的湖湘文化精神；要树立开放型的发展观念，以广博的胸襟和远大的眼光，借助各种力量、资源来发展长沙，运用现代经济理念和现代科学思维来谋划长沙的发展。第二，要在落实全面发展要求上取得新的成效。经济是基础，发展首先是经济的发展，在国内外经济发展的激烈竞争中，我市突出的矛盾和迫切需求是，做大经济总量，做大企业规模，增强产业优势，增强城市核心竞争力，全市上下团结一心，集中精力把经济搞上去。同时，发展还是经济、政治、文化的全面发展，是物质文明、政治文明、精神文明的协调发展，是人的全面发展。第三，要在营造加快发展环境上取得新的成效。不断改善政务环境，加快政府职能转变，构建诚信政府、责任政府、服务政府；不断改善政策环境，提高法制保障水平，保证公平公正公开执法；不断改善市场运行环境，规范各类中介机构及行为，完善各种保障制度，为各类市场主体提供平等竞争的市场环境；不断改善充分发挥人才资源的环境，根据"三化"要求，加速推进人才强市战略，把各行业、专业、领域的顶尖人才吸引到推进长沙"三化"进程中来，培育激励机制，形成良好的育才用才、爱才护才环境，充分发挥各类人才建功立业的潜力。

三、立党为公，执政为民，把握"三个代表"重要思想的精神实质，不断实现人民群众的根本利益

"实现人民的愿望，满足人民的需要，维护人民的利益，是

'三个代表'重要思想的根本出发点和落脚点。"胡锦涛总书记的精辟论述使大家有了更深的体会。大家一致认为，学习贯彻"三个代表"重要思想，必须牢牢把握"立党为公、执政为民"精神实质，这是衡量有没有真正学懂、是不是真心实践"三个代表"重要思想的重要标志。大家纷纷表示，对"三个代表"重要思想的学习，绝不能泛泛而谈走形式，绝不能满足一般的所谓"政绩"，必须以实现人民群众的根本利益为最高标准，切实把人民群众的根本利益实现好、维护好、发展好。（一）必须正确处理人民根本利益的一致性与各阶层、各方面群众具体利益的多样性关系，使我们的方针政策始终代表最广大人民的根本利益，正确反映和兼顾不同阶层、不同方面群众的利益。当前，就是要不断加快经济发展和社会进步，使广大人民群众不断得到看得见的实际利益，共享经济社会发展的成果。（二）必须牢固树立执政为民的理念。做到心里装着人民群众，凡事想着人民群众，工作依靠人民群众，一切为了人民群众。"乐民之所乐，忧民之所忧"，想问题、办事情、作决策，始终把最广大人民群众的根本利益放在首位；听真话、察实情、访民意，满腔热情做好群众工作；办实事、办好事、解难题，及时把党和政府的温暖送到群众心坎上，努力做到民有所呼，必有所应，民有所忧，必有所虑，民有所求，必有所为。（三）必须围绕人民群众最现实、最关心、最直接的利益开展工作。"群众利益无小事。"各级领导干部要深入群众、深入基层，倾听群众呼声、了解群众意愿、认真解决群众反映的热点、难点问题，多做暖人心、得人心、稳人心的工作。当前，尤其要特别重视解决好城乡困难群众的实际问题，建立健全社会保障体系，真正与群众同甘共苦，使我们党和政府始终赢得人民群众的信赖、支持和拥护。

大家认真严肃地分析了当前群众生产生活中存在的实际困难和问题，强调指出，当前，要继续推进国企改革改制；要突出抓好就业和再就业工作；要着重抓好弱势群体的生产生活和社会保障的建立；要深化细化农村税费改革，切实解决好农民增收问题；要高度关注和认真解决外来务工人员的生产生活问题。大家总结了今年上半年长沙经济社会发展的整体情况，工业经济勇立潮头、农业结构调整向纵深推进、城市基础设施建设风风火火、精神文明建设再创佳绩、长沙全面建设小康初战告捷。大家表示在下半年的工作中，团结奋斗，再接再厉，使学习"三个代表"重要思想卓有新的成效；使我市"五项"指标能够超额完成；使我们准备了三年的"城运会"能完满地办成功；使我们长沙"三年大变样"的目标今年能够全面实现。

为完善社会主义市场经济体制而努力奋斗

——中共长沙市委中心组2003年第四次集中学习综述

11月26日至28日,市委中心组集中学习了《中共中央关于完善社会主义市场经济体制若干问题的决定》市委中心组成员和市直机关各单位及各区、县(市)中心组成员等认真听取了中央党校经济部副主任、博导王东京教授《关于完善社会主义市场经济体制的几个重大问题》的辅导报告,听取了中央党校经济部杨秋实教授关于《政府职能转变与管理创新》的专题报告。市委中心小组成员还集中听取了湖南大学陈杨乐副教授关于《小康与人口》的专题讲座。省委常委、市委书记梅克保同志以学习贯彻落实党的十六届三中全会精神,结合长沙工作实际,探讨深化全市经济体制改革,加快经济和社会发展,发表了重要讲话。大家认为,这次学习主题突出,所邀请的报告人水平高,所选定的报告内容针对性强,开拓了眼界,提高了思想认识和思维层次。完善社会主义市场经济体制、转变创新政府管理职能、保持人口健康发展,都是全面建设小康社会值得关注的重大问题。大家认为,

注:原文载2003年12月7日《长沙晚报》。

梅克保书记的总结讲话，不仅是他对三中全会精神的深刻理解，也是对中心组成员学习三中全会精神的理论辅导；不仅是对市委中心组这次集中学习的总结和概括，也是全市下一阶段学习贯彻落实三中全会精神的工作思路和基本要求。大家紧密联系思想、工作的实际和改革形势的发展，对如何认真学习贯彻落实三中全会精神达成了重要共识。

一、对十六届三中全会的重大意义和历史地位要有充分认识

中心组成员在学习讨论中一致认为，在全党兴起学习贯彻"三个代表"重要思想新高潮中，十六届三中全会通过了两个文件：《中共中央关于完善社会主义市场经济体制若干问题的决定》和《中共中央关于修改宪法部分内容的建议》。这是对我们改革开放全局具有根本指导意义的文件，在中国改革开放史上和实现中华民族伟大复兴史上将产生深远影响。

大家充分认识到，全会和《决定》是贯彻落实"三个代表"重要思想的重大举措。党的十六届三中全会把"三个代表"重要思想的理论原理、原则紧密结合我国经济社会发展中的重大问题，形成新世纪新阶段改革开放深入推进的一系列重大战略部署。全会紧紧抓住发展这一执政兴国的第一要务，根据立党为公、执政为民的本质要求，坚持解放思想、实事求是、与时俱进，在完善社会主义市场经济体制和修改宪法部分内容上做大文章，做大决策，表明了以胡锦涛为总书记的党中央高举邓小平理论伟大旗帜，全面贯彻"三个代表"重要思想的坚强决心的科学态度。全会和《决定》标志着中国的改革开放进入一个新的发展阶段。我们在推进社会主义市场经济体制改革的历史进程已经取得了重大进展。进入新世纪，中国的改革还将继续向前走，全会

为完善社会主义市场经济体制而努力奋斗

根据党中央新"三步走"战略,制定了完善社会主义市场经济体制的宏伟蓝图。全会和《决定》为完善和社会主义市场经济体制,全面建设小康社会提供有力的制度保证。全会及《决定》适应国内外新形势的发展,进一步探索社会主义制度与市场经济有机结合的途径与方式,对完善社会主义市场经济体制做出了具体而明确的部署和安排,为加快全面建设小康步伐提供了坚强有力的体制保证。大家在学习中深刻体会到,全会及《决定》,总结了前一二十年初步建设社会主义市场经济体制的经验,规划出后一二十年完善社会主义市场经济体制的目标和蓝图。这是一个具有长远战略意义的历史性全会。

二、对十六届三中全会的基本精神和重大创新要有深刻把握

大家在学习讨论中深深感到,这次全会通过的《决定》内容非常丰富。如何深层次把握全会基本精神,通过学习交流,大家有了更全面的理解:一是我国和经济体制改革必须坚持在社会主义基本制度前提下进行,是社会主义制度的自我完善和发展。坚持共产党的领导,走中国特色主义道路;坚持以公有制为主体、多种所有制经济共同发展的社会主义基本经济制度;坚持统筹兼顾,协调发展,积极推进各项改革;坚持以人为本,把促进人的全面发展作为改革的根本目的;坚持在国家宏观调控下发挥市场在资源配置中的基础性作用;坚持按劳分配为主体、多种分配方式并存的分配制度,以共同富裕为目标,不断扩大中等收入者比重,提高低收入者收入水平,防止收入分配差距过分扩大。二是我国的经济体制改革必须坚持市场取向的改革。要在更大程度上发挥市场在资源配置中的基础性作用,加快建设更具有活力、更加开放的经济体系;要以深化国有企业改革为中心环节,进一步增强企业的活力和竞争力；要加快建设统一开放竞争有序的现代市场体系，实现生产要素的自由流动和优化配置；要按照发展市场经济的要求，加快转变政府职能，增强公共管理和社会服务能力；要适应全面对外开放的要求和加入世贸组织的新形势，完善对外开放的制度保障。三是必须不断探索社会主义基本制度与市场经济有机结合的途径和方式。经过20多年的改革发展，我们已经在两者有效结合的理论和实践上取得了重大的突破，极大地解放了生产力，提高了我国的综合国力。在完善社会主义经济体制的进程中，我们要以邓小平理论和"三个代表"重要思想为指导，全面贯彻十六大精神，积极推进制度建设和体制创新，使两者的结合不断取得新的更大的进展。

大家进一步认识到，在中国改革开放的关键时刻，全会以完善社会主义市场经济体制为目标，提出了一系列新思路、新观点。一是提出了以人为本，树立全面、协调、可持续的发展观；二是提出了"五个统筹"与"五个坚持"相统一的统筹兼顾理论；三是提出了大力发展混合所有制经济，使股份制成为公有制和主要实现形式的新观点；四是提出了放宽非公有制经济的市场准入，使其与其他企业享受同等待遇的新观点和新政策；五是提出了建立有利于逐步改变城乡二元经济结构体制的新观点；六是提出了建立健全现代产权制度是完善我国基本经济制度的内在要求的新观点；七是提出了建立健全社会信用体系的新观点；八是提出了大力发展资本市场和其他要素市场，促进各种要素在全国范围内自由流动和充分竞争的新观点。这既是对实践经验的科学概括，又是理论创新的丰硕成果。

三、对学习贯彻落实十六届三中全会精神的实际成效要有更高要求

通过集中学习,全体中心组成员有了更深切的认识:当前,努力学习好、贯彻好、落实好十六届三中全会精神、用全会精神武装头脑、指导工作,就是身体力行"三个代表"重要思想、全面建设小康社会的具体体现。大家一致认为,学习贯彻落实全会精神的实际成效应有更高的要求:一是要在增强学习自觉性和理性思维上抓落实。要进一步加强学习、解放思想、实事求是、与时俱进,整体提升各级党委中心组的学习水平和理论思维;要结合长沙发展与自身工作实际,深化学习理解与贯彻全会精神,对照中央要求,寻找工作差距,不断增强完善市场经济市场的自觉性、主动性和创造性。二是要在确定新的发展观和发展思路上抓落实。必须推动社会主义物质文明、政治文明和精神文明协调发展,正确处理增长的数量和质量、速度和效益的关系;在促进发展中不仅要关注经济指标,而且要关注社会发展指标、人文指标、资源指标和环境指标,努力提高发展质量。三是要在不断提高驾驭全局与宏观调控水平上抓落实。各级党委要自觉适应社会主义市场经济发展新形势,坚持谋全局、把方向、管大事。努力提高"五种能力",按照"五个统筹"的要求,切实把政府经济管理职能转到主要为市场主体服务和创造良好发展环境上来。四是要在进一步加快改革与提升工作要求上抓落实。坚持社会主义市场经济改革方向,突出市场化取向及改革路径,注重制度建设和体制创新,把改革贯穿于全市经济社会发展的全过程。

大家对于明年的工作,从认识上得到新的统一,在思路上有了新的认同。明年要抓好抓实市场体制的改革,首先是,以产权改革为核心国有企业改革；在培育要素市场改革方面要有所作为；在财政金融体制改革上要攻坚克难、务求突破；推进农村体制改革，要更加关注农业、关心农村、关怀农民，要加快县域经济发展，调整城镇布局。其次是，调整产业结构与投资方向上，突出工业化战略及其产业投入；要以增强竞争力作为产业结构调整的目标，全面提高经济增长效益和质量；要大力优化所有制结构，壮大非公有制经济比重，使股份制成为公有制的主要实现形式。再次是，要进一步增强整体开放意识，更加积极地参与国际经济技术合作与竞争，努力拓展长沙新的发展空间。

大家认真回顾了长沙改革发展的光辉历程，更加满怀激情地认识到：深化经济体制改革，加快长沙经济社会的全面发展，是历史赋予我们的光荣使命，也是全市人民的迫切愿望。大家一致表示，在新的改革征途中，紧密地团结在以胡锦涛为总书记的党中央周围，开拓进取，扎实工作，不断夺取长沙改革开放和全面建设小康社会的新胜利。

树立科学发展理念 落实全国"两会"精神
——中共长沙市委中心组2004年第一次集中学习综述

3月17日至19日,市委中心组进行了2004年度第一季度的集中学习。中心组成员认真听取了谭仲池、曹亚同志关于全国"两会"精神的传达,学习了《政府工作报告》、《宪法修正案》等"两会"文献。市委中心组成员和市直机关各单位及各区、县(市)中心组成员等500多人,听取了国家行政学院刘峰教授关于《经济发展与小康建设中的人才战略问题》和中国经济体制改革杂志社总编温铁军同志关于《"三农"问题与城乡协调发展的政策思路》两场专题讲座。省委常委、市委书记梅克保委托市委副书记吴志雄对本次学习进行了小结,强调要认真学习贯彻好全国"两会"精神,用科学发展观指导长沙建设与发展。大家紧密联系思想、工作的实际和发展的形势,在树立科学发展观、落实全国"两会"精神、加快长沙的建设和发展等方面达成了共识。

注:原文载2004年4月5日《长沙晚报》。

一、坚持以人为本，牢固树立科学发展观

在学习讨论中大家一致认为：坚持以人为本，全面、协调、可持续的科学发展观，这是以胡锦涛同志为总书记的党中央，坚持以邓小平理论和"三个代表"重要思想为指导，从新世纪新阶段党和国家事业发展全局出发提出的重大战略思想。这一战略思想的提出，是解放思想、实事求是、与时俱进、理论创新的重大成果，是当代中国共产党人对社会主义现代化建设指导思想的最新发展。这一科学发展理念的确立是站在历史和时代的高度，坚持马克思主义基本原理，总结国内外在发展问题上的经验教训，吸收人类文明的新成果，从而进一步明确了新世纪新阶段我国要发展、为什么发展和怎样发展的重大课题。我们要全面准确地把握科学发展观的深刻内涵，认真领会科学发展观的战略意义，牢固地树立科学发展理念，真正发挥科学发展观在实践中的重大指导作用，卓有成效地促进我们各项事业全面、协调、可持续发展。

每一个时代都要有一些重要的理念来支撑，而科学发展观无疑是属于这样的思想观念之一。社会的健康发展，要求人们特别是领导干部树立和强化科学发展观。广大党员干部，尤其是领导干部要深刻认识到，树立科学发展观不仅是妥善应对我国经济社会发展关键时期可能遇到的各种风险和挑战的正确选择，而且也是提高党的执政能力和执政水平的迫切需要。所以树立科学发展观，关系党和国家工作的大局，关系中国特色社会主义的长远发展，对于全面建设小康社会和实现现代化具有十分重要的指导意义。我们一定要把思想统一到科学发展观上来，统一到中央的政策和要求上来，自觉地用科学发展观指导我们的各项工作实践，推进我们的各项事业，实现经济社会更好更快地发展。

树立科学发展理念 落实全国"两会"精神

二、坚持求真务实，全面落实全国"两会"精神

今年的"两会"，是将党的十六大提出的目标和任务转化为国家意志的一次重要会议。大会依据十六大描绘的宏伟蓝图，为全面建设小康社会进一步作了部署。我们要自觉地把思想和行动统一到"两会"精神上来。一是要统一到坚持以人为本、树立科学的发展观上来；二是要统一到坚持执政为民、始终代表最广大人民群众的根本利益上来；三是要统一到坚持以农业为基础、把"三农"问题作为全部工作的重中之重上来；四是要统一到依法治国、保证宪法、法律的有效实施上来；五是要统一到坚持三个文明协调发展，进一步加强和改进党对人大、政协工作的领导上来。

通过学习和讨论，大家深刻认识到，长沙全面落实"两会"精神，很重要的一条就是要始终坚持求真务实。要正确认识世情、国情、省情和市情，并以此制定方针政策和开展工作，这是坚持求真务实的根本依据；要全心全意为人民服务，摆正同人民群众的关系，这是坚持求真务实的根本准则；要加强制度建设，坚持制度创新，把求真务实体现到各项工作中去，这是坚持求真务实的体制保证。全市各级党组织和广大党员干部，要求真务实谋发展，以实际行动贯彻落实好"两会"精神。各级领导干部在改革发展中要坚持讲实话、办实事、求实效，把工作的着力点真正放到解决关系人民群众切身利益的突出问题上。

通过学习，大家更加深切地感受到，随着"两会"的隆重召开，中国进入了一个新的发展阶段。放眼世界，新一轮加速增长正成为世界经济的主流动向，国际经济竞争已显现强劲复苏态势和高速增长的迹象，世界几大经济体竞争空前激烈，中国发展慢了，就会被人甩在后面。我们必须增强国际竞争力的紧迫感。在国际竞争日趋激烈的同时，我国各区域经济的发展亦呈欣欣向荣、你追我赶的喜人局面，在保持东部快速发展的同时，开发西部，振兴东北，中部崛起，中国又进入新一轮的大发展之中。长沙必须认清天下大势和发展走向，抓住机遇，加快发展，在中部崛起中创造辉煌。

三、坚持开拓创新，大力推进长沙全面、协调、可持续发展

面临新阶段、新形势、新任务和新发展要求，大家通过集中学习，对长沙发展的战略思路更加明晰了。在以科学发展观审视与推进长沙全面、协调、可持续发展上达成了重要共识。一是对照差距，进一步转变发展观念。正视某些部门单位和领导干部思想上的片面化、单一化和短期化发展观念与科学发展观要求的较大差距，坚持以科学发展观为指导，既要保持较高的经济增长速度，又要同步推进社会全面进步和人的全面发展；既要追求眼前的发展，又要不断保持和增强发展的可持续性。二是科学统筹，制定好长沙全面发展战略。坚持"五个统筹"，坚持发展这个第一要务，坚持新型工业化道路，坚持继续推进我市"三化"进程。在加快经济持续增长的同时，更加注重科教文卫等社会事业的投入；在提升经济发展质量的同时，更加注重提升人文环境质量；在提高国民经济发展水平的同时，更加注重提高城乡居民素质和文明水平。三是关注民生，把以人为本落实到各项政策和具体工作中去。这个"人"是人民群众，这个"本"是人民群众的根本利益。以人为本是我们发展的目的，而以经济建设为中心是达到这个目的手段。要更多地关注"三农"问题，落实好中央"一号文件"；要千方百计扩大就业和再就业，加强社保工作和社会救助，满怀热情地关心帮助城乡弱势群体；要"大干新三年，再创

新辉煌",继续改善城市基础设施,着力营造人与自然和谐,山水秀美,文化氛围浓厚的生态、园林、文明城市。四是转变职能,树立正确的政绩观。我们党和政府所作所为都要牢记立党为公、执政为民的使命,真正做到权为民所用,情为民所系,利为民所谋。我们追求的是"为官一任,造福一方"的实绩,是为党和人民踏踏实实工作的业绩,是符合科学发展观、经得起群众检验、实践检验和历史检验的政绩。五是开拓创新,努力增强经济社会发展后劲。不断发展社会生产力以提高社会物质文明的程度,不断推进上层建筑的变革以提高社会政治文明的程度,不断促进人的全面发展以提高社会精神文明程度。只有持续不断地开拓创新,才能获取绵绵不绝的动力,才能适应科学发展观的要求。

大家一致认为,今年是我国改革和发展十分关键的一年,也是长沙深化改革和经济社会发展的关键之年。长沙在新的起点上全面加快发展,任务是十分艰巨的。我们要坚定不移地以邓小平理论和"三个代表"重要思想为指导,在以胡锦涛为总书记的党中央领导下,紧紧依靠全市人民的团结奋斗,全面贯彻党的十六大和十六届三中全会精神,抓住重要战略机遇期,坚持科学发展观,贯彻落实"两会"精神,圆满完成"两会"提出的各项任务,努力进取,求真务实,开拓创新,再创长沙的新辉煌,开创长沙经济社会持续、快速、健康发展的新局面。

依法治国执政 建设法治社会
——中共长沙市委中心组2004年第二次集中学习综述

5月30至6月1日,市委中心组集中学习了《宪法和宪法修正案辅导读本》、《〈中国共产党党内监督条例(试行)〉纪律处分条例解读》和《行政许可法培训读本》等书籍。市委中心组成员和市直机关各单位及各区、县(市)中心组成员等听了中国政法大学薛刚凌教授关于《贯彻落实〈行政许可法〉全面推进依法行政》的辅导报告。市委中心组成员结合自己学习的体会进行了讨论交流,市委副书记、市纪委书记董学生和市人大常委会副主任孔光明分别以"认真贯彻落实《党内监督条例》"和"加大监督力度,推进依法行政"为题作了书面发言。省委常委、市委书记梅克保作了题为《增强宪法意识 推进依法行政 强化党内监督 建设法治社会》的总结讲话。

大家认为,这次学习重点突出、主题鲜明,专题报告水平很高、内容丰富,增长了知识,开阔了眼界,提升了理念。梅克保的总结讲话,分析精辟,思想深刻、认识全面,既是对市委中心

注:原文载2004年6月20日《长沙晚报》。

组学习的概括和总结，又是对推进长沙法治社会建设的工作部署和总体要求。通过这次学习，大家在认真学习宪法、加强依法行政、落实《党内监督条例》等方面达成了共识。

一、深刻认识宪法修改、依法行政的重大意义

依法治国首先是依宪治国，依法行政首先是依宪行政。十届全国人大二次会议通过了宪法修正案，国务院印发了《全面推进依法行政实施纲要》，全国人大常委会颁布了《中华人民共和国行政许可法》并将于7月1日起正式实施。这说明，在推进依法治国方略中，国家对包括宪法在内的法律法规不断完善，使之更符合国情，更符合时代要求。大家在学习讨论中一致认识到，修改宪法体现了我们党和国家对社会主义制度本质认识不断深化，特别是对基本国情和国家根本任务、经济体制、非公有制经济的宪法地位、完善保护公民私有财产的制度等重大问题认识的不断深化。这次修改后的宪法更加反映时代精神，更加适应全面建设小康社会和开创中国特色社会主义事业新局面的要求，必将为保障国家统一、民族团结、经济发展、社会进步和长治久安提供可靠的法律支持。

大家认为《行政许可法》和《全面推进依法行政实施纲要》的发布实施，体现了新一届政府的施政目标、理念和蓝图，明确提出了建设法治政府的宏伟目标，全面确立了我国未来10年推进依法行政、建设法治政府的行政纲领。行政许可的原则规定，昭示了我国治国理念从"替民做主"向"为民做主"、"以民为主"的重大转变，表明了政府加速从管制型向管理服务型的重大转变，从而为保障人民群众当家做主，提高政府施政能力，明确政府履行各项职责提供了法律和制度基础，意义是重大的，影响

是深远的。

二、把依法治国、依法行政落实到建设发展的实践中去

通过学习,中心组成员结合长沙的实际和自己的学习体会,有了更新的认识。一是要带头学习宣传,牢固树立宪法权威意识。作为领导干部要深入学习宣传宪法,准确地把握宪法的精神实质和内容,增强宪法意识和法治意识,自觉遵守宪法。全市各级党组织和各级领导,要通过各种学习和宣传形式,不断提高全市党员干部和广大群众对宪法的重要地位和重要作用、宪法的基本知识和基本内容、贯彻落实宪法的重大意义的认识,在全社会形成崇尚宪法、遵守宪法、维护宪法的良好氛围。二是要更新行政观念,努力建设法治政府。在思想观念上,要从公民义务本位和政府权力本位向公民权利本位和政府责任本位转变;在法治理念上,要从以法治民治事向依法治官治权转变;在责任意识上,要从片面强调公民责任向同时强调政府责任转变。作为各级领导干部要树立法治政府的理念,以建设有限政府、责任政府、透明政府、服务政府为目标,切实提高依法行政、依法办事的自觉性。三是要加强法律监督,保证宪法和其他法律得到贯彻落实。强有力的法律监督可以增强行政主体的法治意识、约束意识和服务意识,从而达到依法行政,推进依法治国方略的目的。人大依法代表人民对行政权力进行监督,地方人大作为地方国家权力机关,依法享有保证宪法和法律在本行政区域贯彻实施的神圣职责与实施法律监督的主要职能,各级党委要支持人大依法监督,政府必须自觉接受监督,全社会都要配合人大实施监督。

三、学习贯彻落实《党内监督条例》,不断加强和改善党的领导

市委中心组认为,《中国共产党党内监督条例(试行)》的颁布实施是我们党内政治生活中的一件大事,是建党82年、执政54年以来第一次在党内法规层面对党内监督作出制度化规范,是党加强自身建设的一个重大创举,是党走向更加成熟的重要标志。大家通过认真研读、交流心得,深刻认识到,《党内监督条例》以"三个代表"重要思想为指导,充分反映了全党意愿,集中了全党智慧,把立党为公、执政为民的本质要求和党要管党、从严治党的方针转化为具体规定。《党内监督条例》的颁布实施,对于发展党内民主、加强党内监督、维护党的团结统一;对于提高党的领导水平和执政水平、增强拒腐防变和抵御风险能力;对于保持党的先进性、密切党同人民群众的血肉联系,都具有十分重大意义,全市广大党员特别是领导干部要认真学习,贯彻落实,坚决执行。

大家在学习研讨中就如何准确把握《党内监督条例》的体系与重点进行了学习交流,《党内监督条例》的一个显著特点是首次以法规的形式确立党内监督的重点对象是党的各级领导机关和领导干部,特别是各级领导班子主要负责人。在制度设计上正式确立各级纪委为党内监督的专门机关,规定了党代表的监督权利和责任,将各地在实践中探索并总结的监督办法和经验上升为党内法规制度,以党的法规形式确认舆论监督的地位和作用。《党内监督条例》通篇贯穿了一个主线,这就是力求通过发展党内民主,保持党的活力和创造力,通过维护党的团结统一、维护中央权威,保证中央政令畅通,提高党组织的战斗力。

通过集中学习《党内监督条例》,市委中心组达成了新的共识,在加快长沙法治社会建设的进程中,全市广大党员特别是党的各级领导干部,一定要从深入学习贯彻"三个代表"重要思想,加强和改善党的领导的战略高度,以求真务实的精神认真学习、广泛宣传、贯彻落实、严格执行《党内监督条例》。中心组成员表示,作为领导干部,必须自觉接受来自各方面的监督,必须严格遵守党的监督纪律,保证党内监督健康有序进行,坚决维护党的团结和统一。

落实中央宏观调控决策 推进长沙优质高速发展

——中共长沙市委中心组2004年第三次集中学习综述

8月18日至20日,市委中心组进行了2004年第三季度的集中学习。市委中心组成员认真阅读了《学习贯彻"三个代表"重要思想理论问题50问》、《党员干部关心的25个科学发展观问题》等书籍,并且和市直机关各单位及各区、县(市)中心组成员等听取了国务院发展研究中心副主任谢伏瞻关于《国家宏观调控政策与"中部崛起"战略》的辅导讲座,听取了中国文化管理学会副秘书长乔然教授关于《先进文化与区域经济发展》的专题报告。省委常委、市委书记梅克保在中心组集中讨论会上发表了重要讲话,提出要正确认识和深刻理解中央宏观调控政策精神,把握中央实施"中部崛起"战略的机遇,促进长沙全面、协调、可持续发展。大家在深入学习领会中央宏观调控政策精神的基础上,认真分析了长沙当前发展所面临的形势,统一了思想、达成了共识。

注:原文载2004年9月5日《长沙晚报》。

一、全面贯彻中央宏观调控决策

中心组成员在学习讨论中一致认为：全面理解和贯彻中央宏观调控决策，一个重要的方面就是要深刻认识到，加强和改善宏观调控的实质是树立和落实科学发展观。近年来，全党全国紧紧围绕全面建设小康社会的宏伟目标，聚精会神搞建设，一心一意谋发展，各项工作都取得了新的进展。应当看到，我国经济在快速增长的同时，也存在一些不稳定、不健康的因素，暴露出了长期以来经济增长方式粗放、经济效益低、经济结构不合理、经济体制不完善等问题。这些问题不抓紧解决，经济增长不仅难以为继，还可能导致经济大起大落。党中央、国务院审时度势，着眼经济全局和长远发展，从去年下半年开始，特别是今年"两会"以后，采取了一系列加强和改善宏观调控的政策措施，推动我国经济总体上保持了良好的发展势头，正朝着宏观调控预期的方向发展。实践证明，中央采取宏观调控的决策是完全必要和非常及时的，也是积极有效的。市委中心组成员联系工作实际和思想实际，进一步加深了对科学发展观的认识，增强了落实科学发展观，走新型工业化道路的自觉性和坚定性。通过学习，中心组成员对于长沙如何贯彻落实中央宏观调控决策有了更清醒的认识和理解，正如胡锦涛同志所指出：加强和改善宏观调控，实质就是要树立和落实科学发展观，优化经济结构，加快转变经济增长方式，逐步消除可能导致经济大起大落的体制性、机制性障碍，以充分利用好重要战略机遇期，实现又快又好的发展。

落实中央宏观调控决策 推进长沙优质高速发展

二、抓住机遇高速高效发展长沙

中心组成员通过学习讨论一致认为：要在贯彻落实中央宏观调控政策中，抓住中央实施"中部崛起"战略的机遇，更好地促进长沙经济高速高效发展。党的十六大报告提出了中部加快发展的战略思想，温家宝总理在武汉主持召开的中部五省负责人座谈会上专门谈了关于中部崛起的问题。这是党中央、国务院关于全国区域经济发展，经过深思熟虑所作出的重大决策，无疑对长沙是一次推进发展的良好机遇，我们要牢牢把握而不可丧失。大家对照分析了长沙的实际情况：国家重点控制发展的钢铁、水泥、电解铝及相关行业，长沙要么没有涉及，要么所占比重很小。如长沙的汽车工业早就避开了家轿这一热点，主要发展农用车、越野车、大客车等偏冷行当，所以不存在过热的问题。所以，长沙既不是过热地区，也没有过热的产业，主要矛盾不是经济过热、发展过快的问题，而是发展不够、质量不高的问题。大家进一步分析认为，无论是从国家宏观经济层面、区域经济层面、还是城市经济层面来观察，在发展问题上，我们长沙的差距，差在经济总量小、工业规模小、外贸依存度低、民营经济占生产总值的比重低。如果我们因为国家加强宏观调控而"松开油门，自行刹车"，放慢步伐，换来的将不仅是当前发展受挫，而是整个发展战略的失策，极有可能在中央的调控之后位置后移，力不从心。这既不符合中央的精神，更不符合长沙的实际。我们只有坚持一切从实际出发，步子千万不能慢下来，要在调控范围外，努力发展中央鼓励发展的产业；在调控范围内，最大限度地化解调控政策带来的影响，注重"错位"发展，把我们的良好发展势头继续保持下去。长沙雄居华中腹地，既可承东启西，贯通南北，又可内引外联，双向开拓。作为湖南的优势地区，高速高效发展责无旁贷，作为湖南发展的龙头作用义不容辞。大家一致认同梅克保同志提出的观点，当前推进长沙高速高效发展，要突出做好六个方面的工作：一是要着力打造现代制造业基地；二是要继续扩大投资推动；三是切实经营管理好城市；四是努力做大做强县域经济；五是继续加强招商引资工作；六是要统筹经济社会协调发展。

三、进一步加强各级党组织执政能力建设

加强党的执政能力建设，是十六大根据新世纪新阶段党所面临的新形势、新任务而作出的战略决策。加强党的执政能力建设，进一步为人民执好政、掌好权是时代的要求、人民的要求。市委、市政府为加快实现长沙全面小康，带领全市人民团结奋斗、努力拼搏，在经济发展、社会进步、城市建设等方面取得了令人瞩目的成就。市委、市政府在执行党的路线、方针、政策上，在发展长沙、建设长沙、率领全市人民实现全面小康上，做出了成绩，执政能力和执政水平与肩负重任和使命总体上是适应的。但是，面对新形势新任务，我们执政能力建设方面还存在一些必须高度重视并抓紧解决的问题。中心组成员一致认为：全市各级党组织要进一步加强党的执政能力建设。坚持以马克思列宁主义、毛泽东思想、邓小平理论和"三个代表"重要思想为指导，解放思想、实事求是、与时俱进，认真学习、积极思考、总结经验，不断研究新情况、解决新问题，在思想上、理论上、实践上，全面加强和改进党的执政能力建设。梅克保在总结发言中，结合长沙加强和改进党执政能力建设的实际特别强调了四点：一是要以人为本，端正执政理念；二是要加快发展，巩固执

政基础；三是要科学统筹，把握执政方略；四是要不断改革，完善执政方式。

通过集中学习和讨论，中心组成员深刻认识到，执政能力建设是我们党执政后的一项根本建设。执政能力建设既是党自身建设的一个重要组成部分，又是对党各方面建设起牵头管总作用的。全市各级党组织，特别是各级领导干部，一定要从政治和全局的战略高度，深刻认识加强党执政能力建设的重大现实意义和深远的历史意义，紧密团结在以胡锦涛同志为总书记的党中央周围，紧紧依靠全市人民，推进长沙高速高效发展，"大干新三年，再创新辉煌"。

加强执政能力建设　加快长沙全面发展
——中共长沙市委中心组2004年第四次集中学习综述

11月3日至5日，市委中心组集中学习了十六届四中全会精神。其间，大家认真学习了《中共中央关于加强党的执政能力建设的决定》及有关辅导书籍。市委中心组成员、市直机关各单位中心组成员和各区、县（市）有关领导等集中听取了中央社会主义学院副院长甄小英教授关于《深刻认识加强党的执政能力建设的重大意义，全面推进党的执政能力建设》的辅导报告，听取了中央党校政法部副主任侯少文教授关于《加强政治文明建设，改革和完善党的领导方式和执政方式》的辅导报告。市委中心组成员还集体观看了电影《郑培民》。大家围绕"学习贯彻全会精神与加强党的执政能力建设"这一专题，进行了学习交流和认真研讨，省委常委、市委书记梅克保总结了大家在学习中达成的共识，并对学习贯彻落实四中全会精神作了重要指示。

注：原文载2004年11月28日《长沙晚报》。

加强执政能力建设　加快长沙全面发展

一、坚决迅速地把思想统一到全会精神上来

大家一致认为，党的十六届四中全会是在我国改革发展关键时期召开的一次极其重要的会议，全会分析了当前的形势和任务，着重研究了加强党的执政能力建设的重大问题，回顾总结了党的执政历程，确定了当前和今后一个时期加强党的执政能力建设的主要任务和各项部署，对全面加强党的执政能力建设，开创中国特色社会主义事业新局面，具有重大的现实意义和深远的历史意义。大家表示，一定要按照中央和省、市委的要求，把我们的思想认识迅速统一到全会精神上来。特别是要从我党历史方位的重大变化对我们党提出的新要求、应对严峻挑战和完成历史任务对我们党提出的新课题、世界政党政治发生剧烈变动对我们党提出的新挑战上，来统一对加强执政党建设重要性和紧迫性的思想认识；要从纵向回顾我们党探索执政兴国规律的艰难历程，横向比较国际共运历史教训、全面认识和把握执政规律的角度上，来统一对我们党执政主要经验的思想认识；要从我们党的性质、宗旨和肩负历史使命、坚持党的正确指导思想、永远保持党的先进性上，来统一对加强党的执政能力的指导思想和目标任务的思想认识。

梅克保在总结讲话中强调，学习贯彻落实十六届四中全会精神，党员干部尤其是领导干部首先要认真学习，深刻领会，全面落实，要遵照省委《关于贯彻〈落实决定〉的意见》和市委十届十三次全会的具体部署，把全市广大党员干部的思想和行动坚决迅速地统一到全会精神上来。

二、坚持不懈地在实践中提高执政能力

大家深刻认识到，胡锦涛同志关于"提高执政能力不能只讲一些抽象的、空洞的理论,而是要在推进改革开放和现代化建设的实践中去提高"的重要指示,对学习贯彻全会精神有很强的指导性和针对性。梅克保联系长沙实际,突出说明了领导干部必须遵照胡锦涛总书记的讲话精神,在推进改革开放和现代化建设的实践中、在领导和发展社会主义市场经济的实践中、在解决复杂矛盾和突出困难的实践中、在应对各种挑战和风险的实践中去提高我们领导干部的执政能力。要掌握政策,了解情况,求真务实,坚持科学决策、民主决策、依法决策,在实践中提高决策能力;要扭住发展这个执政兴国第一要务,统筹兼顾,坚持全面、协调、可持续发展,在实践中提高运筹能力;要增强创新思维,坚持用发展着的马克思主义指导新的实践,保持开拓创新、与时俱进的精神状态,始终站在时代前列领导和谋划改革与发展,在实践中提高创新能力;要坚持以人为本,努力实现人与自然、经济与社会、城市与农村、物质文明与政治文明、精神文明的协调发展,在实践中提高协调能力;要加强学习,不断提高驾驭经济发展的能力和领导改革开放的本领,不断提高率领广大党员干部团结干事、共创事业的领导水平,在实践中提高驾驭能力;要自觉地做到廉洁奉公、遵纪守法,始终保持蓬勃朝气、昂扬锐气和浩然正气,以共产党人的高风亮节和人格力量去影响、带动广大群众,在实践中提高自律能力。

  大家在学习讨论中达成了这样的共识,就是作为党的领导干部不仅要在理论上从安邦治国的高度认识加强党的执政能力建设的重要性,而且要在实践中身体力行落实加强执政能力建设的各项要求,不断增强党组织的凝聚力、战斗力、号召力。

三、坚定不移地用全会精神指导推动工作

大家一致认为，胡锦涛总书记向全会作的工作报告及重要讲话，深刻阐述了加强党的执政能力建设、树立和落实科学发展观、发展经济、关心群众生产生活、维护社会稳定繁荣等方面的一系列重大问题，高屋建瓴，思路清晰，内容丰富，重点突出，要求具体，措施得力。特别是提出了一些新思路、新观点、新概念，总揽全局，立志高远，对今后党和国家的各项工作特别是加强党的执政能力建设具有重要的指导意义。我们要认真学习、融会贯通其精神实质和丰富内涵，紧密结合长沙的实际狠抓贯彻落实，推动我们的工作。

联系到长沙的工作实际，大家在进一步深入学习贯彻落实全会精神上达成了重要的共识。党的十六届四中全会提出加强党执政能力建设的明确目标，就是要通过全党共同努力，使党成为立党为公、执政为民的执政党，成为科学执政、民主执政，依法执政的执政党，成为求真务实、开拓创新、勤政高效、清正廉洁的执政党。围绕这个总体目标，当前要抓好以下几个方面：一是坚持科学发展观。强化发展意识，突出发展重点，继续大力推进"三化"进程，高速高效发展长沙，全面完成和超额完成全年工作目标，认真做好明年工作的规划。二是坚持为人民执政，靠人民执政。坚决贯彻依法治国方略，做到依法执政、坚持人民当家做主，做到民主执政。完善领导方式，做到科学执政。三是坚持马克思主义指导地位。用科学理论武装全党全民，坚持宣传舆论工作正确导向，以创建全国文明城市为目标，不断提高全市人民思想道德和科学文化素质。四是充分调动一切积极因素。协调利益关系，推进社会公平，激发创新活力，健全社保机制，密切党

群关系，维护社会稳定。五是不断提升对外开放层次。要认真研究国际形势变化对长沙发展的利弊得失，正确把握长沙在国际竞争与合作中所处地位，不断提高科学判断局势和进行战略思维的水平，努力增强同国际社会交往的本领。

大家一致表示，要紧密地团结在以胡锦涛同志为总书记的党中央周围，牢固树立科学发展观，贯彻落实好党的十六届四中全会精神，切实加强执政能力建设，同心同德，抓住中部崛起的历史性机遇，奋发进取，努力开创我市各项工作新局面，为早日实现全面小康社会目标而奋斗。

永葆先进本色　熔铸时代先锋

——中共长沙市委中心组 2005 年第一次集中学习综述

2月23日至27日，市委中心组进行了保持共产党员先进性教育暨2005年第一次集中理论学习。

市委中心组在春节期间认真自学和开展"三个一"主题实践活动的基础上，集中5天时间，认真学习胡锦涛总书记在新时期保持共产党员先进性报告会上的讲话、《江泽民论加强和改进执政党建设》、《保持共产党员先进性教育读本》等文献，省委常委、市委书记梅克保在中心组（扩大）报告会上作了题为《牢记神圣使命、争做时代先锋》的专题报告，市委中心组成员还认真听取了北京市邓小平理论研究中心姚桓教授的辅导讲座，并赴伟人故里重访革命纪念地、重温入党誓词。在这次专题教育和集中学习中，市委中心组党员成员抓住学习实践"三个代表"重要思想这一主线，围绕保持共产党员先进性这一主题，联系各自的分管工作和思想实际，进行了热烈的发言讨论和深入的思想交流。每位市委中心组党员成员都撰写了学习心得体会文章，围绕提升

注：原文载2005年3月28日《长沙晚报》。

执政理念、构筑和谐社会、建设执政文化、推动作风转变、促进长沙发展等方面进行了理论探讨和理性思维,真正体现了中央关于党员领导干部"先学一步、多学一点、学深一些"的要求。市委中心组先进性教育集中学习的形式、内容和效果得到了省委督导组的充分肯定。通过5天的集中学习,市委中心组成员进一步加深了对胡锦涛总书记重要讲话的理解和认识,受到了一次加强党的先进性建设的生动教育,在思想上达成了新的共识。

一、在提高认识的基础上进一步统一思想

胡锦涛在新时期保持共产党员先进性专题报告会上第一次提出:"党的先进性建设是关系马克思主义政党生存发展的根本性问题,是我党生存、发展、壮大的根本性建设。"中心组成员在学习讨论中一致认为,胡锦涛总书记的重要论断具有很强的政治性和理论性,充分体现了马克思主义的科学态度和科学精神。党中央领导全党开展先进性教育,抓党的先进性建设,就抓住了党的建设的根本,抓住了加强党的执政能力建设、巩固党的执政地位的关键。大家认为:一是党的先进性建设是坚持党的性质的内在需求。作为中国工人阶级、中国人民和中华民族的先锋队,要求我们必须加强党的先进性建设,而先进性作为马克思主义政党的根本特征,决定着我们党必须走在时代的前列;作为中国特色社会主义事业的领导核心,要求我们必须加强党的先进性建设,历史和人民选择了中国共产党,时代和人民也要求我们党保持先进性,做时代发展的先锋。

二是党的先进性建设是实现党的宗旨的重要途径。全心全意为人民服务是中国共产党唯一的根本宗旨,我们党和广大党员就是要在党的先进性建设中牢固树立宗旨观念,不断增强立党为公、执政为民的自觉性。开展保持共产党员先进性教育活动，对于进一步强化党的宗旨意识，不断提高党的执政能力，落实立党为公、执政为民的本质要求极为重要。我们党和广大党员就是要在党的先进性建设中切实增强立党为公、执政为民的实效性。三是党的先进性建设是担负党的使命的根本保证。我们党胸怀着实现共产主义的远大理想，担负着带领全国人民全面建设小康社会、实现现代化的伟大历史任务，使命崇高，任重道远。我们党和广大党员就是要通过加强党的先进性建设，进一步坚定理想信念，增强责任意识，振奋革命精神，认定目标，奋力向前，昂扬斗志，永葆共产党人的先进性。大家一致表示，要把思想和认识统一到中央对国内国外形势和党员队伍现状的科学判断上来，统一到新形势下加强党的执政能力建设、保持党的先进性的要求上来，统一到全党开展先进性教育活动的工作部署和要求上来，以高度的政治责任感和自觉性，抓紧抓好这次教育活动。

二、在保持先进性教育活动中充分发挥表率作用

领导干部率先带头，从我做起，发挥表率作用，是中央规定的开展先进性教育活动的重要指导原则。大家在学习讨论中，对中央政治局常委带头参加先进性教育活动为各级领导干部树立了榜样，很有感触，纷纷表示，要率先垂范，以自己的模范行为带动全市先进性教育活动的全面深入开展。一是要牢记执政理念。"三个代表"重要思想的本质是立党为公、执政为民。保持共产党员先进性教育活动的根本目的就是要使我们党始终代表中国先进生产力的发展要求，代表中国先进文化的前进方向，代表中国最广大人民的根本利益，不断提高执政能力、巩固执政地位、完成执政使命。牢记并践行立党为公、执政为民的执政理念，是党员领导干部保持先进性的根本标志。二是要加强党性修养。常修为政之德，常思贪欲之害，常怀律己之心，自觉经受住改革开放和发展社会主义市场经济条件下长期执政的考验，以"为政之德"为基本内容的党性修养，是加强党的执政能力、巩固党的执政地位、保持党员领导干部先进性的重要途径。三是坚持以人为本。以人为本体现了马克思主义的基本观点，以人为本就是要把人民的利益作为一切工作的出发点和落脚点，不断满足人们的多方面需求和促进人的全面发展。坚持以人为本，就是要从具体事情做起，贯穿到经济社会发展的各个方面，贯穿到各项工作中去；坚持以人为本，就是要自觉做到"权为民所用，情为民所系，利为民所谋"。总之，党员领导干部在这次教育活动中一定要把学习与增强理想信念、增强执政能力、增强宗旨意识、增强自身修养结合起来，做学习的表率；要端正态度、坚持原则、发扬民主、与人为善，做批评与自我批评的表率；要联系实际、突出重点、标本兼治、面向群众，做整改的表率。

三、在全面建设小康社会中勇做时代先锋

全面建设小康社会的伟大实践，为每一位共产党员提供了广阔的舞台。时代的召唤，人民的目光，聚集在每一个共产党员身上。在新的历史条件下，共产党员要牢记神圣使命，勇做时代先锋。市委中心组成员一致认为，开展党的先进性建设，要按照胡锦涛同志要求的，紧紧围绕实现全面建设小康社会的宏伟目标，抓紧研究解决本地区本部门改革发展稳定中的重大问题，抓紧研究解决群众生产生活中的迫切问题，抓紧研究解决党的建设中的突出问题。从我市实际来看，当前突出的是要把党的先进性要求切实体现在长沙开展全国文明城市创建上，体现在"和谐长沙"、

"文明长沙"、"平安长沙"建设上,体现在党的建设的成效上。要在先进性教育活动中坚持和落实科学发展观和正确政绩观,加速推进"三化"进程,深入开展"万名干部下基层、排忧解难促发展"活动,达成加快发展的共识,凝聚加快发展的合力。要始终以大多数群众的呼声与意愿为第一信号,把大多数群众关心的热点、难点作为工作的重点,干大多数人受益的事,干群众迫切需要解决的事,干起长远作用的大好事。今日长沙已进入全新的发展阶段,长沙要抓住难得的战略发展机遇,在中部崛起中作出较大的贡献,率先在全省建成全面小康社会。市委中心组全体成员决心率领全市广大党员,自觉学习实践邓小平理论和"三个代表"重要思想,在以胡锦涛同志为总书记的党中央领导下,坚定共产主义理想和中国特色社会主义信念,在加快推进长沙全面小康社会的建设中,求真务实、真抓实干,凝聚民心、团结群众,立足本职、无私奉献,脚踏实地、埋头苦干,奋发进取,开拓创新,树一流目标、干一流工作、创一流业绩,团结带领全市人民群众奋勇前进,使全市广大共产党员的先锋模范作用直接体现在实现长沙快速高效协调发展这一伟大实践中。

实现科学发展　构建和谐社会
——中共长沙市委中心组 2005 年第二次集中学习综述

5月18日至20日，市委中心组进行了 2005 年第二次集中学习。中心组成员在集中学习期间，认真阅读了《提高构建社会主义和谐社会能力》等书籍，重点学习了胡锦涛总书记在省部级主要领导干部提高构建社会主义和谐社会能力专题研讨班上的重要讲话精神，听取了中国社科院社会学研究所李培林研究员关于《科学发展观与和谐社会》、北京大学贺卫方教授关于《和谐社会与法治政府》的辅导报告，听取了国防大学金一南教授关于《当前国际军事战略与台海局势》的专题讲座。省委常委、市委书记梅克保对此次学习进行了总结。通过集中学习，市委中心组成员进一步加深了对胡锦涛总书记关于构建社会主义和谐社会重要论述的理解和认识，在坚持以科学发展观为指导，努力提高构建社会主义和谐社会能力等方面达成了新的共识。

注：原文载 2005 年 5 月 27 日《长沙晚报》。

一、深刻认识意义，准确把握内涵

胡锦涛指出，构建社会主义和谐社会是我们党从全面建设小康社会、开创中国特色社会主义事业新局面的全局出发提出的一项重大任务。这一重要论断表明，随着我国经济社会的不断发展，中国特色社会主义事业的总体布局由经济建设、政治建设、文化建设三位一体发展为经济建设、政治建设、文化建设与社会建设四位一体。中心组成员在学习讨论中一致认为，这一战略举措具有重大的现实意义和深远的历史意义。

大家在学习中领会到，构建社会主义和谐社会，从我国社会主义现代化进程来看，是抓住和用好重要战略机遇期、实现全面建设小康社会宏伟目标的必然要求；从国际战略格局来看，是把握复杂多变的国际形势、有力应对来自国际环境的各种挑战和风险的必然要求；从党的执政使命来看，是巩固党执政的社会基础，实现党执政的历史任务的必然要求。

大家认为，要从社会主义和谐社会的基本特征来把握和理解和谐社会的科学内涵。我们构建的和谐社会，是社会主义民主得到充分发扬，依法治国基本方略得到切实落实，各方面积极因素得到广泛调动的社会；社会各方面的利益得到妥善协调，人民内部矛盾和其他社会矛盾得到正确处理，社会公平和正义得到切实维护和实现的社会；融洽相处的社会；一切有利于社会进步的创造愿望得到尊重，创造活动得到支持，创造才能得到发挥，创造成果得到肯定的社会；社会组织机制健全，管理完善，秩序良好，人民安居乐业，安定团结的社会；生产发展，生活富裕，生态良好的社会。准确地把握社会主义和谐社会的科学内涵，就能增强我们工作的自觉性和创造性，扎扎实实地提高构建和谐社会的能力。

二、紧紧抓住关键，认真夯实基础

大家分析当前我国经济、政治、文化等方面出现的问题，充分认识到，构建和谐社会关键就是必须坚持以科学发展观为指导。这是由科学发展观要求统筹兼顾，以人为本，坚持经济社会全面协调、可持续发展的基本内容和本质规定所决定的。

中心组成员在学习讨论中一致认为，社会的发展首先取决于经济的发展。经济充分发展，才能为构建社会主义和谐社会提供坚实的物质基础；经济充分发展，才能最大限度地满足人民群众日益增长的物质和精神文化需要，从而不断实现我们党更好地代表最广大人民根本利益的要求。民主和法治是构建和谐社会的重要基础。

民主是表达个人思想愿望、利益诉求的途径，是政府和政策获得权威的保证。法制不仅是一种遵循，一种追求，更应该是一种生活方式和行为准则。作为地方领导层和决策层，必须确立法律至上意识，使决策民主化、科学化。

坚持用先进文化引导社会意识是构建社会主义和谐社会的基础工程。社会的协调发展和全面思想道德素质和科学文化素质的发展为基础，以全面提高人的素质、促进人的全面发展为归宿。缺少社会文明的全面协调发展，就不可能真正实现社会和谐。我们必须巩固马克思主义在意识形态领域的指导地位，增强广大人民团结奋斗的精神力量，丰富人们的精神生活，筑牢社会主义和谐社会的精神支撑。

三、加快全面发展，构建和谐长沙

一是要抓住新的战略机遇。当前国家宏观调控、中部崛起战略、加强对外开放合作，省内实"一点一线"、长株潭战略，以及全市开展的创建全国文明城市，都是我们构建和谐长沙的新的战略机遇。去年国家统计局公布全国200座城市综合实力排名，长沙列第16位，在中部地区城市中名列第2位，标志着长沙开始迈入经济快速增长与社会全面发展相协调的良性发展阶段。全市上下要抓住时机，加快利用长沙经济社会全面协调发展形势。

二是要时刻保持清醒头脑。长沙适逢大好的发展机遇，同时面临新的挑战。对此，梅克保特别提请大家要时刻保持清醒头脑。当前，长沙遭遇两个挑战：一方面是发展压力大。宏观调控政策显效改革进程滞后，使长沙区域经济发展受到挤压，面对激烈竞争，需要我们清醒认识，沉着应对，迎接挑战。另一方面是发展不平衡。城乡发展不协调、区县发展不平衡、不同社会阶层成员间存在机会不均、公共资源分布不均、一些社会群体为改革发展所作贡献与应得补偿不相等诸多方面存在一些问题，以及新形势下人民内部矛盾复杂多变等，都是造成社会不和谐的因素。对此，每个领导干部都必须予以清醒认识、认真思考、积极应对。

三是要着力提高构建和谐长沙的本领。梅克保在学习总结时提出，领导干部必须立足实际，着力提高激发社会创造活力的本领、管理社会事务的本领、协调利益的本领、处理人民内部矛盾的本领、开展群众工作的本领、维护社会稳定的本领。中心组成员在学习讨论中，进一步深刻认识到，构建和谐社会，既是一个历史过程，更是当前紧迫任务。大家表示，要加强有关构建和谐社会理论的学习，要结合开展先进性教育活动，把先进性教育活动焕发出来的热情和干劲，贯穿到构建和谐长沙的伟大实践中去，满腔热情地带领广大人民群众共同创造幸福生活和美好未来。从事物发展的过程来看，是抓住和用好重要战略机遇期、实现全面建设小康社会宏伟目标的必然要求；从国际战略格局来看，是把握复杂多变的国际形势、有力应对来自国际环境的各种挑战和风险的必然要求；从党的执政使命来看，是巩固党执政的社会基础，实现党执政的历史任务的必然要求。

把握中部崛起机遇　促进长沙均衡发展
——中共长沙市委中心组2005年第三次集中学习综述

9月15日至17日，市委中心组进行了2005年第三次集中学习。中心组成员在集中学习期间，认真学习了《中共中央关于建立健全教育、制度、监督并重的惩治和预防腐败体系实施纲要》、《中共中央关于进一步加强中国共产党领导的多党合作和政治协商制度的意见》，认真阅读了《2005：理论热点面对面》。中心组成员和全市县（处）级以上单位党委（党组）中心组成员集中听取了国务院国资委研究中心主任王忠明的《和平崛起背景下的中部经济发展》、复旦大学国际关系与公共事务学院常务副院长林尚立教授的《加强多党合作与政治协商、提高执政能力》和中纪委宣教室副主任李本刚的《惩治和预防腐败制度建设与党的先进性建设》专题报告。市委副书记、市长谭仲池对此次学习进行了总结。市委副书记、市纪委书记董学生和市政协副主席、市委统战部部长张迎龙在集中讨论时作了中心发言。通过集中学习，市委中心组成员在抢抓中部崛起战略机遇、建立健全反腐倡廉长效

注：原文载2005年10月7日《长沙晚报》。

机制、加强多党合作和政治协商等方面达成了新的共识。

一、把握历史机遇　加快长沙发展

党中央、国务院高度关注中部地区的发展。将中部崛起战略上升到了国家整体发展战略层面予以重视。温家宝总理在今年的政府工作报告中就实施中部崛起战略作出了部署，去年在武汉召开了促进中部崛起各省市负责人会议，今年8月又在长沙召开了促进中部地区崛起座谈会，并对中部地区的发展作出了重要指示。国家在实现区域统筹发展中，加大了对中部地区的支持力度。大家在学习讨论中一致认为，中部地区正面临着历史上最重要和最宝贵的发展机遇，长沙必须牢牢抓住这一历史机遇，实现跨越式发展。

大家对长沙在中部崛起战略中的优势与挑战进行了认真的分析。长沙在中部六省省会城市中，GDP列第三位，综合经济实力位居第二；处于泛珠三角区中心和长江经济带中部，是连接沪港渝三地的交通枢纽；长沙拥有丰富的人文科技资源，是中西部引人瞩目的科技创新基地，特别是省委、省政府坚持优势地区优先发展的方针，对"一点一线"重中之重的长沙，予以大力支持。长沙在参与中部崛起中也面临新的挑战，如产业结构层次偏低、经济首位度不高、能源资源相对缺乏等，特别是各城市竞相发展态势的压力加大。因此，我们要有一个清醒的认识，要充分发挥优势，积极应对挑战，努力抢抓中部崛起战略机遇。

中心组成员从实现长沙在中部地区跟进战略措施方面进一步统一了思想。长沙要在中部崛起有所作为，于竞争中实现快速发展，一是大力推进新型工业化，建设中部地区具有鲜明特色和重要地位的新型工业基地；二是大力推进农业产业化，不断提高农业综合生产能力；三是大力推进城市化，加快建设一批事关全市乃至全省经济社会发展大局的基础性、战略性、支撑性的重大项目。强力推进"三化"进程，始终是我们经济工作的主旋律。全市党员干部要切实加大工作力度，努力保持我市经济快速高效发展势头。

二、加强廉政建设　牢记根本宗旨

我党历来重视党风廉政建设。今年1月，中央颁布了《建立健全教育、制度、监督并重的惩治和预防腐败体系实施纲要》，省委、市委相继出台了具体的《实施意见》。中心组成员认为，长沙要建立健全惩治和预防腐败的长效机制，关键是要坚持"标本兼治、综合治理、惩治并举、注重预防"的方针，切实抓好中央《实施纲要》和省委、市委《实施意见》的贯彻落实，努力构建富有长沙特色的惩治和预防腐败体系。

"从实践看，教育不扎实，制度不健全，监督不得力，仍然是腐败现象滋生蔓延的重要原因。"大家认为必须着重在这三个方面下扎实功夫：一是要更好地抓教育，教育是构建惩治和预防腐败体系的基础性环节。要通过思想道德建设和廉政文化建设，在全社会形成思廉、尚廉、爱廉、助廉的良好风气，特别是要着力于党性党风教育和党纪国法教育，在党员干部中形成修德律己、遵纪守法的良好风尚，使党员干部时刻警醒和牢记党的根本宗旨和历史使命。二是要突出地抓好制度建设，在惩治和预防腐败工作上取得新的突破。没有制度的约束和规范，仅仅依靠人的自觉性，不可能有预防腐败的长效性。近年来，我市推行了政府采购、产权交易、重大事项集体审批等制度，完善了政务公开、厂务公开、村务公开等办事制度，这些制度的建立健全和落实，对从源头上预防和杜绝腐败问题发挥了重大作用。要严格执行制度，完善监控机制，加强后继监管，坚决查处和纠正不按制度、不按规矩、不按程序办事的行为。三是大力地推进改革，不断创新惩治预防腐败的体制机制。深化干部人事制度改革，以有效预防用人上的不正之风；稳步推进司法体制改革，以切实解决影响司法不公正的问题；坚持推进金融体制改革，以建立健全防范金融案件发生的长效机制；加大要素市场的改革力度，以严格执行工程招投标、经营性土地使用权出让、产权交易、政府采购等制度。当前，尤其是要围绕政策法规制度的落实，切实解决好人民群众反映强烈的突出问题。中心组成员坚决表示，要在各级各单位党员干部中进一步深化对反腐倡廉的认识，自觉地加大党风廉政建设力度，牢记党的宗旨，增强拒防变能力，采取切实措施，真正把廉政建设责任制落到实处。

三、坚持统一战线　凝成发展合力

中心组成员在认真学习中共中央《关于进一步加强中国共产党领导的多党合作和政治协商制度建设的意见》后一致认为，这是我国政治生活特别是统一战线和多党合作中的一件大事，体现了科学执政、民主执政、依法执政的要求，在认真总结历史经验的基础上对中国共产党领导的多党合作和政治协商的原则、内容、方式和程序等作了许多规范，是指导新世纪新阶段我国多党合作事业的纲领性文件。

党的统一战线历来是我党的法宝，是我们振兴中华民族的重大优势。全面建设小康长沙和构建和谐长沙是一项长期而艰巨的任务，我们必须在《意见》的指导下，进一步团结一切可以团结的社会力量，利用一切可以为我所用的资源。在经济形式和经济利益多样化、社会生活方式多样化、社会组织形式多样化的新形势下，我们要进一步加强多党合作和政治协商的制度化、规范化和程序化建设；进一步促进全市各级党委、政府与各民主党派、无党派人士的沟通和联系，充分发挥党外人士参政议政的作用；进一步为民主党派、无党派人士履行民主监督职能提供制度保障；进一步推进全市各级党委与党外人士合作共事向纵深发展。同时，大力支持民主党派加强自身建设，充分发挥其在落实科学发展观、全面建设小康长沙、构建和谐长沙中的优势和作用。

大家表示，面对新的发展机遇，面对日益激烈的竞争局面，我们一定要从长沙实际出发，明确发展目标，理清工作思路，始终坚持以科学发展观统领经济社会发展大局；要时刻绷紧反腐倡廉这根弦。牢记党的根本宗旨；要以博大胸怀和包容的心襟，加强多党合作和政治协商，不断提高执政水平和执政能力，带领全市人民乘势而上，精诚团结，艰苦奋斗，以开创改革开放和全面建设小康社会的新局面。

坚持科学发展观为统领
推动长沙又快又好发展
——中共长沙市委中心组2005年第四次集中学习综述

11月16日至17日,市委中心组集中学习了党的十六届五中全会精神。中心组成员认真阅读了《中共中央关于制定国民经济和社会发展第十一个五年规划的建议》,听取了国家发改委宏观经济研究院常务副院长刘福垣关于《"十一五"期间国民经济和社会发展的目标重点与政策举措》的辅导报告,联系学习心得,结合长沙实际进行了深入讨论。省委常委、市委书记梅克保作了总结讲话。大家在深入学习贯彻五中全会精神、开好市委全会、科学制定长沙"十一五"规划纲要等事关发展全局的重大问题上,进一步达成了共识,思想更加统一,方向更加明确,思路更加清晰,信心更加坚定。

一、认识重大意义,高度统一思想

党的十六届五中全会审议通过的《中共中央关于制定国民经济和社会发展第十一个五年规划的建议》(下简称《建议》),站在历史发展新高度,从战略全局出发,提出了新世纪第二个五年

注:原文载2005年11月30日《长沙晚报》。

我国经济社会发展的总体目标、指导方针和重大部署，描绘了"十一五"时期我国经济社会发展的宏伟蓝图，体现了十六大以后中国共产党人新的执政理念和发展理念，展示了今后一个时期中国经济社会发展走向。"十一五"时期科学发展观统领经济社会发展全局，构建社会主义和谐社会，这一伟大实践将产生深远的历史影响。大家在学习中一致认为，《建议》是指导今后一个时期我国经济社会发展，动员全党和全国各族人民全面建设小康社会，加快推进社会主义现代化的纲领性文件。

五中全会正确分析和科学判断了国内外形势。和平、发展、合作成为当今时代潮流，经济全球化趋势深入发展，科技进步日新月异，国际环境总体上对我们有利。"十一五"时期我国经济社会发展取得巨大成就，经济实力、综合国力和国际地位显著提高。国际环境中不稳定不确定因素增加，国际竞争更加激烈；我国现在仍处于并长期处于社会主义初级阶段，面临着不少突出问题和严峻挑战。全会通过的《建议》是以胡锦涛为首的党中央作出的顺应时代要求，符合我国国情，凝聚人民意志的战略决策和重大部署。按照五中全会精神做好"十一五"这一关键时期的经济社会发展工作，对于我们抓住和用好重要战略机遇期，推动我国经济社会又快又好发展，为下一个十年的发展打下坚实基础，具有决定性意义。

《建议》明确提出了制定"十一五"规划的指导思想：以邓小平理论和"三个代表"重要思想为指导，全面落实科学发展观。科学发展观是指导发展的世界观和方法论的集中体现，是我们党在深刻总结我国长期以来经济建设的经验教训，吸收人类现代文明进步新成果的基础上提出来的，是我们党领导发展理念和治国理念的新升华，是对社会主义现代化建设指导思想的新发展。坚持以科学发展观统领经济社会发展全局是《建议》最鲜明的特点。通过学习五中全会精神，我们必须明确全会的重大意义，明确当前我国经济社会发展面临的国内外形势，明确发展是解决我国所有问题的关键，明确用科学发展观统领经济社会发展全局是党中央的重大部署，在思想认识上，行动步骤上切实做到与党中央保持高度一致。

二、把握基本精神，明确目标任务

认真学习好、把握好十六届五中全会的精神，是贯彻落实全会精神的基础和前提，要认真学习胡锦涛同志在全会上的重要讲话，认真学习全会通过的《建议》及温家宝同志就《建议（讨论稿）》向全会作的说明，认真学习会议公报。全市各级党委和政府要把学习宣传、贯彻落实五中全会精神作为当前和今后一个时期的重要政治任务，按照立足科学发展、着力自主创新、完善体制机制、促进社会和谐的总要求，切实提高贯彻科学发展观的能力、驾驭全局的能力、处理利益关系的能力、务实创新的能力，团结带领广大干部群众为实现"十一五"时期的发展目标而不懈努力。

根据科学发展观的要求，按照十六大对本世纪头二十年全面建设小康社会的总体部署，《建议》提出了"十一五"时期经济社会发展的"七大"主要目标。这些目标涉及经济发展、能源消耗、自主创新、经济体制、对外开放、义务教育、城镇就业、社会保障、城乡差别缩小、经济环境社会环境和自然环境改善等各个方面，是把科学发展观转化为可操作的发展目标体系具体化。这些目标紧扣发展是硬道理、发展是第一要务；全面科学、统筹兼顾、涵盖宽广而又符合实际；高度关注能源，突出可持续发展要求；切实重视人文指标，贯穿以人为本精神。《建议》确定的发展目标，充分反映了发展的阶段性特征和时代背景，高瞻远瞩、思想深邃，富有战略性、前瞻性、导向性，对于我们各地区，各部门编制好"十一五"规划和专项规划，具有十分明确的指导意义。

《建议》从目标体系出发，提出了今后五年经济社会发展和改革开放的主要任务：建设社会主义新农村、推进产业结构优化升级、促进区域协调发展、建设资源节约型环境友好型社会、深化体制改革和提高对外开放水平、深入实施科教兴国战略、推进社会主义和谐社会建设。对于长沙来讲，七项任务作为一个整体，都要认真组织实施，特别是推进社会主义新农村建设这一首要任务是我们工作中的重中之重；经济结构调整和经济增长方式转变是我们面临的迫切任务；统筹区域协调发展，促进中部崛起是长沙义不容辞的历史任务。

三、立足科学发展，指导工作实践

大家一致认为，推动长沙又快又好的发展，关键是坚持以科学发展观统领长沙经济社会发展全局。长沙制定和实施"十一五"规划纲要，必须把科学发展观贯穿于改革开放和现代化建设的全过程。要遵照"六个必须"的原则：保持经济平稳较快发展；加快转变经济增长方式；提高自主创新能力；推进城乡协调发展；加强社会主义和谐社会建设；不断深化改革开放。要把这些全面贯彻落实科学发展观的基本要求融入长沙"十一五"规划纲要中去。

坚持以科学发展观统领长沙经济社会发展全局，要进一步转变发展观点，明确发展思路，创新发展模式，提高发展质量，切实把经济社会发展转入以人为本、全面协调可持续发展的轨道。

长沙"十一五"时期要切实突出发展重点，使全市经济总量、规模、速度和效益实现新的跃升。长沙发展重点指向是：突出转变经济增长方式，强力推进结构调整，深化改革开放；突出建设社会主义新时期，加大"三农"扶持力度，率先全省新农村建设；突出推进城市建设，发挥区域带动功能，增强核心竞争力；突出自主创新，激发活力生机，实施"创新先导"战略；突出构建和谐社会，做好就业再就业工作，完善城乡社保体系。全市各级党组织要大力加强先进性建设，认真履行新的历史使命，坚持把最广大人民的根本利益作为一切工作的出发点和落脚点，形成全体人民团结奋斗的强大力量。

在"十一五"时期，长沙市和全国一样，各方面都发生了历史性变化，经济社会已步入良性发展阶段，成为新中国成立以来最快最好的发展时期之一。我们在充分认识发展成就的同时，应清醒地认识到，在改革发展进程中，也遇到一些新矛盾和新情况；在"十一五"时期，将面临一些新挑战和新问题。"面向未来，我们站在一个新的历史起点上。"全市各级党委和政府要高举邓小平理论和"三个代表"重要思想伟大旗帜，动员全市人民把思想统一到全会精神上来，把力量凝聚到落实全会提出的各项任务上来，全面贯彻科学发展观，开拓奋进，同心同德地推进长沙经济社会又快又好地向前发展。

加快新农村建设 实现城乡统筹发展

——中共长沙市委中心组 2006 年第一次集中学习综述

3月27日至28日,市委中心组进行了2006年一季度集中学习。中心组成员在集中学习期间,认真学习了全国"两会"文献、《中国共产党章程》,重点学习了胡锦涛同志关于建设社会主义新农村的重要论述,听取了国家农业部农村经济研究中心主任柯炳生教授关于《建设社会主义新农村,全面推进解决"三农"问题》的辅导报告,听取了湘潭大学党委书记彭国甫教授关于《公共部门绩效管理与创新思维》的专题讲座。大家就学习体会进行了讨论交流。省委常委、市委书记梅克保同志进行了学习总结。通过集中学习,市委中心组成员在深刻领会中央关于社会主义新农村建设的精神、推进新农村建设,实现长沙城乡统筹发展等方面达成了新的共识。

一、全面认识建设社会主义新农村的重大战略意义

市委中心组成员一致认为,建设社会主义新农村是党中央高瞻远瞩,统揽全局、审时度势、与时俱进作出的重大战略决策。我们要从全面建设小康社会,开创中国特色社会主义事业新局面

注:原文载2006年4月25日《长沙晚报》。

的战略高度，深刻认识建设社会主义新农村的重大意义。

随着我国工业化、城镇化步伐加快，国民经济持续较快增长，农业、农村经济发展出现了一些新情况，对此，党的十六大提出"统筹城乡经济社会发展"的要求，胡锦涛总书记在十六届四中全会上深刻指出："纵观一些工业化国家发展的历程，在工业化初始阶段，农业支持工业、为工业提供积累是带有普遍性的趋向；但在工业化达到相当程度以后，工业反哺农业、城市支持农村，实现工业与农业、城市与农村协调发展，也是带有普遍性的趋向。"我国总体上已到了以工促农、以城带乡的发展阶段。党的十六届五中全会通过的《建议》明确提出，要"建立以工促农、以城带乡的长效机制"。我们必须深刻领会中央的战略思想，适应经济社会发展新阶段的要求，实行工业反哺农业、城市支持农村的战略方针。

建设社会主义新农村是全面贯彻落实科学发展观的必然要求。现实工农业全面发展，城乡协调发展，人与自然间持续发展，是科学发展观的应有之义；全面落实科学发展观，必须保证占我国人口大多数的农民参与发展，共享发展成果；全面建设小康社会的重点和难点在农村，没有农村的全面小康，就没有我国的全面小康。建设社会主义新农村是我国构建社会主义和谐社会的重要基础。在当前我国经济社会结构快速调整时期，利益关系复杂，社会矛盾凸显，我们必须在发展战略和政策上把握得当，把工农关系和城乡关系处理好，尽快解决农业基础薄弱、农民收入水平偏低、农村发展滞后的问题，保持经济快速发展和社会长期稳定。

二、坚持以科学发展观指导新农村建设

中心组成员在学习讨论中深刻认识到，建设"生产发展、生活宽裕、乡风文明、村容整洁、管理民主"的社会主义新农村，必须坚持科学发展观指导。

坚持以发展为中心，加快富民增收步伐。深化农业结构调整，大力发展区域特色明显、比较优势突出、市场竞争力强的高效农产品产业带。建设好浏阳河百里花木走廊和长沙百里茶业走廊、百里优质水稻走廊、百里优质水产产业走廊。用抓工业的思路抓农业，延长农业产业链，构建长沙特色农产品加工产业群，发挥工业对农业的带动作用。大力构筑促进农民持续稳定增收的新渠道。各级党委和政府要通过充分挖掘农业内部增收潜力、支持帮助农村富余劳动力有序转移、引导鼓励农民创业就业，"千方百计增加农民收入"。

坚持以人为本，体现农民群众意愿。尊重农民意愿，认真考虑农民的现实需要，不能搞"一刀切"、"一阵风"，更不能盲目搞不切实际的所谓"政绩"工程。"坚持把广大农民群众的根本利益作为建设社会主义新农村的出发点和落脚点"，集中解决好农村的"路、水、电、医、学"等实际问题，规范和完善农村低保和特困户救济制度。扩大公共财政覆盖农村的范围，加强农村公共卫生和基本医疗服务体系建设，改善农村人居条件，营造良好的农村生产、生活、生态环境。

坚持科学规划，促进全面协调发展。在着力解决直接关系农民切身利益的各类生产生活问题的基础上，依据"布局合理、设施配套、环境整洁、村容美化"的标准，编制好全市新农村建设总体规划。规划的编制，必须深入农村农户，做好调研工作。要统筹农村经济、文化和社会发展要求,注重系统性;要立足当前、着眼长远,适应经济社会发展规律,具备前瞻性;要因地制宜,扬长避短,做到先进标准与农民承受能力相统一,具有可行性。"十一五"期间长沙市要创建一批国家级和省级文明村镇。

三、扎实推进长沙社会主义新农村建设

中心组成员认真分析当前形势和任务后,一致认同,长沙要牢牢把握中部崛起的历史机遇,加快城乡协调发展,率先全省建设好社会主义新农村。

建设社会主义新农村,必须加强党的领导。全市各级党委和政府,作为新农村建设的领导者、服务者,要提高认识、统一行动、勇担责任、勤奋工作。农村基层党组织是建设社会主义新农村的组织者、实施者和推动者,要在建设社会主义新农村的伟大实践中充分发挥战斗堡垒作用。农民群众是建设社会主义新农村的主体力量和直接受益者,对新农村建设有着强烈的参与热情,对富裕、健康、文明的生活方式有着强烈向往。我们必须把调动农民群众的积极性、创造性作为建设社会主义新农村的根本力量源泉。

建设社会主义新农村,必须大力推进现代农业建设。现代农业基本特征是生产条件先进,包括先进的科学技术、发达的基础设施、高效的组织和完善的服务体系。对地处中部的长沙农业,必须坚持走科技兴农的路子,加快科技进步,加强设施建设,调整生产结构,转变增长方式,提高农业综合生产能力。

建设社会主义新农村,必须以深化改革为动力,积极推进公共管理创新。着力推进经济管理体制改革创新。在稳定农村土地承包关系基础上,积极引导和规范承包权有偿转让,以推进农业规模经营；着力推进行政管理体制改革创新。加快乡镇机构改革，以提高乡、村两级为农民提供公共服务的能力水平；着力推进社会管理体制的改革创新。积极稳定地推进农村、户籍、劳动就业、公共财政等制度改革创新，完善社会管理，促进社会和谐稳定。

提高农民整体素质，树立社会主义新农村的文明之风。加大农村公共教育投入，以确保农村后备劳动力素质的提高；加强对农民的政策教育培训，以提高农民贯彻落实党的方针政策的自觉性；加强对农民的技能教育培训，以提高农民就业和致富本领；加强对农民的法纪教育培训，以提高农民遵纪守法意识。把文明村镇创建作为我市文明城市创建的重要内容和基础性工作。加强村镇文体设施和文化教育阵地建设，以先进文化占领农村文化阵地；加大普及文明生活、科学婚育、卫生保障等知识的力度，以提高农民科学文化素质。广泛开展"八荣八耻"道德教育，为建设社会主义新农村提供强大精神动力和思想保证。

梅克保同志在学习总结中，号召全市各级党组织和广大党员，在胡锦涛同志为总书记的党中央正确领导下，以对党和人民高度负责的精神，切实增强责任感和使命感，求真务实，开拓进取，努力创新，扎实工作，推动长沙城乡经济社会协调发展，为建设社会主义新农村作出更大贡献。

必须用科学发展观武装头脑
——中共长沙市委中心组2006年第三次集中学习综述

8月14日至15日,市委中心组进行了2006年度三季度集中学习。中心组成员在学习期间,学习了胡锦涛总书记关于科学发展观和荣辱观的重要论述,认真学习了《江泽民文选》、《科学发展观读本》等,听取了武汉大学赵林教授《当今世界政治格局的文化宗教背景》的专题讲座,听取了省委党校常务副校长徐晨光教授关于学习贯彻科学发展观的宣讲报告。大家就学习体会进行了交流。省委常委、市委书记梅克保同志进行了学习总结。通过集中学习,市委中心组成员在学习领会和贯彻落实科学发展观、实现长沙又快又好发展等方面达成了新的共识。

一、科学发展观是马克思主义中国化的最新成果

市委中心组成员一致认为,科学发展观是我党坚持以邓小平理论和"三个代表"重要思想为指导,在准确把握世界发展趋势、认真总结我国发展经验、深入分析我国发展阶段性特征的基础上提出的重大战略思想,是对经济社会发展一般规律认识的深

注:原文载2006年8月《长沙晚报》。

化，是马克思主义关于发展的世界观和方法论的集中体现。

科学发展观是马克思列宁主义、毛泽东思想、邓小平理论和"三个代表"重要思想关于发展的思想一脉相承而又与时俱进的科学理论。运用马克思主义观点、方法来思考和解决中国自身问题，是中国化马克思主义理论创新的本质。这一本质决定了这种理论创新必定是继承和发展的。中国化马克思主义理论创新，不仅在理论风格上具有中国特点，中国气派，而且在理论内容上与现有的成果具有直接的传承关系。科学发展观与马克思列宁主义、毛泽东思想、邓小平理论、"三个代表"重要思想是既有一脉相承又与时俱进的辩证统一关系。一脉相承主要体现在着力研究，解决的都是中国发展问题；与时俱进主要体现在新形势下，提出了一系列新思想、新观点、新论断，是立足国情、着眼当代、面向未来的发展思想。科学发展观极大地丰富了马克思主义的发展理论。

二、科学发展观是指导发展的新理念

通过集中学习，市委中心组成员进一步认识到，科学发展观着眼于发展，深入系统地回答了什么是发展、为什么发展、怎样发展等事关中国长远发展的一系列重大问题，形成了实现经济社会又快又好发展的新理念。

科学发展观把发展作为第一要义。发展是硬道理，是解决中国一切问题的关键。我们必须牢牢抓住重要战略机遇期，聚精会神搞建设，一心一意谋发展。科学发展观把以人为本作为核心。以人为本就是以最广大人民的根本利益为本，坚持发展为了人民、发展依靠人民、发展成果由人民共享。科学发展观把全面、协调、可持续发展作为基本要求。全面发展就是以经济建设为中心，全面推进经济建设、政治建设、文化建设、社会建设，实现经济发展和社会全面进步；协调发展就是坚持"五个统筹"，推进生产力与生产关系、经济基础与上层建筑的协调；可持续发展就是促进人与自然的和谐，坚持走生产发展、生活富裕、生态良好的文明发展道路，保证一代代的永续发展。

中心组成员一致认为，科学发展观在发展的道路、战略、模式、动力、目的等问题上提出了一系列新的战略思想和科学理论，指明了实现经济社会又快又好发展的方向，深化了我们对共产党执政规律、社会主义建设规律、人类社会发展规律的认识，进一步丰富和发展了中国特色社会主义理论。

三、以科学发展观统领长沙经济社会发展全局

胡锦涛同志指出："科学发展观是用来指导发展的，不能离开发展这个主题，离开发展这个主题就没有意义了。"要实现长沙又快又好发展、做好长沙"十一五"时期的各项工作，关键是贯彻落实好科学发展观。省委常委、市委书记梅克保同志总结了大家的学习体会并提出了新的要求。

一是要坚定不移地用科学发展观武装全市党员干部头脑。思想是行动的主导。要深入开展科学发展观的学习、教育、宣传。全市各级党委中心组必须专门布置，专题学习。领导干部要带头学习并引导广大党员干部深刻认识科学发展观的时代背景、重大意义、科学内涵、本质要求，切实把思想认识统一到科学发展观上来，不断增强贯彻落实科学观的自觉性和坚定性。

二是要坚定不移地坚持以科学发展观为指导。武装头脑要落实在行动上，学习的目的在于实践应用。用科学发展观统领长沙经济社会发展全局，把科学发展观贯穿于长沙发展的整个过程和

各个方面,在全面推进长沙经济建设、政治建设、文化建设、社会建设和党的建设中,坚持科学发展观全面系统的指导,真正用科学发展观武装头脑、指导工作、解决问题。努力把科学发展观的理念和精神转化为谋划长沙发展的正确思路,转化为促进长沙发展的政策措施,转化为我们领导长沙发展的实际能力。

三是要坚定不移地推进长沙又快又好发展。全市党员干部,特别是领导干部,要认真把握好市委已经形成的、被实践证明正确的、目前充满活力的重大决策和工作思路。求真务实、埋头苦干、力戒浮躁、保持清醒,切实把我们的各项工作做好做实。用科学发展观指导当前我们正在进行的各项工作,以科学的精神和态度抓好发展,毫不动摇地坚持改革开放,认真落实全面建设小康社会的各项任务,扎实推进新农村建设,切实抓好工业项目年活动,大力开展公民道德文化建设,以我们辛勤努力创造更优异的成绩迎接市十一次党代会的胜利召开。

提升科学发展理念　着力构建和谐长沙
——中共长沙市委中心组 2006 年第四次集中学习综述

2006年12月18日，长沙市委中心组（扩大）进行了本年度第四次集中学习，主要是学习贯彻十六届六中全会精神和省市党代会精神。省委宣传部副部长郑佳明作了"贯彻六中全会精神，构建社会主义和谐社会"的辅导报告，大家进行学习交流，形成了新的共识。

一、统一思想，提升理性思维

党的十六届六中全会通过的《中共中央关于构建社会主义和谐社会若干重大问题的决定》（下简称《规定》），明确提出了当前和今后一个时期构建社会主义和谐社会的指导思想、目标任务、工作原则和重大部署，是指导我们构建社会主义和谐社会的纲领性文件，我们要深入学习贯彻，提升理性思维，把思想和行动统一到中央的决策和部署上来。

要深刻认识一个重大的理论创新。《决定》指出："社会和谐是中国特色社会主义的本质属性。"这是我们党对社会主义本

注：原文载 2006 年 12 月 24 日《长沙晚报》。

质认识的深化和发展。我国改革开放不断向前发展，我们党自觉地引领发展趋势，精辟地提出这一重大思想理论，标志着中国共产党对社会主义与社会和谐内在关系的认识达到更加自觉、更加深刻、更加系统的新高度、新境界。深刻领会这一理论创新的科学内涵，对于我们全面把握党中央关于构建社会主义和谐社会的战略思想，自觉推进社会主义和谐社会的建设的实践，具有重大的理论意义。

要深刻认识一个重大战略判断。党中央在科学分析国内外形势的基础上作出：新世纪新阶段，我们面临的发展机遇前所未有，面临的挑战也前所未有。这一重大判断，是我们党制定到2020年构建社会主义和谐社会的目标和主要任务的重要依据。人类社会的历史表明，每一个重大战略机遇期的出现，总是伴随着大国的兴衰起伏。中国共产党领导下的中华民族伟大复兴所面临的正是前所未有的机遇和挑战。我们党要带领中国人民抓住机遇、应对挑战，坚定地把中国特色社会主义伟大事业推向前进。深刻把握"两个前所未有"的重大战略判断，对于我们始终保持政治上的清醒和坚定，坚持以经济建设为中心，把构建社会主义和谐社会摆在更加突出地位，具有重大现实意义。

二、认真学习，把握《决定》精神

《决定》提出建设社会主义和谐社会的指导思想、目标任务和原则措施，阐明了社会主义和谐社会建设中的一系列重大问题。我们必须在认真学习、深入实践中进一步把握《决定》的基本思路和全会精神实质。

进一步明确构建和谐社会的目的。我们构建社会主义和谐社会，是在中国特色社会主义道路上，中国共产党领导全体人民共同享有的社会。这不仅点明了我国和谐社会建设的领导核心和发展道路，而且昭示了根本目的，即为全体人民共同富裕和共同幸福而建设。在全会提出的一系列要求和部署中，贯穿的是人民的权益得到切实尊重和保障、家庭财产普遍增加、人民过上更加富足的生活；始终突出的是把解决人民群众最关心、最直接、最现实的利益为重点。

进一步认识构建和谐社会的主体。我们构建的社会主义和谐社会，是中国共产党领导全体人民共同建设的社会，《决定》从五个方面深刻回答了建设主体是人民的问题。靠全体人民共同建设、靠全社会共同建设、靠深化改革建设、靠科学发展建设、靠党领导建设。建设和谐社会是为了人民、建设和谐社会依靠人民、和谐社会由全体人民共享。

进一步把握构建和谐社会的内涵。《决定》针对我国当前存在影响和谐的突出矛盾和问题，从发展社会事业、促进公平正义、建设和谐文化、完善社会管理、增加社会创造活力等五个方面，提出了构建社会主义和谐社会可操作的政策和举措。坚持协调发展，是社会和谐的基础和前提，目的在于促进社会事业发展；加强制度建设，是社会和谐的政治保证，目的在于保障社会公平正义；建设和谐文化，是社会和谐的重要条件，目的在于巩固社会和谐的思想道德基础；完善社会管理，是社会和谐的必然要求，目的在于保持社会安定有序；激发社会活力，是社会和谐的动力和特征，目的在于不断增强社会创新性与生命力。

三、贯彻落实，又好又快发展

作为第十一届市委中心组的第一次集中学习，大家深切感到长沙的发展已站在新的历史起点上，新的班子要坚决贯彻落实六中全会精神，增强建设和谐社会的紧迫感、责任感、使命感，焕发建设和谐社会的积极性、主动性、创造性，带领全市人民抓住机遇、应对挑战，以扎扎实实的工作推进社会主义和谐社会的建设。

坚持以科学发展观统领经济社会发展全局。科学发展观是我们党在新世纪新阶段对经济发展一般规律认识的深化，是指导发展的世界观和方法论的集中体现。科学发展观所要求的发展，本质上是科学发展、和谐发展；科学发展观所蕴含的科学精神、原则和方法，对构建社会主义和谐社会具有根本的指导意义。

着力构建以人为本的和谐社会。全市各级党委、政府要着实提高领导构建和谐社会的能力，努力使思想观念、工作部署、作风方式更加适应构建社会主义和谐社会的要求。坚持执政为民，为城乡居民提供更多优质公共产品，千方百计扩大就业，健全完善城乡社保体系，真情关切弱势群体。坚持统筹兼顾，协调发展社会事业，特别是要着力解决关系人民群众切身利益的问题。坚持制度建设，切实保障人民群众的公民权益，不断健全完善适应社会主义和谐社会建设要求的民主制度、司法制度、公共财政制度、收入分配制度和社会保障制度。

推进长沙又好又快率先发展。"社会要和谐，首先要发展。"明年是我们迈向富民强省征程的第一年，也是建设繁荣、创新、文明、和谐长沙的第一年，长沙"又好又快，率先发展"，是坚持科学发展观的客观要求，是时代赋予的历史责任，是构建和谐长沙的现实选择。明年的发展目标应立足于新的突破。所以我们的工作必须始终突出科学发展主题，积极应对宏观调控，处理好改善投资与引导消费、发展速度与增长质量、城市建设与农村发展的关系。明年工作中突出五个重点：一是加速推进新型工业化，培育产业优势，加快自主创新，实施项目带动，实现产业融合；二是大力推进新农村建设，提高农民收入，改善基础设施，加大科技投入，发展现代农业；三是全面提升城市功能，完善公共设施，增强竞争能力，扩张辐射效应，提高城市品位；四是不断扩大对外开放，传承产业转移，提升开放层次，拓展对外窗口；五是大力发展社会事业，切实改善民生，创造优良环境，提高文明水平。

构建社会主义和谐社会是一项重大的战略任务，全市各级党委和政府，责任重大，使命光荣，让我们与全市人民团结一心、负重奋进、埋头苦干，在又好又快发展道路上迈出更加坚实步伐，为构建社会主义和谐社会作出新的伟大贡献。

认真学习讲话精神 切实加强作风建设
——中共长沙市委中心组 2007 年第一次集中学习综述

根据省委常委、市委书记陈润儿同志的提议，市委中心组专题学习了胡锦涛总书记在中纪委第七次全会上的重要讲话精神。中心组成员 4 月 7 日至 8 日两天，认真学习相关文献和书目，积极准备学习心得，于 9 日上午进行集中交流。中心组成员杨顺初、简用超、向力力、袁观清、范小新、陈泽珲作了中心发言，最后陈润儿书记结合自己学习体会作了学习小结。通过这次专题学习胡锦涛总书记重要讲话精神、全体中心组成员统一了思想，达成了共识，明确了任务，增强了责任。

一、统一思想，深入学习重要讲话精神

大家一致认为，胡锦涛总书记在中纪委第七次全会上的重要讲话，站在时代的高度，从新世纪新阶段我党面临的新形势和新任务出发，针对领导干部作风上存在的突出问题，对加强领导干部作风建设的重大意义、总体要求、主要任务和具体措施作了深刻阐述和全面部署。讲话是对马克思主义党建理论的丰富和发

注：原文载 2007 年 4 月 25 日《长沙晚报》。

展,是新形势下全面加强领导干部作风建设的纲领性文献。我们领导干部必须认真学习、深刻领会、全面贯彻。

胡锦涛总书记的重要讲话,具有鲜明的党建理论特征。一是历史继承性。中国共产党作为一个马克思主义政党,从来就是在加强思想建设和组织建设的同时,不断加强作风建设。党的十六大以后,胡锦涛率中央书记处的同志到西柏坡重温"两个务必",为全党作出了表率。其后,就作风建设提出了一整套的制度和办法,这次讲话又把领导干部作风建设提高到战略任务的高度来认识,充分体现党中央对作风建设的高度重视。二是时代创新性。面对新的历史条件下怎样推进作风建设这一重大课题,讲话蕴涵了一系列新思想、新观点、新论断,高度概括和科学总结了党建的历史经验,丰富了马克思主义党建理论宝库。三是现实针对性。胡锦涛总书记深刻剖析了当前领导干部作风存在的问题,有针对性地提出在领导干部中要大力倡导勤奋好学、学以致用,心系群众、服务人民,真抓实干、务求实效,艰苦奋斗、勤俭节约,顾全大局、令行禁止,发扬民主、团结干事,秉公用权、廉洁从政,生活正派、情趣健康八个方面的良好风气。这既是加强领导干部作风建设的基本内容,也是进一步实现领导干部作风好转的鲜明标志。

二、深化认识,高度重视领导干部作风建设

党的作风体现党的宗旨,关系党的形象,关系人心向背,关系党和国家的生死存亡,各级领导干部是党和国家的骨干力量,其作风如何,对党和人民事业发展有着极为重要的影响。在学习讨论中,大家进一步达成共识。一是从坚持科学发展观来认识。科学发展观是指导我们发展的世界观和方法论,是我们党重要的理论创新。科学发展观的落实必须要有科学的态度，只有坚持不懈地抓好领导干部作风建设，按照科学发展观的要求坚持实事求是，切实转变作风，才能推动经济社会又好又快发展。二是从构建社会主义和谐社会来认识。社会主义和谐社会是我们党领导人民共同建设、共同享有的和谐社会。当前我国经济体制深刻变革、社会结构深刻变动、利益格局深刻调整、行为方式深刻变化的历史条件下，我们要紧紧抓住密切党同人民群众的血肉联系这个根本，把解决民生问题放在更加突出的位置。只要我们的领导干部真正做到为民务实、勤政清廉，就将在人民群众中形成共同构建和谐社会的强大力量。三是从提高党的执政能力、保持和发展党的先进性来认识。广大党员干部尤其是领导干部的作风状况，是衡量一个政党是否具有较高的执政能力、是否具有坚实的执政基础、能否始终保持先进性的重要标志。执政党的领导干部作风优劣，必然影响执政形象、执政水平、执政效能，必然影响人民群众信赖度和执政基础稳固度。因此，必须以优良的作风把全心全意为人民的宗旨始终贯彻在整个执政过程中，努力践行党的先进性。四是从推进新形势下的反腐倡廉工作来认识。从近年来查处的领导干部腐败案件来观察，可以看出腐败分子堕落的变化轨迹，不少人都是从生活小节、个人作风开始滑落的。"小节不慎，大节难保""千里之堤，溃于蚁穴"，领导干部一旦在作风上放松要求，就会降低甚至丧失拒腐防变能力，就会解除反腐倡廉的思想武装。

三、把握规律，切实加强领导干部作风建设

加强领导干部作风建设的思想，是胡锦涛总书记在党的执政环境、党担负的历史任务、党员干部队伍发生深刻变化的历

史条件下提出来的，体现了我们党对作风建设规律新的理性思维。大家对长沙领导干部队伍和作风建设现状进行了分析，一致认同陈润儿书记提出基本思路，即必须从四个方面来把握加强长沙领导干部队伍作风建设的规律：一是要加强教育，夯实思想道德基础。主要是在思想上要解决好世界观、人生观、价值观的问题，在实际当中要解决好"当官图什么、用权干什么、发展求什么"的问题。二是要健全制度，形成有效约束机制。作风建设要强调自律和他律的统一。制度是更带有根本性、全局性、稳定性和长期性的外部约束。要进一步建立健全结构合理、配置科学、程序严密、制约有效的权力运行机制，要真正做到公开、公平、公正。三是要严格监督，切实纠正不正之风。失去监督的权力必然走向腐败，失去监督的领导干部容易滋生腐败。"小不纠，大必丢。"一定要注重，抓苗头性、倾向性的问题，注重事前监督与防范，及时发现和坚决纠正领导干部作风方面的问题。四是要正确导向，把好选人用人关。用什么人，不用什么人，对领导干部作风建设具有重要导向作用。用什么人就是树什么形象，选什么干部就是树什么标杆。因此，必须用好的作风选用作风好的人，选用作风好的人带好作风。在干部作风建设中就是要依靠并发挥积极因素、正确力量战胜、抵制消极因素和错误力量。

四、突出重点，着力推进领导干部作风建设

为了确保中央关于加强领导干部作风建设的工作部署落到实处，陈润儿书记特别强调：必须突出工作重点，找准推进领导干部作风建设的着力点。一是在思想作风建设上，坚持实事求是、与时俱进、谦虚谨慎、戒骄戒躁。重点是增强领导干部贯彻科学

发展观、构建和谐社会等重大战略决策和战略部署的自觉性和坚定性，保证各级领导干部始终与胡锦涛同志为总书记的党中央保持高度一致，切实把中央的各项要求落到实处。二是在学风建设上，坚持勤奋好学、学以致用，增强党性、提升本领。重点是教育和引导领导干部用马克思主义中国化最新成果武装头脑，提高理论素养，不断加强我们工作中的理论自觉和理论指导。坚持理论联系实际，把学习的成果转化为改造主观世界的自觉行动和改造客观世界的实际本领。三是在工作作风建设上，坚持群众路线、勤政为民，心系群众、服务人民。重点是增强领导干部忧患意识、公仆意识和节俭意识，着力解决群众反映强烈的严重侵害群众利益和公共利益的问题，努力营造和谐的党群干群关系。四是在领导作风建设上，坚持发扬民主、秉公用权，真抓实干、务求实效。重点是引导和督促领导干部发扬民主、团结干事，深入实际、了解实情，多办实事、求得实效，使各级领导干部真正把心思用在干事上、把情感贴在民心上、把作风拧在求实上、把成绩贴在党旗上。五是在生活作风建设上，坚持艰苦奋斗、勤俭节约，生活正派、情趣健康。重点是促使领导干部讲操守、重品行，知廉耻、重信义，真正做到台上和台下一个样，工作时间和业余时间一个样，有监督和没监督一个样。

大家表示，要在着力推进领导干部作风建设中，努力解决领导干部自身在作风方面存在的突出问题，弘扬新风正气，抵制歪风邪气，使各级领导干部始终保持振奋的精神和良好的作风，带领广大党员和人民群众去工作、去奋斗。

五、注重实效，不断改进领导干部作风建设

陈润儿书记指出，领导干部作风建设作为一项战略任务既是长期的艰巨的，又是紧迫的现实的。因此必须树立长期作战的思想，扎扎实实，坚持不懈地改进领导干部作风建设。一是要坚持标本兼治，重在解决问题。必须从人民群众反映最突出的问题开始改起，坚决克服、大力纠正领导干部中存在的"骄、奢、软、浮"等不良风气；必须从群众要求最迫切的问题抓起，切实提高行政效能，不断优化发展环境；必须从群众利益最直接相关的问题做起，突出解决好完善住房制度、健全医疗保险、推行教育助学和扩大社会就业等问题，真正实现好、发展好、维护好最广大人民群众的根本利益。二是坚持上下联动，重在领导垂范。各级党员领导干部都要积极行动起来，特别是市级领导和区县领导干部，必须从自身做起，自觉接受监督，认真查找思想上的不足和作风上的差距。每一个领导干部都要以胡锦涛总书记提出的八个方面良好风气为标杆，形成一个好的生活圈子，培育一个好的生活情趣，养成一个好的生活方式，努力做到自重、自省、自警、自励，自觉做树立良好风气的模范。三是坚持点面结合，重在机关带头。各级党委要加强领导，以点带面，党政机关和各部门单位要带头，健全机制，明确职责，坚决克服和反对机关"衙门"作风，不搞形式主义，反对官僚主义，树立全心全意为人民服务的良好形象，展示"急群众之所急，为人民办实事"的良好风尚。

全体中心组成员通过深入学习，把思想进一步统一到了胡锦涛总书记重要讲话精神上来，大家表示，要切实增加紧迫感和使命感，积极投身到加强领导干部作风建设中去。长沙改革开放进入了关键时期，长沙经济社会发展进入了持续快速的全新阶段。中部崛起的浪潮一浪高过一浪，我们面临前所未有的发展机遇；

全国各大城市千帆竞发，百舸争流，我们面临前所未有的竞争挑战。我们必须清醒地认识到，长沙要实现又好又快的率先发展，加强领导干部作风建设比以往任何时候都显得更为重要。全市领导干部要切实行动起来，坚持用马克思主义中国化最新成果武装头脑，坚定不移地在思想上行动上与以胡锦涛同志为总书记的党中央保持高度一致，大力倡导八个方面的良好风气，努力实现领导干部作风的进一步改变，为长沙全面建设小康社会，构建社会主义和谐社会作出新的贡献。

统一思想 提升本领 科学发展
——中共长沙市委中心组2007年第二次集中学习综述

6月24日至25日,长沙市委中心组进行了2007年第二次集中理论学习。全体成员认真学习了胡锦涛总书记关于构建社会主义和谐社会的有关论述,研读了《中共中央关于构建社会主义和谐社会若干重大问题的决定》和省委宣传部组织编写的《和谐社会理论干部读本》等有关书籍,听取了湖南大学屈茂辉教授关于学习物权法基本精神的辅导报告。中心组成员谢树林、孔光明、曹亚、姚五零等作了中心发言,大家对于落实中央精神,推进和谐长沙建设展开了热烈讨论。省委常委、市委书记陈润儿同志对这次集中学习进行了总结。通过学习,中心组成员进一步认识到,我们党把构建社会主义和谐社会作为一个战略任务的提出,是我国政治生活中的一件大事,实现了中国特色社会主义事业整体布局与奋斗目标的有机统一。作为马克思主义中国化的创新成果,不仅升华了中国特色社会主义的本质属性,而且破解了许多实践难题,具有鲜明的实践性、指导性、战略性。面对构建和谐

注:原文载2007年6月28日《长沙晚报》。

长沙的战略任务，大家深感时代赋予的使命崇高而又重大。如何担当新的历史重任，推进和谐长沙建设，中心组全体成员在思想上、理论上达成了新的共识。

一、统一新认识：科学发展，社会和谐

构建社会主义和谐社会，是坚持科学发展观，全面建设小康社会的必然要求。科学发展观是党中央从新世纪新阶段党和国家事业发展的全局出发提出的重大战略思想和指导方针，它不仅为构建社会主义和谐社会提供思想指南和方法指导，而且强调以科学发展构建和巩固社会和谐。科学发展观第一要义是发展，核心是以人为本，基本要求是全面协调可持续，根本方法是统筹兼顾。和谐社会是科学发展观的题中应有之义，和谐发展就是落实科学发展观的实践要求。构建社会主义和谐社会是党中央从全面建设小康社会出发提出的重要目标和重大战略任务，这就要求经济更加发展、民主更加健全、科技更加进步、文化更加繁荣、社会更加和谐、人民生活更加殷实。社会和谐是小康社会的基础要求和前提条件。

构建和谐长沙，是把握战略机遇期，率先又好又快发展的时代要求。我国正处于社会主义初级阶段，人民日益增长的物质文化需求同落后的社会生产之间的矛盾仍然是我国社会的主要矛盾。特别是改革开放进入关键时期，经济体制、社会结构、利益格局、思想观念都发生着深刻的变革、变动和变化，正处在社会的黄金发展期和矛盾凸显期，处理得当与否将直接影响经济社会发展的质量与速度。社会和谐稳定，有一个好的发展环境和氛围，才能有效动员组织全社会集中精力抓机遇、谋发展，才能充分调动全社会的积极性、创造性，不断形成和增强发展合力。当前，长沙正面临大好发展时机：促进中部崛起的国家政策、泛珠区域发展的外部联动、率先又好又快发展的重点优势等，要求我们必须不负时代使命，抓住机遇，努力营建一个和谐的社会环境，加快长沙发展。如果社会动荡就会丧失机遇，这是历史的经验。

推进和谐长沙建设，是坚持以人为本，努力造福人民的现实要求。社会主义和谐社会是以人为本和经济社会全面发展的社会。从马克思提出未来社会是"自由人的联合体"到小平同志提出的"最终达到共同富裕"，从江泽民同志提出要"促进人的全面发展"到胡锦涛总书记提出的"以人为本"，既体现了社会和谐的本质属性，又体现了人民群众根本利益的内在要求。随着经济发展和社会进步，人民群众的物质文化需求不断有了新的发展，对幸福的理解和追求也就不断有新的要求。全力构建和谐长沙，正是实现好、维护好、发展好最广大人民群众的根本利益，让最广大人民群众共同享受改革开放的成果，得到社会发展的实惠，共同走向富裕，共享和谐社会的幸福。

二、明确新要求：加快推进和谐长沙建设

构建社会主义和谐社会总体上讲要按中央的战略部署来进行。在坚持发展第一要义中构建和谐社会，在构建和谐社会中促进发展；在和谐稳定的环境中推进改革创新，在改革创新中保持和谐稳定。推进和谐长沙建设，要准确把握长沙经济社会发展特点，追求建设和谐长沙的实际成效，明确长沙和谐社会建设新的发展要求。

必须统筹兼顾，实现协调共进。构建和谐长沙需要解决的问题很多，必须从长沙的实际出发，统筹兼顾，突出重点，分步实施，协调共进。构建和谐长沙，既涉及经济、政治、文化、社会和生态环境建设等方方面面，又分近期目标和长期规划；既是重大现实任务，也是长期的历史过程。推进长沙社会主义新农村建设，要以发展农村经济为中心，着力提高农业综合生产能力，促进农业增效和农民增收。长沙城乡协调发展的一个重要方向是要努力实现长沙城乡公共产品的均等化，在社会公共财政、政府公共服务、社会公益事业上要加大对农村特别是边远农村的政策关注，着力解决城乡之间公共产品、公共服务和公益事业不均衡的问题。总之，我们要坚定信心、积极推进，立足当前，着眼长远，量力而行，软硬结合，虚实结合、点面结合，实现协调共进。

必须切实加快社会事业全面发展。在社会转型过程中，社会结构变革、利益调整变动，因为社会发展落后，又出现了一些新矛盾，形成"腿长腿短"的不协调现象，反映在公共产品稀缺、公共服务水平不高、公共能力不强的问题上。这与我们人民群众日益增长的物质文化需求很不适应，因此，加快科、教、文、卫、体等各项社会事业全面发展，是构建和谐长沙的重要组成部分。教育事业上，要重视国民素质终身教育、实现教育资源优化、加大教育投入；卫生事业上，健全疾病防控体系、公共卫生保障体系、完善医疗服务体系；文化事业上，突出公共文化服务，优化公共文化产品、保障国民文化权益。特别是人民群众关注的社会保险要逐步扩大范围、社会救助体系要进一步健全、社会福利事业要适应社会发展需求。和谐社会就是要切实改善民生、积极发展民权，解决好人们最突出、最迫切的实际问题。

必须增强人民幸福感，不断激发社会创新活力。构建和谐长沙，率先全省又好又快发展，最根本的目的就是不断改善和提高人民群众的生活，要千方百计增强人民群众安居乐业的幸福感。全市各级党委、政府要把扩大就业作为构建和谐社会的重要目标，实施积极的就业政策、完善就业服务体系、建立就业援助制度、加强就业技能培训。要坚持基本公共服务均等化原则，加大公共服务投入，着力解决直接影响人民群众衣、食、住、行的切身利益问题。要健全人民群众权益保护机制，依法维护人民群众的知情权、参与权、表达权和监督权，通过制度建设保障人民群众的各种合法权益不受侵害。着力构建使人民群众安康、祥和、愉悦的生活环境和生态环境。在推进和谐长沙构建中，特别要加强促进社会公平正义的制度设计和建设，保障人民群众在政治、经济、文化、社会等方面的权益，依法逐步建立以权利、机会、规则和分配公平为主要内容的社会公平保障体系。坚持"四个尊重"的方针，保证社会的开放性和竞争活力，发挥人民群众的首创精神，不断增强全社会的创造活力。

三、提升新本领：增强构建社会主义和谐社会的领导能力

把全市人民团结起来，把各方面力量凝聚起来，为共同推进和谐长沙建设而努力奋斗。这对领导干部执政能力和保持党的先进性提出了更高的要求。省委常委、市委书记陈润儿同志要求全市各级领导班子和领导干部必须增强使命感和责任感，加强学习，统一认识，不断提升领导推进和谐长沙建设的本领，加强和改善对构建和谐长沙各项工作的领导。

一是要提升领导发展的能力。 构建社会主义和谐社会，归根到底要抓住发展这个第一要务；解决我市经济社会发展面临的一些矛盾和问题，归根到底还是靠发展。只有坚持发展，才能为构建和谐社会奠定雄厚的物质基础,才能使人民得到更多实惠。全市各级领导干部要坚持发展是硬道理的战略思想,坚持以科学发展观统领经济社会发展,促进我市经济社会发展不断迈上新台阶。我们只有实现又好又快的发展,才能更好地促进经济社会协调发展,才能不断满足人民群众各方面的要求。

二是要提升推进创新能力。党中央把创新社会管理体制、整合社会管理资源作为促进社会主义和谐社会建设的重要举措,体现了我们党勇于创新、与时俱进的历史自觉。当前我们要高度重视:创新总揽全局的党委领导体制,即创新领导理念、职能和方式,特别是要完善民主制度,加强民主监督。要创新政府负责的社会管理体制,即明确政府职能,建设服务型政府。要完善社会管理的绩效考核制度,即创新各方面配合的社会协同机制,逐步建立政府与社会机制互联、功能互补、协同互动的社会管理网络体系。要创新自觉自愿的公民参与机制,即建立公民意识养成、道德自律、法制约束等机制。

三是提高教育和引导群众的能力。我们要构建和谐社会,是在中国共产党领导下全体人民"共同建设、共同享有"的和谐社会。全市人民是和谐长沙建设的主体,我们要在依靠和相信人民群众的基础上坚持教育和引导人民群众。要大力营造构建和谐社会的舆论环境;要努力培育和谐文化意识的人文氛围;要广泛深入地开展市民思想道德和理论教育;要充分发挥领导干部在构建和谐长沙的率先垂范作用。通过持续的宣传教育来引导广大市民正确认识社会发展进程中的矛盾和问题,正确看待公平效率和利益分配问题,使广大市民能正确处理人与社会、人与自然、人的自我和谐的问题。

四是提高社会管理能力。有效的社会管理是对整个社会及其运动变化，进行自觉的、规范的运筹、调控、整合，从而促进社会良性运行和协调发展的过程。全市各级领导干部要清醒地认识到社会管理涉及社会活动、社会生活的各个方面、各个领域乃至各个环节的错综复杂关系。随着社会发展，社会生活日益丰富多样，社会管理复杂性也日益明显。如果有效的社会管理缺位，就不可能有社会和谐。现代社会管理是以政府管理与协调为主导、非政府组织为中介、基层自治以及公众广泛参与基础的互动过程。我们的各级党委、政府在新的形势下，既要规范履行好政府管理社会的职能，又要研究和把握新形势下社会管理的规律和特点，努力探索社会管理新途径、新方式，并贯彻到构建和谐长沙建设的伟大实践中去。

坚持创新理论武装 筑牢廉洁从政基础
——十六大以来中共长沙市委中心组切实开展党风廉政建设综述

党的十六大以来，长沙市委中心组坚持以邓小平理论和"三个代表"重要思想为指导，深入贯彻落实科学发展观，在理论学习和思想建设中，坚持党的创新理论武装，扎实构筑廉洁从政基础，积极贯彻"标本兼治、综合治理、惩防并举、注重预防"的战略方针，不断加强领导干部思想作风建设，为服务大局、促进长沙经济社会又好又快发展作出了积极的贡献。

一、坚持以马克思主义中国化最新成果武装头脑

回首五年，长沙市委中心组坚定不移地与以胡锦涛为总书记的党中央保持一致，坚定不移地以马克思主义中国化最新成果武装头脑、联系实际、指导工作，坚定不移地走中国特色反腐倡廉的道路。市委中心组全体成员充分认识和深刻体会是：马克思主义中国化最新成果，是深入开展党风廉政建设和反腐斗争的理论指南。市委中心组在学习中始终高度重视反腐倡廉思想理论的学

注：原文载2007年6月28日《长沙晚报》。

习和工作思路的梳理。中央政治局从 2003 年到 2006 年连续四年专题开会部署反腐倡廉工作，市委中心组的学习安排都是积极跟进。2004 年初，专题学习胡锦涛总书记在中纪委第三次全会上的讲话，突出加强领导干部思想道德教育和纪律教育，筑牢拒腐防变的思想路线；2005 年初，专题学习胡锦涛总书记在中纪委第五次全会上的讲话，认真把握"加强思想道德教育是反腐倡廉的基础工作，是领导干部拒腐防变的思想保证"这一重要思想内容；2007 年初，专题学习胡锦涛总书记在中纪委第七次全会上的讲话，深入贯彻"反腐工作，必须从思想道德教育这个基础抓起，不断夯实廉洁从政的思想道德基础、筑牢拒腐防变的思想道德防线"的指示精神。

市委中心组深入学习以胡锦涛为总书记的党中央提出的一系列重大战略思想，把学习、宣传、贯彻党的理论创新成果作为首要政治任务，时刻保持清醒头脑，不断提高政治理论素养，自觉增强拒腐防变能力。十六大以来，我们党在反腐倡廉思想理论建设方面取得了一系列重大成果："标本兼治、综合治理、惩防并举、注重预防。"是十六届四中全会根据新形势下党风廉政建设和反腐败斗争的需要，明确提出的反腐倡廉十六字战略方针。这是我们党从根本上揭示了反腐倡廉工作的规律，拓展了反腐倡廉工作的视野，确立了反腐倡廉工作的基本目标和基本着力点。"构建惩治和预防腐败体系。"十六届三中、四中全会都提出，"要建立健全与社会主义市场经济相适应的教育、制度、监督并重的惩治和预防腐败体系"。2005 年 1 月中央正式颁布实施《关于建立健全教育、制度、监督并重的惩治和预防腐败体系实施纲要》，市委中心组在认真组织学习、宣传、贯彻的同时，在全省率先制定中共长沙市委《关于建立健全教育、制度、监督并重的惩治和预防腐败体系的实施意见》和《长沙市惩治和预防腐败体系制度建设目录》，使长沙市反腐倡廉工作进入系统化、制度化的新阶段。"用发展的思路和改革的办法解决腐败问题。"胡锦涛总书记多次强调要用改革统揽反腐倡廉的各项工作。市委中心组成员正是在这精神指导下进一步统一了思想，在惩防体制改革和建制中，积极推进长沙干部人事、司法体制和工作、行政审批、财政税收、投资和金融体制、市场配置资源竞争体制与机制的各项制度改革，并取得了卓著成效。

二、坚持以领导干部为重点筑牢拒腐防变基础

"反腐倡廉、拒腐防变，从我做起"这是市委中心组成员在理论学习和思想作风建设方面的重大共识。五年来，市委中心组成员在反腐倡廉、拒腐防变上，努力做到率先垂范、严格要求、身体力行。一是，全市各级党政主要领导通过不同方式，向社会公开进行廉政承诺，从自身做起，带头抵制各种不正之风，社会各界反响良好。二是，市委中心组成员自觉地严格遵守民主生活会、述职述廉、廉政谈话、个人有关事项报告等项制度，带动全市领导干部不断增强接受监督的意识。三是，在反腐倡廉学教活动的开展过程中，市委中心组在全市党委（党组）中心组的面前，充分发挥示范效用，五年来，坚持以党员领导干部为重点，保持每年一个学教活动主题。2003年开展了"艰苦奋斗、廉洁从政"主题教育活动；2004年开展了《中国共产党纪律处分条例》、《中国共产党党内监督条例（试行）》等党纪法规集中学习教育活动；2005年全市各级党委（党组）中心组把反腐倡廉教育纳入保持共产党员先进性教育活动，着力解决党员干部在思想、工作、作风等方面存在的突出问题,并广泛开展了《建立健全教育、制度、监督并重的惩治和预防腐败体系实施纲要》的学教活动;2006年分别围绕学习贯彻党章和新时期领导干部作风建设不断深化反腐倡廉教育。今年以来,在全市领导干部中又开展"勤政廉洁、富民强省"主题教育活动,在市委领导下,组织和发动全市各级领导紧紧围绕群众最关心、最直接、最现实的利益问题,深入开展调查研究,切实为发展、为群众解决实际问题。

积极开展廉政文化建设,努力营造廉荣贪耻的社会氛围是市委中心组学习的一个显著特点。中心组成员踊跃参加在全国组织的党纪政纪条规知识测试,积极撰写论文参加在全市领导干部中开展的树正确世界观、人生观、价值观,增党组织创造力、凝聚力、战斗力的大讨论,带领全市领导干部观看《郑培民》、《任长霞》、《生死牛玉儒》等廉政教育片,集体参观了长沙市反腐倡廉五年成果展览等。在市委领导下,全市领导干部"双提醒"活动开展起来了!"十佳廉政勤政领导干部"、"十佳反腐败忠诚卫士"和"艰苦奋斗、勤廉为民"优秀领导干部涌现出来了!省反腐倡廉警示教育基地在长沙监狱建立起来了!全国反腐倡廉的论坛也在长沙举办了!

三、坚持反腐倡廉建设,大兴为民、务实、清廉作风

胡锦涛总书记提出"反腐倡廉建设"这一新概念是对党风廉政建设和反腐斗争事业的新定位。这表明党中央和总书记对反腐倡廉工作规律性认识和把握达到了新的高度。市委中心组在学习贯彻落实"6·25"重要讲话的集中学习讨论中,一致认为,从"反腐倡廉工作"到"反腐倡廉建设",标志着我们党将把反腐倡廉工作作为一项经常化的建设性工作深入持久地不断推进。"反

腐倡廉建设"的提法更具有科学性、全面性、长远性和稳定性，更加符合新时期党风廉政建设和反腐败斗争长期性、艰巨性、复杂性和极端重要性的特点，更加明确地界定了反腐倡廉建设与经济建设、政治建设、文化建设、社会建设、党的建设之间的辩证关系。为反腐倡廉工作制度化、常规化奠定了理论基础，为进一步理顺反腐倡廉工作思路，探索反腐倡廉工作方式、方法和措施指明了方向。

"把反腐倡廉建设放在更加突出位置。"这是以胡锦涛为总书记的党中央对全党提出的新的更高要求。市委中心组成员在学习讨论中进一步达成了新共识。一是要坚决维护党的纪律，促进领导干部廉洁从政。加强教育，严明纪律，坚定不移地坚持党的基本路线和正确的政治方向，与党中央保持高度一致，模范遵纪守法。二是加强对权力的制约和监督，努力使领导干部不犯或少犯错误。加强民主监督，实现关口前移，重点是主要领导干部以及对人财物的管理使用。三是坚持改革创新，加强制度建设。改革是从源头上防治腐败的重要动力，必须坚定不移地推进改革开放。四是坚持从严治党，保持查办案件工作的力度。坚决惩治腐败，保持惩治腐败的高压态势。

新一届市委班子上任以来，市委中心组突出加强了领导干部作风建设的理论学习，着重点是密切党同人民群众血肉联系的理论学习和思想教育。市委主要领导亲自从"改进机关作风，提高行政效能"入手，强化对各机关单位，特别是党的"一把手"的绩效考核。全面加强领导干部作风建设，坚决纠正损害群众利益的不正之风，认真解决领导干部作风和机关单位工作作风方面的突出问题，大树胡锦涛总书记倡导八个方面的良好风气，促使全市各级领导干部知民意、察民情、解民忧、谋民利、求民富，大兴为民、务实、清廉之风。

当前，长沙市委中心组正满情豪情地坚持马克思主义中国化最新成果为指导，紧紧围绕经济建设这个中心，维护和促进改革发展稳定的大局，为构建社会主义和谐社会，推进长沙又好又快发展提供坚实的思想理论基础和思想政治保证。把反腐倡廉建设落实到构建社会主义和谐社会和实现长沙又好又快发展的各项政策措施中去，贯穿于长沙的经济建设、政治建设、文化建设、社会建设和党的建设的全过程。

高扬解放思想大旗
——中共长沙市委中心组2008年第一次集中学习综述

在全市解放思想大讨论蓬勃兴起之际，在各项工作十分繁忙的情况下，市委专门安排了市委中心组2008年第一次集中学习时间，认真学习了党的十七大有关文献，并集中全体成员用两个整天的时间，结合实际，深入思考，积极探索，畅所欲言，迸发出许多思想火花。成员们对我国方兴未艾的新一轮思想解放浪潮畅谈了各自的认识，对我市解放思想、改革开放的形势作了深刻剖析，围绕通过解放思想来推进长沙经济社会又好又快、率先发展提出了许多新思想、新思维、新观念、新举措。通过这次集中务虚，市委中心组全体成员进一步解放了思想、统一了认识、振奋了精神、坚定了信心、明确了方向。省委常委、市委书记陈润儿同志对这次学习进行了全面总结，并要求全市广大党员干部高扬解放思想大旗，坚持改革开放，推进科学发展，致力创业富民。

注：原文载2008年4月20日《长沙晚报》。

一、高扬解放思想大旗,坚持发展中国特色社会主义

胡锦涛总书记在党的十七大报告中指出:"解放思想是发展中国特色社会主义的一大法宝。"这是中国共产党 30 年来领导亿万中国人民建设和发展中国特色社会主义的宝贵经验。在中国共产党领导下的改革开放使国力强盛、社会进步、人民幸福。改革开放成功实践表明,解放思想是坚持和发展中国特色社会主义的基本条件,是事关党和国家前途命运的重大政治问题。如果说 30 年前开创中国特色社会主义道路必须解放思想,那么今天面对我国经济社会的新变化、世界形势的新格局,如何发展中国特色社会主义,更需要解放思想。对此,我们必须在思想理论上保持清醒的认识和高度的警醒。

解放思想,是党的思想路线的本质要求。中国共产党及所进行的伟大事业从来就是与解放思想密不可分的。以解放思想为基本标志的"五四"运动,为中国共产党的成立进行了思想理论和组织建设的准备。从 1919 年开始,经历了延安整风等,风雨兼程了 30 年的解放思想为赢得新中国成立,构筑了坚实的思想基础和精神支柱。从 1978 年开始,冲破了"两个凡是",经历了姓"资"、"社"等,跨越了又一个 30 年的解放思想,一个伟大的社会主义中国屹立于世界大国之林,几代中国人兴国富民的梦想正成为现实。近 30 年来,解放思想孕育了中国特色社会主义,改革开放创造着中国特色社会主义。正是基于此,胡锦涛总书记鲜明地指出,发展中国特色社会主义必须坚定不移地坚持解放思想。并明确指出:"解放思想,是党的思想路线的本质要求。"马克思主义从来就认为事物是不断发展变化的,实践是不断发展前进的。这就要求我们坚持党的思想路线,不断解放思想。解放思想这一党的思想路线的本质揭示,是

我们对"实事求是"的思想路线认识的深化，在实践上指导我们应对各种新情况、新问题，不断开创中国特色社会主义事业新局面。

解放思想，是当今时代发展的必然要求。当今世界正发生广泛而深刻的变化。中国同世界的关系发生了历史性变化，中国的前途命运日益密切地同世界的前途命运联系在一起。当代是一个进入全新的全球化、信息化时代。一个国家、一个民族的兴旺发达必须具有宽阔的世界眼光，全球的战略思维。世界各种思想文化相互激荡，国际资本、技术和信息超越国界全球流动，各国综合国力竞争日趋激烈。我们既要在认识论方法论上自觉运用马克思主义最新成果，以宽阔的世界眼光观察、审视世界发展变化，把握发展走势，又要在实际工作中，以全球的战略思维来思考，分析全球的经济发展的动向，把握经济发展变化规律，从而清醒认识我们自身发展。我们从思想理念到思维方式已经不能受缚于常规的、传统的、落后的模式。必须坚持解放思想，不断从旧思想桎梏中解放出来。过去30年乃至100年内外，中国变革的步伐总是落在西方的后面，我们总是处在艰辛的赶超之中，当今这一导致人类生活发生根本变革的技术革命浪潮里，我们的发展几乎是与世界同步，甚至有些技术和起点还领先于世界。伴随着信息化时代步伐，中国开始真正走向世界。在人类创造共同的现代文明中，我们的思想和理论方面必须把握借鉴与创新的原则，这是我们今天思想解放的时代前提。我们解放思想的时代意义，就是在实践中科学运用人类文明共同思想结晶，并创造性走出一条我们自己经济社会发展的道路。

解放思想，是在新的历史起点上深入推进改革开放伟大事业的迫切要求。思想解放历来是社会变革和社会创新的先导。30年来中国改革开放的历程，就是运用解放思想这一大法宝予以强力推进的过程。中国特色社会主义事业蓬勃发展到今天,都是得益于思想大解放。中国改革开放能取得令世人瞩目的成就,关键在于解放思想。实践证明,思想解放的程度决定改革开放理论深度、改革开放领域广度和改革开放推进力度。社会实践无止境、改革开放无止境,解放思想不可能一劳永逸。当前,中国特色社会主义发展又到了一个新的历史起点上,中国改革开放面临新形势、新任务、新问题。全国一些地方正涌动新的解放思想浪潮,而今天长沙的发展仍存有诸多思想理念束缚和体制机制障碍,仍存在与我们事业发展不相应的思想意识、思想观念、思想文化和思想理论。思想是否解放,事关我们的事业成败,决定我们的前途命运。中国新一轮的发展正风起云涌,而新的思想解放正是推进进一步改革开放的基本前提。开创中国特色社会主义事业新局面,就必须通过新的思想解放动员广大人民群众团结奋斗,就必须通过新的思想解放统一我们的认识,武装头脑。广大人民群众也迫切希望新的思想解放能够给予他们释疑解惑、振奋精神。今日的长沙,只有高扬解放思想的大旗、激扬敢为人先的锐气、弘扬改革创新的精神,才能在新的历史起点上开创改革开放新局面,为发展中国特色社会主义作出贡献。

二、高扬解放思想大旗,坚持深入贯彻科学发展观

解放思想,基本含义就是要自觉地把思想认识从那些不合时宜的观念、做法和体制的束缚中解放出来。长沙开展解放思想大讨论,根本目的就是要切实解决影响科学发展的思想观点、精神状态和突出问题,坚持科学发展观,推进长沙经济社会全面转入科学发展的快车道。

解放思想是一场新的思想大变革。首先,从内涵上讲解放思想最关键的是思想理念的变革。我国实行的是渐进式改革,原来一些旧的理念并没有完全革除,改革开放30年来,新形成某些经验做法和思想观念,随着形势变化,有的也可能成为影响改革创新,尤其是影响贯彻落实科学发展观的思想障碍。这都必须彻底摒弃。其次,从方式上讲涉及思维方式的根本性转变。改革开放以来,我们在解放思想上迈出了很大的步伐。但大多是在一个个观点的层面上讲解放,从总体上还没有达到自觉转变思维方式高度。所以常常在改革发展的具体操作上不是陷入政治意识形态的激烈争辩,就是纠缠经济利益矛盾的针锋相对,这都阻碍着我们科学发展。再次,从认识论上讲涉及知行合一的深层次思辩。上世纪80年代的思想解放,主要解决的还是思想认识问题。当时冲破禁区,主要体现在观念的解放,思想解放的特征是重大的思想观念变革。今天的解放思想是要解决从认识到实践,再从实践到认识的问题。在"知"与"行"上我们不仅要解决"知"的问题,更重要的是要解决"行"的问题。我们不仅要在思想观念和思想理论上进行艰辛探索,而且要在改革开放的实践中努力探寻,勇于创新。

解放思想是新的思想观念确立。科学发展观作为我们加快推进中国特色社会主义必须长期坚持的重要指导思想,体现了科学社会主义的精神,有着丰富的思想外延,需要我们在实践中不断确定新的科学的思想观念。如在思想目标要求上确立以人为本的思想观念,在价值取向上确立公平正义的思想观念,在社会标准上确立和谐幸福的思想观念,在道德规范上确立诚信责任的思想观念,使科学发展观在社会实践中有相应的思想观念体系作为支撑和载体。在意识形态的层面,我们仍然面临思想建设的重大课题。资本主义初起时期,逐步形成了以新教伦理创新为标志的资本主义精神,在数百年的资本主义发展中起到了巨大的思想引领作用。以中国特色社会主义理论体系为发端的社会主义精神应该,也必须在新一轮的思想解放中熔铸,使社会主义精神将作为全新的人类文明思想成果而发挥强大的历史作用。在社会实践的层面,围绕落实科学发展观解放思想,主要是突破落后的发展观念和错误的发展路径依赖。特别是要破除一系列传统工业化社会的旧理论和旧观念,树立与后工业化时代相适应的一系列新观念,建立与之相匹配的新体制、新机制,使我们的发展真正进入全面协调和可持续的良性发展轨道。

解放思想是从思想解放到思想实践的相互过程。新一轮的解放思想,既要有抽象理性思维的解放,也要有具体思想实践的解放。在科学理论指导下的具体实践创新,完成了过去不可能完成的实践,就是解放思想。同样,在具体实践中创新,突破旧的思想束缚,形成新的思想实践结晶,也是解放思想。在科学发展观指导下,我们发展思维的思想实践中,必须完成从"以物为本"到"以人为本"这一发展的根本立足点的跳跃,并建立相应的政策机制来统筹城乡、区域、经济社会、人与自然和谐发展。在发展战略理论上,必须确立适应经济全球化新趋势的发展新思维,创立与之相应的新战略、新体制,不能滞留在所谓比较优势理论上,习惯于单纯地发展所谓劳动密集型、资源损耗型产业,主动树立统筹兼顾,创新转型的战略思维。在破解科学发展难题上,积极探索和自觉践行新的发展路径。摒弃将现代化等同于工业化,工业化等同于工业园,工业园等同于上工业项目的错误思维定式。大力推进综合创新开发、新型服务产业、现代知识经济等新兴产业的发展。

三、高扬解放思想大旗,坚持改革开放,实现长沙又好又快率先发展

2007 年,我国九个省区进入万亿元行列,13 个地级以上城市以三千亿元的实力组成了中国经济第一方阵。2008年各地竞相发展态势,形成了我国新的发展浪潮。长沙怎么办？不能满足于纵向的自我比较,不可自喜于省内的位次排名。在改革开放30周年的战略节点上,市委决策层审时度势,不失时机地提出在全市开展解放思想大讨论。在热土长沙高扬解放思想大旗,以放眼全球的开放胸襟,以百舸争流的豪迈气魄,以坚持科学发展的改革锐气,以情系民生的人文情怀,加快推进长沙又好又快,率先发展。

认清形势,抢抓机遇,把握未来走向。回顾改革开放30年来,长沙人民励精图治,坚持改革,在经济社会、城市建设、人民生活等方面取得了巨大发展成就。特别是二十世纪九十年代以来,长沙打开思想城门,在走出封闭、自我的过程中,冲破观念的牢笼,以解放思想促改革开放,在改革开放中进一步解放思想,促进了长沙一次次大步向前发展。但是,我们必须清醒地看到一个不争的事实：在九十年代几乎与我们同时起步开始发展的江浙长三角地区遥遥领先于我们! 发展的差距在于改革开放的差距,改革开放的差距在于思想解放的差距。当今,中国的发展又到了一个新的历史起点。各地新一轮竞相发展格局正在形成, 长沙周边发展压力已成紧迫之势：南边,一直是中国改革开放先锋的广东,新的解放思想呼声震天；东向,江浙长三角地区经济转型、产业升级以全新姿态投身经济全球化的势头强健；西侧,重庆成都作为全国统筹城乡综合配套改革试验区,正加紧各领域的体制改革,全力推进城乡统筹发展；北邻,是与长株潭城市群同为国家批准推进资源节约型、环境友好型社会综合配套改革试验区的大武汉! 长沙在诸强手如林面前何去何从？要么就在新一轮区域经济发展竞争中被边缘化,要么就借用当年邓小平的一句名言："杀开一条血路"——坚持解放思想,抢抓战略机遇,加快改革开放,现实科学发展。国家批准长株潭城市群为"两型社会"综合配套改革试验区是长沙千载难逢的宝贵机遇。抗战以来,长沙从来没有把自己的命运与国家战略紧紧联系在一起。今天,党中央、国务院从全局战略层面部署长沙的建设与发展,关键是长沙怎么办?全体长沙人民乃至湖南人民都要深刻领悟在新一轮发展浪潮中,改革开放大背景下的国家战略意图,把握好长沙未来发展走向。

科学发展,创业富民,探出一条新路。市委在改革开放30周年之际,全面学习贯彻落实十七大精神开局之初,长株潭"两型社会"综合配套改革起步之年,以全球视野下理性审视长沙改革开放发展,以深层次的战略思维考量长沙未来发展宏图,提出了"科学发展,创业富民"重大战略抉择,并以此为主题在全市开展解放思想大讨论。这一主题把握了未来发展的走向,彰显了当今时代的特征,反映了社情民意的期待,体现了科学发展的精神,可谓是抓住了长沙改革开放、发展进步的命脉。作为我国中部内陆区域的省会城市,以"科学发展,创业富民"作为基本目标、发展路径和价值取向,决定了从现在起的今后一个时期内,必须清除一切阻碍科学发展的思想观念,革除一切影响科学发展的体制弊端,破除一切束缚科学发展的习惯做法,广聚国内外各种生产要素资源,激发社会各阶层的创业活力。在经济全球化国际产业转移大潮中,中部地区成为了沿海地区,乃至国际产业转移主要承接地之一,长沙作为内陆农业区域省会城市,经济实现了跨越式发展,开始从农业社会进入工业及后工业化阶段,但长期的粗放式发展,滞留于低端产业环节,除了形成不良产业格局、窒息自创能力、固化低端阶段外,更将造成严重的资源浪费和环境污染。发展中的区域,既要实施经济赶超，又要避免重蹈西方工业发展初始阶段诸多的弊端，创建"两型社会"是一道无先例可循的世界性难题。长沙要走前人没有走过的路，创全新的发展模式，只有大胆解放思想，坚持科学发展，勇于改革开放，在建设"两型社会"综合配套改革试验中，创造中国探路的奇迹。

联系实际，改革创新，又好又快发展。解放思想大讨论必须联系实际。思想解放成果必须表现在具体的改革创新举措上。解放思想的实效主要的应该突出在观念创新和制度创新两个层面。观念创新就是通过解放思想大讨论碰撞出的思想火花，结出灿烂果实。这也是对湖湘文化长沙精神的再一次培育，使创新创业精神成为长沙精神的重要文化思想基因。联系目前长沙实际，当务之急的观念创新有四个方面。要摒弃片面的"以物为本"，创立"以人为本"的观念；要破除落后的地域观念，拓展宽阔的世界眼光；要突破封闭的保守观念，树立全新的开放精神；要扫除狭隘的利益观念，树立心怀天下的全局意识。在制度创新层面，突出重点的有四个方面：一是创新产业发展制度。充分发挥长株潭中心城市群功能和区域优势，重点发展和引导中高端产业、改造低端产业、扶持高新技术和节能、环保产业。二是创新地方金融制度，包括创新金融产品、金融服务、金融方式。三是创新土地管理制度，提升土地价值，试营新机制，确保生态平衡和环境友好。四是创新社会管理制度，包括人才资源管理制度、人口户籍管理制度、社会保障制度、公共服务制度、现代企业制度、创业风险制度，特别是与科学发展相适应的利益机制，保护改善民生的分配机制和"两型社会"创建奖惩机制。我们相信随着解放思想大讨论的广泛深入，必将涌现出更多的思想成果，为"两型社会"建设提供更为坚强的精神支撑。

把握新形势 开创新局面 夺取新胜利
——中共长沙市委中心组学习十七届三中全会精神综述

11月8日至11日,市委中心组集中学习了十七届三中全会精神。中心组成员认真学习了《中共中央关于推进农村改革发展若干重大问题的决定》等重要文献,听取了国家食品监管局食品安全协调司张晋京副司长和湖南省社科院农村发展研究中心陈文胜主任的专题讲座。有关部、委、局党政一把手列席参加了学习。省委常委、市委书记陈润儿就认识全会重大意义,贯彻落实《决定》精神,结合长沙工作实际,推进农村改革发展和建设食品安全城市发表了重要讲话。大家在认真自学和深入调研的基础上,围绕学习贯彻落实十七届三中全会精神展开了热烈的讨论和交流,达成了重要共识。

一、对十七届三中全会重大意义和历史地位要有充分认识

中心组成员在学习讨论中一致认为,党的十七届三中全会的胜利召开,对于全面贯彻党的十七大精神、深入贯彻落实科学发展观、夺取全面建设小康社会新胜利、开创中国特色社会主义事

注:原文载2008年12月4日《长沙晚报》。

业新局面具有重大而深远的意义。

1. 深远的历史意义。全会是在国际形势继续发生深刻变化、我国改革开放进入关键阶段召开的一次重要会议。30年前，我们党做出改革开放的历史性决策，充分尊重农民首创精神，率先在农村发起改革，进而以磅礴之势推向全国，领导人民谱写了中华民族改革开放的壮丽史诗。全会在改革开放30周年之际，系统回顾总结了我国农村改革发展的光辉历程和宝贵经验，深入分析了我国农村改革发展面临的新形势，集中全党智慧、凝聚全党共识，明确提出了新形势下推进农村改革发展的指导思想、目标任务、重大原则，适应农村改革发展的新走向，顺应各族人民特别是亿万农民过上美好生活的新期待，在认识上有新突破、在理论上有新发展、在政策上有新举措。这次会议将在中国改革发展史上留下光辉一页，

2. 重大的创新意义。《决定》通篇体现了与时俱进、改革创新的精神。农村改革发展的创新基础是建立在对我国"三农"问题深入调研上的客观分析，即农业基础最需要加强、农村发展最需要扶持、农民增收最需要加快。将我国"三农"问题提到了一个新的认识高度，即没有农业现代化就没有国家的现代化，没有农村的繁荣稳定就没有全国的繁荣稳定，没有农民的全面小康就没有全国人民的全面小康。在此思想认识上，创新性地提出"把建设社会主义新农村作为战略任务，把走中国特色社会主义现代化道路作为基本方向，把加快形成城乡经济社会发展一体化新格局作为根本要求"。

3. 重大现实意义。全会在科学分析当前我国农村经济社会的深刻变化和当代世界形势发展趋势的基础上，明确提出在加快

农村制度建设、积极发展现代农业、加快发展农村公共事业三个方面的重要任务。全体中心组成员一致认为《决定》适时地推出了农村改革发展的重大战略思想，科学地规划了农村未来发展的美好蓝图，明确地提出了一系列科学发展的战略部署和政策措施，具有很强的战略性、指导性、针对性和可操作性。《决定》是当前和今后一个时期推动农村改革发展的行动纲领，对于我们更好的继往开来、乘势而上、推动长沙农村经济社会协调发展、实现长沙率先在全省全面小康社会宏观目标具有重大现实指导意义。

二、对十七届三中全会基本精神和重大创新要有深刻把握

这次学习是各成员在十七届三中全会以来认真自学和开展专题调研基础上的集中学习和交流，在对农村改革发展科学分析和重大意义、目标任务、原则要求上大家形成了统一认识，大家对《决定》的精神实质和基本内涵有了深刻的把握。

1.农村改革发展是稳定和完善我国基本经营制度。 以家庭承包经营为基础，统分结合的双层经营体制是我国农村基本经营制度，是党在农村的基石，必须毫不动摇地坚持。同时，我们党适应新的形势和发展，创造性地提出了，家庭经营要向采用先进科技和生产手段的方向转变；统一经营要向发展农户联合与合作，形成多元化、多层次、多形式的经营服务体系方向转变。在农村土地管理问题上，严格土地高度保护和节约用地制度，首次提出了要完善健全土地承包经营权流转市场和建立城乡统一的建设用地市场，并指出在运作中必须保障农民权益，使我们在推进农村改革发展中有比较清晰的工作思路和政策界限。

2.农村改革发展的实质是进一步发展生产力。中央提出通过健全农业保障、补贴制度和农产品价格保护来建立农业资质保护,并且通过拓宽农村融资,鼓励发展各种金融服务,建立现代农村金融制度来促进农业生产力发展。《决定》相应提出了确保粮食安全、优化结构调整、加强科技创新、强化基础建设、建立服务体系、实现持续发展和扩大对外开放七大政策。为提高我国农业抗风险能力、国际竞争能力和科学发展能力制定了切实可行的保护政策措施。

3.农村改革发展必须坚持党的领导。推进农村改革发展,关键在党。全体中心组成员一致表示,要认真开展深入学习实践科学发展观活动,把党的执政能力建设和先进性建设作为主线,以改革创新精神全面推进农村党的建设。全市各级党委要在执行政策、工作安排、财力投放和干部配备上突出显现全党工作重中之重的战略思想,加强对农村改革发展理论和实践问题的调研,坚持因地制宜、分类指导,创造性地开展工作,关键是突出党对农村改革发展的政治保障。必须进一步完善党对农村工作的领导机制和体制,要把粮食生产、农民增收、耕地保护、环境治理、和谐稳定等作为对区、县级领导班子的考察考核重要指标;必须夯实推进党对农村改革发展的组织基础;必须放手培育一大批素质好、作风正、能力强的农村基层干部。

三、对贯彻落实十七届三中全会战略部署和目标要求要有切实行动。

全体中心组成员一致认为:作为党的领导干部,在战略思想上要充分认识全会的意义,在战略发展上要牢固坚持我国农村改革发展的指导思想,在战略要求上要进一步明确农村改革发展目标任务，在战略推进上要全面把握好五项"重大原则"。根据省委常委、市委书记陈润儿同志强调关于认真学习、联系实际、大胆探索的要求，大家对学习贯彻落实十七届三中全会精神达到了新的思想认识高度和思路创新的高度。

1.抓住长沙经济社会发展的战略性新机遇。长沙作为我国一个传统农业大省省会城市，承载着率先全省实现小康的重大使命。改革开放以来，我们取得了令人瞩目的成就，但比起一些已经完成了由农业大省向工业大省转变的先进省份，我们仍任重道远。十七届三中全会在新的历史条件下，指明了我国农村改革发展的新征程，为长沙经济社会发展提供了新的战略性机遇。三中全会精神不仅是长沙建设"两型社会"的迫切需要，更是长沙乃至湖南经济社会发展实现转型式发展、跨越式突破的迫切需要。在国家宏观战略发展层面上，长沙以工带农、以城带乡的能力必将进一步提升。在全会精神指导下，长沙城乡协调发展、可持续发展以及科学发展必将赢得大有可为的广阔空间。中心组全体成员号召全市党员干部，特别是领导干部，认清形势、抓住机遇、振奋精神、身体力行，大力宣传好、学习好、贯彻好十七届三中全会精神。

2.开创解放思想、改革开放、科学发展的新局面。解放思想是发展中国特色社会主义的一大法宝，改革是发展的动力，发展是改革的目的。在学习贯彻落实三中全会精神，推进长沙农村改革发展中，要勇于积极探索，不断总结实践经验，努力提升理性思维。全市各级领导干部要把学习贯彻全会精神作为重大政治任务、民心工程，切实加强领导，精心组织部署，以《决定》为工作指导、以改革为发展动力、以统筹兼顾为基本方法，在推进农村改革发展制度创新上下功夫,在加快现代农业体系创建上下功夫,在推进农村公共服务体制创立上下功夫。在农村改革发展各项重大原则下,开辟现代农业发展的新途径、开创社会主义新农村建设的新模式、开拓广大农民增收的新渠道,在一些重要领域和关键环节加大探索、改革和创新力度,努力使我们的各项工作形成全面推进、加快突破的新态势。

3.推进农村改革发展,实现长沙经济社会又好又快的新发展。结合长沙经济社会发展实际,推进农村改革发展必须要有新认识、新举措、新步伐。改革发展的大方向是坚持中国特色农业现代化道路,立足点是致力于推动长沙的农业持续发展、农村持续进步、农民持续增收。长沙要率先在城乡土地规划利用、基础设施建设、社会保障制度、公共事业发展和生态环境保护五个方面一体化上做出新成效。长沙农村改革发展的总要求是解放和发展生产力,要按照高效、优质、生态、安全的要求,加快转变农业发展方式、推进农业科技进步、加强农业技术装备、健全农业产生体系。长沙农村改革发展的突破口是制度创新。要着力在土地管理农村金融、生态补偿、基层民主等制度上改革创新,在领导和服务农业的机制上的创新。

与会人员一致认为,食品安全直接关系人民群众健康,关系社会和谐稳定,关系政府公众形象,是一件关乎全局的大事。全市各级党委和政府要高度重视和切实抓好食品安全工作,要通过三到五年的努力,把长沙建设成为全国食品安全城市。这既是民心所向,更是责任所系。各级领导干部要进一步认识做好食品安全工作的极端重要性,坚持不懈地把食品安全工作抓细、抓实、抓好。

大家通过深入学习三中全会精神，认真分析长沙农村改革发展实际，畅谈学习心得体会，认识更深刻、思想更统一、精神更振奋。实现全面小康社会的宏伟目标，最艰巨最繁重的任务在农村，最广泛最深厚的基础也在农村。大家一致表示，要紧密团结在以胡锦涛同志为总书记的党中央周围，深化改革，加快发展，实现农村改革发展的新突破，推进长沙经济社会全面发展。

建设学习型党组织 促进长沙经济社会又好又快发展

——中共长沙市委中心组2010年第一次集中学习综述

根据市委学习计划安排，3月5日市委中心组围绕"建设学习型党组织"这一主题进行了集中学习。中心组成员认真学习了党的十七届四中全会精神和胡锦涛总书记有关论述，学习了中共中央办公厅《关于推进学习型党组织建设的意见》等文件，听取了中央党校张荣臣教授"建设马克思主义学习型政党，提高全党思想政治水平"的辅导报告。省委常委、市委书记陈润儿同志阐述了学习型党组织建设的重大意义，发出了领导干部带头学习的倡议，提出了扎实有效推进学习型党组织建设的总体要求。中心组成员畅谈了学习心得，大家通过认真自学、集中学习和启发交流，统一了思想，达成了共识。

一、高度自觉，清醒认识

中心组成员在学习讨论中一致认为，党的十七届四中全会提出，要把建设马克思主义学习型政党作为重大而紧迫的战略任务抓紧抓好，是我们党在深刻认识党建历史经验和新鲜经验基础上

注：原文载2010年3月22日《长沙晚报》。

作出的战略决策,体现了对时代脉搏和新形势下党的建设新要求的高度自觉和清醒把握。

一是历史使命的要求。面对不断发展变化的国内外形势,面对知识日新月异的当今时代,我们只有勤于学习、不断学习、善于学习,才能走在时代前列,才能不断提高领导水平和执政水平,真正担负起领导人民在中国特色社会主义道路上实现中华民族伟大复兴的历史使命。二是党的性质所决定。建设马克思主义学习型政党是保持党在理论上实践上先进性的本质要求。理论上的先进性和实践上的先进性,是我们党区别于其他一切政党的本质特征。保持和发展党在理论上和实践上的先进性,就必须加强学习、重视学习、善于学习。我们党作为执政党,引领中国发展进步,就必须努力掌握一切科学的新思想、新知识、新经验,努力成为学习型政党。三是历史和实践经验的证明。我们党历来重视学习,在每一个重大历史转折时期总是号召全党同志加强学习,而每次这样的学习热潮都会推动我们的事业实现大进步、大发展。改革开放特别是进入新世纪新阶段以来,党中央坚持把学习放在更加突出的位置,中央政治局带头坚持集体学习制度,各级党组织和广大党员干部自觉加强学习。长沙市委历来有重视学习、坚持中心组学习的优良传统,特别是近年来,自觉地加强科学发展观的学习实践,坚定地用科学理论指导长沙的改革发展,"十一五"以来长沙实现跨越式发展证明了科学发展观在长沙的成功实践。

二、认真学习,率先示范

这次学习是各成员在十七届四中全会以来认真自学和开展专题调研基础上的集中学习和交流。在学习讨论中大家认为,全市各级党组织在组织党员学习方面总的情况是好的,但与中央提出建立学习型党组织仍存在相当的差距,所以,必须从领导干部开始进一步加强学习,率先示范。

建设学习型党组织 促进长沙经济社会又好又快发展

一是重视学习。在学习要求上，领导干部的学习要从科学理论武装、具有世界眼光、善于把握规律、富有创新的高度来明确，切实提高学习能力和实践能力。要自觉把学习作为提高素质、增长本领、做好领导工作的根本途径；以高度的政治责任感、强烈的求知欲和积极的进取精神，学得更深更主动，掌握的理论和知识更丰富。同时，把学习作为领导干部陶冶道德情操、升华人品格调、净化精神境界、提高工作绩效的重要途径。二是善于学习。在学习方法上，领导干部要通过学习，系统掌握马克思主义立场、观点、方法，不断增强政治敏锐性和政治鉴别力，始终保持立场坚定、头脑清醒，不断增强贯彻党的基本理论、基本路线、基本纲领、基本经验的自觉性和坚定性，不断增强走中国特色社会主义道路、为党和人民事业不懈奋斗的自觉性和坚定性。同时，广泛学习现代化建设所需要的经济、政治、文化、科技、社会和国际等各方面知识，准确把握当今世界发展大势，准确把握改革发展实际，切实提高战略思维、创新思维、辩证思维能力。三是带头学习。在学风养成上，要在弘扬理论联系实际的马克思主义学风上走在前面，全面深入把握社会主义初级阶段基本国情，勇于带头探索重大理论问题和实践问题，紧密联系人民最关心最直接最现实的利益问题、本地区本部门改革发展稳定的重大问题、党的建设突出问题展开学习、积极思考，不断增强工作的原则性、系统性、预见性和创造性。同时，领导干部要以身作则，减少应酬，挤出时间抓学习，坚持向书本学习、向实践学习、向群众学习，以自己的示范作用带动广大党员干部在全市形成良好的学习风气。

三、加强领导，扎实推进

全体中心组成员一致认为：建设马克思主义学习型政党必须把建设学习型党组织作为基础工程和组织保障抓实抓好。根据省委常委、市委书记陈润儿同志强调在全市推进学习型党组织建设的要求,大家对推进学习型党组织建设,提高了思想认识,理清了工作思路,明确了目标任务。

一是切实加强学习的组织、指导和服务。扎实推进学习型党组织建设必须坚持从严治学。认真落实抓学习、促学习的工作责任制。全市各级党委要把推进马克思主义学习型政党建设、建设学习型党组织作为重要任务,纳入重要议事日程,加强组织领导,研究解决实际问题。要坚持运用好已有的组织学习的各种有效做法,如党委(党组)中心组学习、专题研讨学习、形势政策教育、报告讲座辅导、干部培训轮训等。同时要结合新的实际积极探索富有时代特征的新方法,加强对全市党员干部学习的指导和服务,加强理论宣讲队伍建设,拓展理论学习宣传阵地。二是大力营造学习氛围。建设学习型党组织,就必须大力营造和形成重视学习、崇尚学习、坚持学习的浓厚氛围。牢固确立党组织全员学习的理念,创新学习方法,丰富学习内容,完善学习制度,使全市各级党组织成为学习型党组织,各级领导班子成为学习型领导班子。积极引导全市广大党员树立重视学习、坚持学习、终身学习的观念,自觉做到学以立德、学以增智、学以创业。从党的基层组织抓起,在全市切实开展学习型党组织创建活动。三是完善促进学习的长效机制。建立完善符合实际、行之有效的学习制度,对于促进党员干部学习科学化、规范化、制度化,推进学习型党组织建设具有重大意义。要进一步加强、改进和完善全市县(处)级单位、街道乡镇和"两新"组织党委中心组学习制度,不断丰富学习内容,创新学习方法,规范学习管理,提高学习效果;要健全和落实常态化、多样化的党员干部学习培训制度。建立健全促进学习、保障学习的竞争、激励考核机制对于推进学习型党组织建设有着重要作用。今后要更加注重科学考核领导班子和选任干部,特别注重选任提拔那些学习能力强、理论素养高、学用结合好、善于解决实际问题的干部,形成注重学习的用人导向。

大家通过这次集中学习,深入交流、积极讨论,认识更深刻、思维更活跃、视野更开阔、思想更统一,全体成员进一步表示,建设马克思主义学习型政党必须把建设学习型党组织作为基础工程和组织保障抓实抓好,大家决心以高度的政治责任感、饱满的工作激情投入到推进学习型党组织建设工作中去。我们的学习大高潮预示着我们的事业大发展,在不断学习实践科学发展观的大道上,我们将不断开创长沙经济社会大发展的新局面。

查找差距　转变发展方式
清醒认识　谋划发展战略

——中共长沙市委中心组2010年第二次集体学习综述

　　长沙市委中心组在5月10日至13日进行了2010年第二次集体学习。根据省委常委、市委书记陈润儿同志在年初的提议，为促使各级各部门清醒头脑、清楚使命、清晰思路，把思想行动统一到践行科学发展观、加快转变发展方式上来，市委决定组织市领导干部开展"深入查找发展差距，加快转变发展方式"专题调研活动。这次学习就是结合专题调研活动进行的。全体中心组成员认真学习了胡锦涛总书记关于加快转变经济发展方式有关论述，听取了北京大学国家发展研究院院长周其仁教授所作的《转变发展方式的一个重要议题——城乡统筹与征地制度改革》专题辅导报告和中南大学关于《全球化背景下长沙城市国际化发展战略研究》的课题汇报。市委常委等领导同志结合自己的调研报告作了交流发言。陈润儿同志在总结中充分肯定了大家的调研成果，强调在深入调研基础上找准发展路经，科学谋划长沙未来发展。面对加快经济发展方式转变的艰巨任务和全新的要求，大家

注：原文载2010年5月25日《长沙晚报》。

深感任务艰巨、责任重大，一致表示要勇于担当历史重任，坚定不移地引领长沙进入新的发展阶段。

一、提升新认识，在发展中找差距

党的十七大明确提出："实现未来经济目标，关键要在加快转变经济发展方式、完善社会主义市场经济体制方面取得重大进展。"国际金融危机的冲击和影响使"转变经济发展方式已刻不容缓。"年初，胡锦涛总书记在省部级主要领导干部专题研讨班上指出，加快经济发展方式转变"关系改革开放和社会主义现代化建设全局"，是"深入贯彻科学发展观的重要目标和战略举措"。我们各级党员干部必须增强主动性、紧迫感、责任感。加强科学决策，抉择发展路经，明确主要任务，在"加快"上下功夫，在"转变"上求实效。

近年来，长沙人民坚持科学理论指导，在经济社会、城市建设、文明创建、人民生活等方面取得了令人瞩目的成就。但越是在成绩面前、赞誉声中越要居安思危，越要对照科学发展要求、先进城市水平、人民群众期盼，查找差距。领导干部更要防骄破满，增强忧患意识、责任意识。新一轮大发展已初露端倪，区域间、城市间竞争将更趋激烈。各地竞相提质加速发展、争取国家政策和项目布局、抢占产业升级制高点、扩张城市群或城市圈的功能效应。长沙必须以时不我待的紧迫感，在即将而至的新一轮发展竞争中，找准新的战略定位，实现新的战略突破，推进新的战略发展。

学习讨论中，大家认为，长沙这些年经济社会长足进步，得益于市委、市政府始终坚持科学发展观为指导，得益于全市上下行事早、动手快、抢抓机遇、真抓实干。但是，对比科学发展要求和先进城市水平，长沙明显存在发展方式、发展环境、产业结构等方面的差距。特别是传统的发展观念惯性较大、落后的发展方式还有市场、服务发展方式转变的机制尚不健全等。折射出我们各级部门存在思想上、观念上、能力上和行动上的现实差距。全体成员表示，要以身作则，以坚定自觉、积极进取的精神状态投入加快转变经济发展方式的这场变革中。

二、抢抓新机遇，在发展中促转变

当今国际形势复杂多变，但金融危机没有改变世界经济中长期发展趋势。历史经验表明，经济危机往往孕育新的科技革命。科技重大突破和创新推动经济结构重大调整并提供新的增长引擎，使得经济重新恢复平衡进而提升到更高水平。在"后危机时代"中，各国纷纷开始抢占科技制高点。全球将进入空前的创新密集和产业振兴时代。"愚者谙于成事，智者察于未萌。"及早观察并正确分析有利于我们抓住新的发展机遇，作出正确的抉择。

发挥优势促进转变。国家宏观政策连续性和稳定性是长沙发展的大环境。积极的财政政策和适度宽松的货币政策，使长沙拥有经济结构和转变发展方式的黄金调整期；国家政策取向有效地提振社会信心、保持价格大体平衡使长沙可望进入"高增长、低通胀"的发展提速期。专项政策的叠加效应是长沙转变发展方式的新动力。中央出台的《促进中部地区崛起规划》说明扶持中部崛起战略进入新的实施阶段；长株潭"两型社会"建设改革试验的政策效应将以河西先导区先行先试而逐步得到释放。长沙新一波发展势头初步确定是实现发展方式转变的好基础。市委、市政府在领导率先发展、抵御自然灾害、应对国际金融危机中，同心同德、积极作为、亲民勤政、开拓创新，得到上级党委政府和全市上下广泛认同，重大决策措施的号召力和执行力不断增强，全市人民对市委、市政府充满信心和期待。

进入地级市经济第一方阵的长沙以两位数的高速强劲增长，一大批建成和在建的重点项目在经济社会发展中开始发挥主导性、关键性的推进作用；高铁开通使长沙区位优势和枢纽地位得到前所未有的提升，各类生产要素向长沙加速聚集，而地铁开建将大幅度提高城市功能、格调和档次，"双铁时代"的长沙将以全新的姿态跻身于我国先进城市行列。

创新发展加快转变。一是激发科学创新思维，提高领导"转变"能力。科学制定开发、投资、产业政策，合理引导资本、人才、技术等生产要素实现战略性流动，从根本上加快发展方式的转变。二是推进综合配套改革，创新政府组织架构，改革行政管理模式和社会管理方式。在制度层面上，促进由主要依靠增加资源消耗向主要依靠科技进步、劳动者素质提高、管理体制创新转变；由主要依靠生产要素投入数量的增加向主要依靠改善生产要素组合和技术进步来加快经济增长。三是加快发展科技含量高、资源能耗低、环境污染少、市场前景广、带动系数大、综合效益好的战略性新兴产业。把大河西先导区建设成为战略性新兴产业的集聚区，使之成为长沙经济社会发展的主导力量。

三、立足新高度，在转变中谋发展

今年是本世纪头 20 年战略机遇期跨前后两个十年的关键之年。如何保持长沙又好又快、率先发展？如何规划长沙"十二五"乃至更长时期的跨越式发展？如何在这次以转变发展方式为圭臬的新一轮竞争中赢得先机？"高度决定视野，思维决定走向"只有立足于转变发展方式、实现科学发展的高度，才能有对世界形势的超前判断，对国家政策的全面把握，对自身定位的清醒认识，对发展战略的科学谋划。

科学考量长沙未来发展走向。长沙既处于跨越式发展阶段又进入发展方式的转型期，编制好"十二五"规划、谋划好未来发展的关键是抉择战略发展走向。一是大方向必须是坚持全面协调可持续的科学发展。经济、政治、文化和社会四大建设全面推进，"两型社会"建设示范达标，又好又快、好字当头的平稳快速典范与模式。二是大战略必须是建立在转变发展方式基础上的新型工业化、城乡一体化和城市国际化。"三化"推进的根本理念是"以人为本"。所有发展的意义都是促进人的全面发展，所有发展的目的都是为了人民的福祉。三是大前提必定是适应未来世界经济发展潮流。在推进城市国际化进行中，不断提升长沙城市核心竞争力，使长沙经济社会质量越来越高，发展的空间越来越大，发展的道路越来越宽。

积极推进长沙城市国际化。大家在集中学习讨论和交流中逐步凝聚新的思想共识和理论共识：处在历史新起点，抓住历史新机遇，加快推进长沙发展新战略——城市国际化。省委常委、市委书记陈润儿从适应全球经济竞争的战略选择、城市自身发展的客观要求、转变经济发展的重要途径等方面，从理论高度对推进长沙城市国际化战略的重大意义进行了阐述。中心组全体成员充分肯定，这一发展战略思想的提出是符合科学发展观理论要求的，是符合长沙经济社会发展规律和发展实际的，是符合长沙人民对未来幸福生活期待的，对长沙"十二五"规划制定实施乃至未来发展具有重大指导性意义。全体中心组成员及与会的部门领导同志表示,通过这次集体学习,把达成的新共识和学习的新成果带回去,学习宣传、融会贯通、深刻理解、贯彻落实,要在全市上下形成新的发展意识、发展合力、发展行动,率领全市人民振奋精神、激扬斗志,科学发展,奋发作为,创造出长沙发展史上新的辉煌。

常怀忧党之心 不断推进党的建设
——中共长沙市委中心组2011年第二次集中学习综述

7月中旬,中共长沙市委中心组举行第二次集体学习,深入学习了胡锦涛总书记在庆祝中国共产党成立90周年大会上的重要讲话,省委党校常务副校长徐晨光教授作了专题学习辅导。省委常委、市委书记陈润儿强调,总书记"七一"讲话立意高远、内涵丰富、气势磅礴、催人奋进,是一部闪烁着马克思主义光辉的文献,要学习好总书记讲话精神,结合长沙实际抓好落实。

一、提高认识,明确"七一"讲话的重大意义

中心组成员一致认为,胡锦涛总书记"七一"讲话站在历史和时代高度,精辟概括了90年来党的奋斗历程和伟大成就,明确提出了提高党的建设科学化水平的重大任务,全面阐述了在新的历史起点上推进中国特色社会主义伟大事业的大政方针,提出了许多新论述、新部署、新要求,有很强的理论性、战略性和指导性。

回顾总结了党的光辉历程。总书记的重要讲话指出,90年

注:原文载2011年8月4日《长沙晚报》。

来，中国共产党领导和依靠全国各族人民，通过顽强奋斗，完成和推进了"三件大事"、取得了"三大成就"。事实证明，历史和人民的选择是正确的，我们党不愧为伟大、光荣、正确的马克思主义政党，不愧为领导中国人民不断开创事业发展新局面的核心力量。

科学分析了党的建设形势。总书记的讲话科学分析了在世情、国情、党情发生深刻变化的新形势下，我们党面临的"四大考验"、"四大危险"。总书记指出，我们必须从新的实际出发，坚持以科学理论指导党的建设，以改革创新精神研究和解决党的建设面临的重大理论和实际问题，全面认识和自觉运用马克思主义执政党建设规律，全面推进党的建设新的伟大工程，不断提高党的建设科学化水平。

深刻回答了党的重大课题。总书记的讲话深刻回答了我们党在新时期举什么旗、走什么路、建设什么样的党、怎样建设党等重大课题，澄清了一系列理论上的疑惑，回答了一系列人们关注的焦点问题，是我们党在新的历史时期团结带领广大人民群众高举中国特色社会主义伟大旗帜、坚持走中国特色社会主义道路、发展中国特色社会主义的政治宣言和行动纲领。

二、突出重点，把握"七一"讲话的深刻内涵

在学习中，中心组成员纷纷表示，胡锦涛总书记的讲话内涵丰富，特别要从三个方面领会讲话的深刻内涵：

常怀忧党之心，不断推进党的建设。党90年来的辉煌历程和所取得的伟大成就表明："办好中国的事情，关键在党。"同时胡锦涛总书记也指出："落实党要管党、从严治党的任务比以往任何时候都更为繁重、更为紧迫。"总书记的论断，说明了我

们党始终保持清醒的头脑，体现了我们党强烈的忧患意识。我们党把自身建设问题摆在了首要的和更加突出的位置。总书记指出，一是加强思想政治建设。要大力推进马克思主义中国化时代化大众化，建设马克思主义学习型政党。二是人才队伍建设。要坚持五湖四海、任人唯贤，坚持德才兼备、以德为先用人标准，形成人才辈出、人尽其才、才尽其用的生动局面。三是党群关系建设。要牢记密切联系群众是我们党的最大政治优势、脱离群众是我们党执政后的最大危险，做到权为民所用、情为民所系、利为民所谋。四是党风廉政建设。要坚持标本兼治、综合治理、惩防并举、注重预防的方针，深入开展党风廉政建设和反腐败斗争，始终保持马克思主义政党的先进性和纯洁性。

扭住兴国之要，提高科学发展水平。总书记在讲话当中特别提出，面对新的时机、新的发展、新的要求，我们一定要始终紧紧抓住经济建设这个中心，特别提出以经济建设为中心是兴国之要，是我们党、我们国家兴旺发达、长治久安的根本要求。在当代中国，我们的基本国情、主要矛盾、国际地位仍然没有变，发展仍然是解决我国所有问题的关键，坚持发展是硬道理的本质要求就是坚持科学发展。

恪守为民之责，切实改善民生。总书记的讲话充满了对人民群众的感情，强调指出，保障和改善民生，促进社会和谐，是实现全面建设小康社会宏伟目标的必然要求。要以保障和改善民生为重点，着力解决好人民最关心最直接最现实的利益问题；要正确处理好发展与稳定的关系，实现改革发展稳定的统一；要加强和创新社会管理，妥善处理人民内部矛盾和其他社会矛盾，确保人民安居乐业、社会和谐稳定。只有这样，才能进一步密切党同人民群众的血肉联系，我们党才能时刻把握历史大势，勇立时代潮头，引领社会前进。

三、联系实际，贯彻落实"七一"讲话基本精神

市委中心组成员认为，要把学习宣传贯彻"七一"讲话作为一项重要政治任务，确保全市各级党组织认真学习、准确把握总书记重要讲话的精神实质，切实把全市广大干部群众的思想和行动统一到讲话精神上，凝聚智慧和力量，实现长沙市"十二五"建设良好开局。

1.加强理论武装，保持党的先进性。要通过学习"七一"讲话精神，深化对提高党的建设科学化水平目标任务的认识，尤其是对基层党组织建设重要性的认识，深刻理解新的历史阶段保持党的先进性的极端重要性，清醒认识我们党所面临的前所未有的新情况、新问题、新挑战。要进一步加强中国特色社会主义理论武装、解放思想、实事求是、与时俱进，保持党开拓前进的精神动力、保持党同人民群众的血肉联系、保持党的蓬勃活力、保持党的肌体健康，保持和发展马克思主义政党的先进性。

2.坚持改革创新，开创发展新局面。长沙作为省会城市，承载着率先践行"四化两型"、扎实推进"五化一率先"的使命，要通过学习"七一"讲话精神，进一步提高对深化改革、推动科学发展的认识。要以改革创新的精神，坚持科学发展，以经济建设为中心，坚持发展是硬道理，加快转变经济发展方式，落实好推动"十二五"科学发展的任务。同时要推进社会主义民主法治建设、社会主义文化事业建设，提高城市软实力，努力开创长沙科学发展新局面。

3.创新社会管理，提高管理科学化水平。面对世情、国情、党情的深刻变化，我们要深刻领会总书记对社会矛盾的新论述，积极把握新的机遇、迎接新的问题和挑战，努力加强和创新社会管理，提高社会管理科学化水平。尤其要牢记全心全意为人民服务的宗旨，时刻把人民群众放在心上，倾听群众的呼声，了解群众的诉求，解决群众的忧虑，切实加大投入，保障和改善民生，促进社会和谐稳定发展，提高长沙城市发展活力。

  市领导张剑飞、谢建辉、余合泉、杨顺初、袁观清、范小新、张湘涛、易佳良、虢正贵、元明等同志结合各自学习心得和工作实际开展了深入交流和讨论发言，全体成员在集中学习的基础上形成了新的理论认识和思想统一。大家一致表示，要认真组织全市各级党委（党组）中心组进一步深入学习，并坚持以胡锦涛总书记讲话精神为指导，全面推进长沙经济社会各项事业科学发展。

激扬改革创新精神 坚持推进科学发展
——中共长沙市委中心组学习《朱镕基讲话实录》综述

9月30日,中共长沙市委中心组在今年第三次集中学习会上学习了《朱镕基讲话实录》(下称《实录》)。中心组成员在会前认真阅读了《实录》。会上,中央党校经济学部谢鲁江教授作了专题辅导报告,中心组成员结合各自学习体会进行了交流研讨。省委常委、市委书记陈润儿对大家讨论发言给予了充分肯定,并对这一次学习进行了总结。

一、认真学习《实录》的丰富内容

中心组成员一致认同《实录》内容丰富,文风朴实,语言生动,真实感人。朱镕基担任国务院副总理和总理期间,适逢我国从计划经济体制向社会主义市场经济体制转变的关键时期,《实录》不仅记录了中央领导的决策过程、中国改革开放艰难历程和经济社会发展进程,而且使我们能深入了解朱镕基的经济思想、领导作风和心路历程。大家读了以后倍觉亲切,深受感悟。

《实录》体现了朱镕基同志遵循规律、积极探索的科学态度。小

注:原文载2011年10月10日《长沙晚报》。

平同志南巡谈话提出了构建社会主义市场经济体制,从传统的计划经济向全新的市场经济转型是一个艰难的过程,充满挑战,步步艰险。在党中央、国务院领导下,朱镕基直接主持了财税体制、金融体制、价格流通、国有企业、政府机构、社会保险、住房制度、投融资体制等一系列重大改革,初步建立了社会主义市场经济体制框架。

《实录》体现了朱镕基同志实事求是、善谋大势的领导风格。他在1992年顶着很大的政治压力,针对房地产热、股票热、开发区热,提出了严峻诘问,同时又进行了正确的阐述。在亚洲金融危机中,在上个世纪末面临入世后中国金融开放的挑战中,朱镕基都能很好地运筹帷幄,从容应对。他炽热的改革激情,清醒的经济头脑、缜密的发展思维、长远的战略眼光赢得了党内外、国内外普遍赞赏。

《实录》体现了朱镕基同志体恤百姓、服务人民的思想情怀。书中涉及内容既是党和国家大事,又是关系到人民群众切身利益的实事。书中绝大部分是首次公开发表,很多篇幅、很多内容都体现了朱镕基同志对人民群众的深厚情感。1998年防汛抢险,心忧百姓,泪洒长江;到《焦点访谈》为百姓呼唤、语重心长;重大政策出台前,反复询问民情民意;大年初一到公交线路与司乘员交流互动;多次下基层调研轻车简行、决不扰民。充分体现我们共产党人全心全意为老百姓服务的公仆形象和亲民、爱民、为民的作风。

《实录》体现了朱镕基同志耿直坦荡、勇于担当的人格魅力。改革转型,"雷区"满布,朱镕基同志敢于说真话、动真格;敢于讲实话,做实事。不当"好好先生",不留历史后患。国有企业改革,壮士断臂,决不知难而退;政府机构精简,阻力重重,决不敷衍塞责;清理呆账坏账,斩钉截铁,决不愧对人民;严惩贪污腐败,铁面无私,决不姑息养奸。他在1998年全国人代会湖南团参加讨论时对家乡人民说:"我抱着粉身碎骨的决心来干这件事。"他对党的忠诚、改革的豪情激励着无数中国共产党人投身中国改革开放伟大事业。

二、深刻思考《实录》的理论意义

中心组成员在深入讨论中一致认为《实录》最显著的特色就是改革创新。我国改革开放30年来,一条最基本的经验就是坚持改革开放。正如胡锦涛总书记在"七一"讲话中所强调,我们不为任何风险所惧,不被任何干扰所惑,深化改革,勇于创新!

改革创新是科学发展的根本动力。科学发展是我们高扬的思想旗帜,实现科学发展的要求,其根本动力在于改革创新。只有坚持深化改革,按创新的要求去解除前进道路上的难题、去化解前进中的风险,我们才能实现科学发展。所以,通过学习《实录》使我们满怀改革激情,创新科学发展。

改革创新是科学发展的内在要求。坚持科学发展不仅要树立科学发展理念,更要勇于破除陈旧观念束缚,摆脱传统思维定式,更要勇于清除不合时宜的做法和弊端,勇于摒弃阻碍发展的陈规陋习。一切旧的机制和体制的障碍,如果没有改革创新的精神,没有改革创新的魄力,没有勇往直前的气概,要促进和实现科学发展无疑是一句空话。所以,我们通过学习《实录》,进一步倡导和发扬改革创新的精神。

改革创新是科学发展的重要保障。当前,世情、国情、党情继续发生深刻变化,我国经济社会发展中不平衡、不协调、不可持续问题突出,制约科学发展的体制障碍躲不开、绕不过,必须通过深化改革加以解决。在科学发展的过程中,无疑将直面多重复杂严峻的挑战,无疑将遭遇多种可预见和不可预见的阻力,我们必须有一种百折不挠的改革创新精神,勇往直前,大胆探索科学发展路径。所以,要通过学习《实录》,坚定不移地推进长沙改革创新。在长沙科学发展过程中,我们的决心要更大,气魄要更大,力度要更大。

大家回顾长沙这些年来经济社会的发展,从理论高度认识到:我们之所以能够取得成就与发展,其根本经验就在于改革创新;在一些问题上之所以难以突破,最大教训就是没有坚持改革创新。无论过去、现在、将来,改革创新都关系到我们的事业成败、民族振兴。我们对于改革创新必须要有理论自觉。

三、全面把握《实录》的实践启示

在学习过程中,全体中心组成员就如何坚持改革创新,坚持科学发展的问题结合长沙经济社会发展实际,达成了以下共识:

1.在提升经济管理能力上下功夫。我们面临的不仅是我国经济社会改革发展的挑战,而且还有世界市场和全球经济的挑战。对未来经济社会发展走向我们必须保持清醒头脑,要不断提高我们决策的科学性、预见性和前瞻性。我们要提升在实践中认识客观事物以及从书本中汲取知识的学习能力;要提升各项经济政策解读以及结合实际的贯彻能力;要提升掌握以及运用经济规律的驾驭能力;要提升反思总结经验以及勇于探索的开拓创新能力。

2.在完善市场经济体制上下功夫。市场经济是一个发展变化的系统工程。我们在经济改革道路上进行了积极探索,市场经济体制初步形成,但真正完善市场经济体制的任务依然繁重,特别是塑造市场主体,激发市场活力、营造市场氛围、规范市场运作、引导市场走向等等。还有很长的路要走,还有很多的事要做。包括如何转变我们政府职能,如何更有效管理经济、发展经济、真正把市场作为资源配置的基础等等,很值得我们认真思考,积极探索,深入实践,大力推进。

3.在创新社会管理上下功夫。市场经济体制构建带来了我国社会结构深刻变动。以单位为中心的社会结构逐步解体和以契约为中心的社会结构发生发展，是当今中国社会转型中的一个核心现象。由此而引发的社会矛盾使我国社会管理创新的要求日益突出，要抓住当前中央赋予我们创新社会管理的契机，大胆创新社会管理新模式、新体制，积极探索社会管理新途径、新方法。

4.在改革政府行政体制上下功夫。当前，我国的经济建设、社会管理的主要任务还是由政府承担，在党委领导、政府负责、公众参与社会协同的社会管理大格局中，对政府行政体制改革上提出了全新的任务和要求。当务之急的是我们要把市场营造、经济调控、公共服务、社会治理作为主要职能，政府必须明确权责界限，提高行政能力，做到科学行政、依法行政、效率行政。

全体中心组成员认为，这次学习《实录》是市委建设学习型党组织的一次很有意义的活动。大家在集中学习的基础上启发了思维、开拓了思路、提高了认识、统一了思想。大家纷纷表示还要认真阅读政治、经济、文化等方面的书籍，在学习中努力丰富各种知识、提升自身素质，积极为实现长沙经济社会的科学发展作出更大贡献。

实践自觉——调研编

长沙市社区居委会干部思想状况调查分析报告

为了全面准确地了解当前长沙市社区居委会干部思想状况和精神状况，我们于2001年5—7月对长沙市5个城区48个街道下属的2285名社区居委会干部进行问卷调查，问卷涉及受调查者的基本情况、学习兴趣、思想状况、关注热点以及对社区建设的认识和建议等。本次回收有效问卷2129份，共获得89418个基础数据，有效率为93.2%。还召开了9个调查座谈会，参加座谈调查的社区居委会干部150人次。调查对象中，男性占32.32%，女性占67.68%，其基本情况参见表①。本次问卷经各区街道办事处检查核实后进行编码，利用VFP数据库管理系统生成一个应用程序进行统计分析。分析类型主要由单变量的描述统计和双变量的交互分类统计。现将本次调查结果综合分析如下：

注：本研究报告获2001年度湖南省讲师团系统课题研究一等奖、长沙市第七届社科优秀成果一等奖。

一、思想状况的总体评价

近年来随着我国社区建设步伐加快，社区居委会干部队伍建设得到进一步的加强，特别是中央和地方各项加强思想政治工作举措的落实和城市精神文明建设的各项政策措施的推进，社区居委会干部的思想意识、精神面貌、价值取向、道德观念等都发生了很大变化。进入新世纪以来，随着我国改革和社会主义现代化建设深入发展，各种新情况、新变化、新问题在新的改革实践中不断涌现，这必然使工作在基层一线的社区居委会干部思想动态和精神状况呈现出新的面貌和特征。

调查对象的基本情况　　　表①

性别	男性	32.32%
	女性	67.68%
年龄	20~25岁	21.52%
	26~35岁	25.78%
	36~45岁	33.54%
	46~50岁	11.48%
	51~60岁	7.68%
政治面貌	中共党员	31.71%
	民主党派	5.48%
	非党人士	65.81%
文化程度	研究生	3.42%
	本科	9.36%
	大专	29.43%
	中专或高中	47.53%
	初中	10.27%
担任现职工作以前的职业	党政机关干部	22.13%
	企业管理人员	15.59%
	企业工人	13.46%
	专业技术人员	5.48%
	下岗职工	9.73%
	农民	1.98%
	军人	5.70%
	学生	9.89%
	自由职业者	12.85%
	个体经营者	2.81%

1.思想政治素质总体有所增强

绝大多数社区居委会干部拥护党的基本路线、方针、政策，关心党和国家的命运。特别是在去冬今春以来，长沙市委将中央部署的农村"三个代表"重要思想学习教育活动延伸到城区街道，广大社区居委会干部通过认真学习，联系实际，思想政治水平不断提高。据统计，社区居委会干部对参加政治学习"很感兴趣"和"感兴趣"的分别为53.92%和43.42%。当问及"您是从何种途径了解党和政府的路线、方针、政策"时，有54%的是"通过广播电视、报刊"，有16.8%的是"通过阅读书籍"，有12.4%的是"通过单位学习"，有8.7%的是"通过自己学习"，还有3.6%和4.3%的是通过"互联网"和"其他"途径。调查显示，有46.84%的社区干部每天读书报"至少1小时"，有41.67%的读书报"1~2小时"，还有11.49%的要读书报"2~3小时"。社区居委会干部关心政治时事，关心国家大事，对重大的政治时事有一定的认识和了解 (参见表②)。

社区民委会干部对重大时政认识了解　　表②

对"三个代表"重要思想的认识	认识深刻	43.50%
	有所认识	54.45%
	不大了解	2.05%
	讲不清	1%
对我国"十五"计划的发展战略	比较了解	30.64%
	有一定了解	57.26%
	不在了解	9.89%
	讲不清	2.21%
对"依法治国"和"以德治国"的两大方略	比较了解	34.07%
	有一定了解	55.82%
	不大了解	7.45%
	讲不清	0.66%

当问及"您对社会主义的历史发展进程的认识"时,有49.65%的社区居委会干部认识是"社会主义是人类历史发展不可逆转的总趋势",有43.27%的认为"社会主义前途光明,道路曲折",只有2.36%和4.72%的选择了"信心不足"和"讲不清"。当问及"西方反华势力对我国实施'西化'、'分化'图谋"时,有37.57%的社区居委会干部认为自己对此"有充分认识",有50.42%的认为自己对此也"有所认识",有9.20%的认为自己对此"讲不清",仅2.81%的选择"没有认识"。统计数据表明,广大社区居委会干部马克思主义信仰坚定、政治敏锐性增强,对有中国特色社会主义前景充满信心(参见表③)。

信仰与前景选择指数　表③

对马克思主义的信仰	总数比率% / 年龄分率%	十分坚定 62.75%	基本上想相 30.87%	基本上不信 1.44%	根本不信 0.46%	讲不清 4.49%
	20~25岁	65.84%	28.47%	1.42%	/	4.27%
	26~35岁	62.25%	33.33%	0.59%	0.59%	3.24%
	36~45岁	57.83%	32.65%	2.49%	0.45%	6.58%
	46~50岁	65.57%	30.46%	0.66%	1.32%	1.99%
	51~60岁	72.28%	22.77%	0.99%	/	3.96%
对中国特色社会主义前景	总数比率% / 年龄分率%	很看好 50.04%	看好 43.42%	不看好 2.59%		不清楚 3.95%
	20~25岁	54.45%	41.42%	2.59%		3.95%
	26~35岁	55.75%	39.53%	2.95%		1.77%
	36~45岁	41.94%	49.21%	2.95%		5.90%
	46~50岁	46.36%	45.03%	1.99%		6.62%
	51~60岁	58.43%	35.64%	0.99%		4.95%
对党和政府的信任	总数比率% / 年龄分率%	十分信任 47.76%	信任 43.50%	不信任 2.43%		不信任 2.43%
	20~25岁	48.04%	43.42%	2.85%		5.69%
	26~35岁	50.45%	41.00%	2.65%		5.90%
	36~45岁	43.76%	46.94%	1.59%		7.71%
	46~50岁	49.00%	44.37%	1.99%		4.64%
	51~60岁	52.48%	36.63%	4.95%		5.94%

2.精神风貌呈现积极健康向上的态势

广大社区居委会干部在现实的社区工作中，面对改革过程中显现出利益矛盾与利益调整的交织以及繁杂社会关系与各种纠纷的冲突，坚持讲奉献、讲实干、树责任意识、强服务意识，特别是社区居委会干部中的党员、骨干分子讲宗旨，讲廉洁，充分发挥先锋模范作用。近年来长沙市社区居委会干部始终保持一种良好的精神风貌和积极向上的心态。统计表明，在表明担负社区居委会干部原始动机时，有43.35%的是"服从组织安排"；有20.91%的是为了"实现自己的理想抱负"；有28.52%的是"为居民服务"。对我市社区居委会干部目前整体精神状态总体评判，有64.18%的认为"很好"，有25.9%的认为"比较好"，只有3.04%和7.68%的认为"不好"和"讲不清"。社区居委会干部认为在当前形势下大力弘扬江泽民同志在全党全社会倡导的"五种精神"，"很有必要"的占76.04%，"有必要的"占13.32%，"不会有实效"的仅2.05%，"讲不清"的为6.24%。当问及"结合您的工作实际，认为目前社区干部最迫切需要发扬的精神"依次选择是："紧跟时代、勇于创新"，"艰苦奋斗、务求实效"，"解放思想、实事求是"，"淡泊名利、无私奉献"，"知难而进、一往无前"。可见大多数社区干部有强烈的时代紧迫感及对新时期下继续发扬艰苦奋斗精神的深切感悟。当问及"您目前迫切希望学习哪方面的理论知识"时，社区居委会干部依次选择的是"社会学和管理学方向知识"、"中国特色社会主义理论"、"市场经济理论知识"、"马克思主义基本理论"、"其他科技基本知识"。这说明目前广大社区干部具有强烈的求知欲和务实求真的精神。当问及"您愿意成为社区建设的带头人吗？"有88.89%的人回答为"愿意",无人回答"不愿意",5%的人"无所谓"。这说明绝大多数的社区居委会干部勇于挑重担和奋发有为的精神很强。而且在实际中有思考、有行动,如问卷中有61.3%的答卷表明自己"对社区改革和建设有过深入思考",有17.7%的人"做过专题调查",有13.3%的人"听说过",仅7.7%的人"不大了解"。

3.主流意识具有明显时代特征

随着各项改革的不断深入和我国社会主义市场经济体制的逐步建立,人们的思想意识和价值观发生深刻变化,在社区居委会干部中的价值取向和道德观念也具有明显时代特征。社区居委会干部的构成从相对单一逐渐形成复合人员结构是一个重要的显性特点(参见表①)。长沙市近年来抓住居委会换届和社区改制的时机通过"三个一批"对全市社区干部进行组织改革,一是面向社会公开选招一批,二是从机关、企事业单位选调一批,三是从社区"能人"内推选一批。新的社会成员的加入不仅使社区居委会干部队伍组织结构趋向合理,而且使社区居委会干部的主体意识也得以增强。在回答"当个人利益与集体或国家利益发生矛盾时",95%的社区居委会干部认为"先考虑集体或国家利益后考虑个人利益",仅2.36%的选答"先考虑个人利益后考虑集体或国家利益",但有8.75%的选择"既要考虑集体或国家利益又要考虑个人利益"。当问及"当您遇到群众、国家利益受到损害时",87.68%的社区居委会干部选择了"坚决斗争或向部门、领导报告",而选择"保持沉默"或"避开"分别占11.03%和1.29%。在社区居委会干部中竞争意识也逐步树立起来,当问及"您认为提高社区干部队伍素质的途径"的多项选择时,有

75.74%的社区居委会干部把"公开竞聘上岗"列为首位，75.13%的社区居委会干部把"实行岗位培训列为首位，41.75%和61.75%的社区居委会干部把"脱产学习轮训'和"抓好经常性的学习"列为首位。在回答"您认为我国社会主义改革实践对人们的思想有哪些影响"时，有74.83%的社区居委会干部认为"激发了社会主义热情，增强了民族凝聚力，提高了人的自主意识"，78.48%的人认为"使人们的思想活跃，观念更新"，25.78%的认为"使人们的思想紊乱，价值观扭曲"，19.16%的认为"使人们趋向自私自利"，有11.18%的"讲不清"。这说明广大社区居委会干部开始形成自己独立的观察视角与个性化较强的认识。调查中也发现这一代社区居委会干部的个人价值取向和价值实现要求发生新的变化。当问及"您担任社区居委会干部的原始动机"时，除了92.78%的社区干部回答是"服从组织安排"、"实现自己理想抱负"和"为居民服务"外，还有7.22%的社区干部十分坦然的回答是为了"暂时过渡"和"获得固定的工作和收入"，在座谈调查中一些年轻干部认为凭自己的辛勤付出和诚实劳动，获得一份固定工作和收入是无可非议的。当问及"您担负社区干部工作能力发挥如何"时，"发挥充分"的占27.07%，"发挥较好的"占50.80%，承认自己只是"发挥一般''的占18.78%，而认为自己是"无法发挥"和"大材小用"的分别为2.13%和1.22%。而且一些社区居委会干部对自己的理想流向也不尽相同，除33.92%的社区干部愿意"终身成为职业的社区工作者"外，有18.86%想"进上级党政机关"，18.17%想"到效益好的单位部门"，还有29.05%想"到最能发挥自己才干的单位"去。这在一定程度上说明，社区居委会干部的自主意识、效率意识越来越突出。

二、对当前热点问题的基本看法

对当前热点问题的看法,首先涉及对当前社会形势的总体评价。社区居委会干部对世纪之交我国社会形势的总体评价是,46.8%的人认为"非常好",28.5%的人认为"比较好",20.8%的人认为"一般",3.9%的人认为"不太好"。认为"非常好"和"比较好"的合计占75.3%。可见,社区居委会干部对世纪之交中国社会形势的评价是肯定的,对当前社会热点问题也是很关切的。

1.对当前社会热点问题的看法

社区居委会干部在现实工作中对于社会治安和社会道德问题有广泛地接触,对这些社会焦点热点的看法具有特殊的代表性。当问及"您对当前社会道德状况的看法"时,有36.88%的认为"整体提高,全面进步",有48.21%的认为"整体进步,但仍存在问题",有8.44%的认为"整体下降,但还是有进步的方面",仅有3.73%和2.74%的认为"整体滑坡,问题严重"和"讲不清"。当问及"您对当前社会治安状况的看法"时,有32.40%的认为"形势很好,还将更好",有51.10%认为"基本可以,但有问题",有9.66%的认为"问题很多,不太好",还有6.84%的认为"非常严峻,十分担忧"。可见,社区居委会干部对于社会道德和社会治安的总体看法基本上持乐观态度。对于社会非常关注的治理腐败问题;大多数社区居委会干部基本上肯定,但也表现出强烈的忧患意识。当问到"您对我党和政府治理腐败情况的认识"时,认为"根本好转,形势大好"的占28.06%,认为"有所扼制,将会好转"的占52.17%,认为"治理较难,不见成效"的占10.34%,认为"治理乏力,继续蔓延"的占3.95%,认为"治理无效,心存忧虑"的占2.51%,"讲不清"的占2.97%。对于近年来我国新的社会热点问题，如社会公平、社会收入差距问题，广大社区居委会干部不仅十分关注而且颇有感同身受的认识。当问及"您对当前社会公平的认识"时，有26.09%的社区干部认为"社会趋向公平"，有50.87%的社区干部认为"社会基本公平"，认为"社会不公平"的为14.83%，"讲不清"的有8.21%。当问及"您对当前社会收入差距的认识"时，有32.17%的认为"差距不大，可以承受"，有50.04%的认为"差距较大，很难承受"，有17.79%的人表示"差距再拉大，将无法承受"。本次调查的统计数字表明，社区居委会干部最关心的十大社会问题的排序是：①失业下岗，②反腐倡廉，③经济发展，④环境治理，⑤社会保障，⑥社会稳定，⑦社会治安，⑧收入差距，⑨道德建设，⑩人口问题。但各个年龄层的社区干部选择不同（参见表④）。

各年龄给对社会总是关注比率　　　　表④

年龄分组 依次排序	20~25 岁	26~35 岁	36~45 岁	46~50 岁	51~60 岁
1.失业下岗	84.70%	82.87%	86.85%	81.46%	90.10%
2.反腐倡廉	70.82%	71.09%	73.02%	78.81%	80.20%
3.经济发展	73.31%	57.55%	59.18%	58.94%	62.38%
4.环境治理	58.72%	61.65%	55.78%	52.32%	61.39%
5.社会保障	52.67%	53.98%	50.34%	54.97%	56.44%
6.社会稳定	34.52%	35.10%	35.60%	31.79%	32.67%
7.社会治安	33.45%	30.09%	34.24%	31.13%	30.69%
8.收入差距	31.67%	25.96%	32.20%	27.15%	21.78%
9.道德建设	27.05%	28.02%	31.29%	23.84%	21.78%
10.人口问题	15.66%	16.81%	17.01%	13.91%	7.92%

2.对社会生活热点问题的看法

广大社区居委会干部工作生活在最基层,他们对于目前社会生活中的问题的看法不但取决于自身的切身体会,也反映了相当部分社区居民的心态和意愿。当问及您"最关心的生活问题"时,答案汇总的依次排列是:①养老保险,②住房问题,③物价问题,④就业问题,⑤医疗改革,⑥子女问题,⑦假冒伪劣,⑧公共交通。值得注意的是排在第一、二位的养老保险、就业问题是社区居委会干部最普遍关注的。当然在选择排序时各个年龄层的取向是不同的(参见表⑤)。

各年龄组对生活热点问题关注的比率　　表⑤

依次排序＼年龄分组	20~25 岁	26~35 岁	36~45 岁	46~50 岁	51~60 岁
1.养老保险	70.46%	71.39%	78.00%	73.51%	73.27%
2.住房问题	74.73%	68.14%	62.81%	52.32%	54.46%
3.物价问题	62.28%	72.57%	61.45%	62.91%	59.41%
4.就业问题	67.97%	61.36%	61.68%	62.91%	64.36%
5.医疗改革	57.65%	58.41%	48.75%	60.26%	58.42%
6.子女问题	33.10%	57.52%	55.10%	64.90%	49.50%
7.假冒伪劣	40.93%	43.36%	40.82%	43.05%	48.51%
8.公共交通	35.23%	33.63%	24.72%	30.46%	24.72%

近年来长沙加大城市发展步伐,加快两个文明建设,这是长沙市市民社会生活和经济生活中的大事,广大社区居委会干部对政府推行的政策和重大举措给予充分的肯定。当问及"您对长沙市'做强做大、加快发展'等政策的看法"时,61.24%的人认为"非常好、很必要",26.31%的人认为"比较好,有必要",7.83%的人认为"一般可以理解",认为"没必要"和"讲不清"的仅占5.62%。当问及"您对长沙市'加大城市基础建设步伐'等举

措的看法"时,有68.2%的社区居委会干部填答的是"十分拥护,符合民心",有26.8%的社区干部看法是"决策很好,措施得力",有2.4%的认为"困难很多,难以解决",仅有1.2%和1.3%的人认为"没有必要"和"讲不清"。对近年来"长沙市大力促进精神文明建设的看法",有41%的认为是"整体进步,还将更好",有53.8%的认为"有所成效,尚需努力",虽然有5.1%的认为"成效不大,犹存忧虑",但无人填答"基本无效,缺乏信心"和"讲不清"。社区居委会干部对长沙建设发展总的看法是符合实际的,也在一定程度上代表了广大市民的心声。

三、对我国社会经济发展的预测与展望

为了解社区居委会干部对我国"十五"时期社会经济发展状况的基本看法,我们从宏观角度出发设计了20个项目,请被调查者根据自己的基本感觉和综合认识作出预测评价被调查者对每一项目可以在"不变"、"变好"、"变坏"和"不知道"四种选择之间作出一个判断。(参见表⑥)

对我国未来五年经济社会发展状况的看法   表⑥

项目	对未来五年情况的预测和展望%			
	不变	变好	变坏	不知道
物价状况	16.50	66.31	5.25	11.94
国际地位	5.02	88.29	1.29	5.40
社会发展状况	3.50	89.36	1.06	6.08
人民精神面貌	5.32	85.17	3.35	6.16
贫富差别	9.13	53.92	23.95	13.00
消费品质量	6.01	69.28	13.08	11.63
治安状况	5.55	74.75	11.03	8.67

依法办事	8.06	77.57	5.32	9.05
民主权利	9.66	78.41	3.95	7.98
经济秩序	6.92	79.32	3.95	9.81
文化生活	3.80	87.38	4.03	4.79
新闻报道真实性	8.52	75.75	5.55	10.19
经济发展状况	4.49	82.89	3.73	8.90
社会风气	5.55	73.31	11.56	9.58
就业状况	5.93	60.61	20.00	13.46
环境保护	4.26	82.74	8.06	4.94
社会保障	5.10	80.16	5.25	9.51
道德规范	8.45	68.30	10.54	12.71
人际关系	7.30	65.78	12.55	14.37

统计结果看，最为看好的是"社会发展状况"和"国际地位"，其"变好"选择率也分别高达89.36%和88.29%，这说明绝大多数社区居委会干部对于"十五"计划重大社会发展项目指标的胜利完成充满信心和对我国国际威望的满怀豪情。社区居委会干部对文化生活、意识形态等软指标类的项目也十分看好，如对未来五年的"文化生活"、"人民精神面貌"、"环境保护"和"社会保障"的"变好"率平均为80%以上，对于"社会治安"、"依法办事"、"经济秩序"和"民主权利"也有70%以上的社区居委会干部看法是"变好"。相比之下，对于其他11项的看好率只有70%以下，社区干部认为未来五年"贫富差别"、"就业机会"两项"变好"的选择是最低的。对此，应该引起政府有关部门的关注。

在所列20个项目中，负指数最高的是"贫富差别"和"就业状况"，其预测"变坏"选择率分别为23.95%和20.00%，说明社区居委会干部对这两项的担心和忧虑。在座谈调查时，许多社区居委会干部都能认识到贫富差距是扩大改革和矫正绝对平均主义分配方式自然的逻辑结果。一些社区居委会干部讲得好:"水没落差就不会流动,收入不拉开档次,社会就失去了必要的竞争机制,人没有竞争就会懒惰。"改革前的平均主义分配体制严重地阻碍了我国经济社会的发展,"大锅饭,养懒汉"已成为一条值得永远汲取的历史教训。但是,贫富差距扩大的趋势若得不到有效控制而导致贫富悬殊,则会反过来影响改革的顺利进行。目前,我国城市居民在贫富差别方面所深深抱怨的乃是一些人致富手段不当及自身收入与贡献的严重失衡。有的年轻社区居委会干部更明确地表示对机会不均等的不满,而中年社区居委会干部则是对公共财富占有不平等的抱怨。因此,应尽快实现人们在利益和权利分配方向的公平,努力贯彻机会平等、规则平等的原则,整顿和规范分配秩序,消除现行分配体制在资源配置中的消极作用。另外,对未来五年的"挣钱机会"和"消费品质量"两项也有13.54%和13.08%的社区居委会干部认为可能将"变坏"。对于"人际关系"、"社会风气"、"道德规范"等的负指数也比较高的项目类,都是与人民群众生活和社会稳定直接相关的领域,政府和有关部门对此应该引起足够的警觉。

四、基本结论与对策建议

总的结论:总体进步,主流健康,思想活跃,仍需引导。

总体进步。突出表现是:①长沙市社区居委会干部队伍的结构上趋向合理,一大批优秀的中青年从机关、学校、企事业单位和社会各阶层充实到社区居委会干部队伍中,社区居委会干部年轻化、知识化得到突破性提高。②长沙市社区居委会干部队伍思想政治素质进一步提高,广大社区居委会干部马克思主义信仰坚定,能自觉地团结在以江泽民同志为核心的党中央周围,积极贯彻中央的路线、方针、政策，坚决执行省市地方政府的工作部署和工作要求。③广大社区居委会干部关心国家时政，能自觉的学习理论知识，积极参加政治学习，思想觉悟和文化素质进一步提高。④对我国改革开放和现代化建设充满信心，能团结广大社区居民积极投入长沙市"两个文明"的建设中去。

主流健康。我国20多年改革开放发展，人民群众精神面貌发生的巨大变化在广大社区居委会干部的身上得到充分体现。长沙市广大社区居委会干部不仅在政治立场等大是大非上旗帜鲜明，而且在基层实际工作中精神饱满；不仅在贯彻上级指示上雷厉风行，而且在为市民排忧解难上积极热情。在社区建设和发展的各项实际工作中，广大干部能积极发扬江泽民同志所倡导的"五种精神"，并通过社区居委会干部的身体力行在广大社区居民中产生了巨大的感召力。在长沙市社区居委会干部中还出现了一种"努力学习、积极进取、创先争优"的新风貌，广大社区居委会干部刻苦求知求学、努力更新知识的气氛越来越浓，这是一种令人欣喜的势头。

思想活跃。不仅体现在社区居委会干部对国家政治经济和社会发展上的关注和理性思考，更体现在社区居委会干部思想观念变化和价值准则的取向。这种活跃更多的是受市场经济价值规律的影响。在与传统的意识观念冲突和价值取向的碰撞中，相当多的社区干部逐步形成了与市场经济相适应的新的意识观念，如自立意识、竞争意识、效率意识、民主意识等在思想意识层面上越来越显现，而价值取向则更趋向务实，更趋向与市场经济发展合拍。从活跃的趋向总体上看是积极向上，发展进步的。

仍需引导。首先是在社区居委会干部理论学习方向亟须正确引导，要通过正规化、经常化、针对性强的理论学习，提高社区居委会干部理性思维能力，端正思想方法，提高思想政治水平。其次在社区管理工作方式方法上需要指导，社区居委会工作不仅对广大社区居委会干部来说是一个全新的领域，就是在我国社区工作理论乃至实际操作上都是起步不久，如何指导社区居委会干部推行科学的工作方法，不断提高社区居委会干部执行各项政策水平和为社区居民服务水平是当前十分突出的现实要求。特别是加强引导社区居委会干部如何处理和应对一些因各种矛盾交织和利益冲突导致的突发事件。再次，在加强思想政治工作方面还需要进一步指导，社区居委会干部十分希望经常性的、各种形式的思想工作解除他们在社会现实和工作实际中出的许多困惑疑虑和担心恐慌，引导他们正确认识现代中国所处是不发达社会主义初级阶段，正面引导广大社区干部消除我国现阶段经济和社会发展中一些不和谐音符的消极影响。

根据社区居委会干部思想状况的分析及基本结论，现提出如下对策建议：

1.继续深入开展"三个代表"重要思想的学习教育活动，牢固树立坚定共产主义理想和中国特色社会主义信念。一是抓学习深入。要在前阶段开展的学教活动基础上把"三个代表"重要思想学习引向纵深发展，深刻领会"三个代表"重要思想的内涵，全面学习好、贯彻好、落实好江泽民同志的"七一"讲话精神。二是抓教育提高。要教育引导广大社区居委会干部提高对社会发展客观规律的认识，提高对理想信念建设正反两个方面经验教训的认识，提高对有中国特色社会主义现状与前途的认识。三是抓联系实际，针对社区居委会干部的素质与城市深化改革和管理重心下移的新形势要求不大适应的情况,组织多层次、多形式的岗位培训,全面提高社区居委会干部思想政治素质、理性思维能力和实际工作水平。

2.**不断加强和改进社区居委会干部思想政治工作,坚定不移地团结广大社区居委会干部大力推进两个文明建设。**对广大社区居委会干部的思想政治工作必须要以理想信念教育为核心,要通过各种方式、渠道、阵地,使广大社区居委会干部牢固树立马克思主义信仰,不断巩固强大的精神支柱;强化社会主义信念,坚定不移地走中国特色社会主义道路;增强对改革开放和社会主义现代化建设的信心,奋力推进中国特色社会主义建设的伟大事业;坚定对党和政府的信任,紧密团结在党中央周围,为实现中华民族伟大复兴而努力奋斗。进入新的世纪,我们的思想政治工作也要顺应时代要求,加强和改进社区居委会干部思想政治工作,使他们对党的基本理论、基本路线、基本纲领和基本国情有更深层次、更理性的思考,促使他们调整好自己的价值观和道德取向。同时,要把思想政治工作的党性与人情味很好统一起来,坚持解决思想问题与解决实际问题相结合,对社区居委会干部既要坚持教育、引导,又要尊重、理解、关心人。充分激发和悉心保护广大社区居委会干部建设有中国特色社会主义的积极性、主动性和创造性。

3.**切实做好社区党建工作,充分发挥基层党员干部的模范带头作用。**要进一步加强党的领导,建立健全社区党建工作网络,拓宽社区党建工作覆盖面,把坚持党的领导落实到最基层。一是要明确社区党建责任主体,明确各层面的工作对象和内容,健全党建工作机制和网络;二是以社区改制为契机,配齐配强党支部班子；三是大力培养提高社区党建工作者的素质，开展党建专题教育培训活动；四是切实解决社区党组织活动经费、活动阵地等硬件问题，积极推动党的各项活动开展起来。在社区的改制、建设和发展中，坚持以"三个代表"重要思想为指针，实施社区党建先锋工程，充分发挥党支部的战斗堡垒作用和党员的先锋模范作用。

关于"加快长沙'三化'进程,优化经济发展环境"的专家问卷调查分析报告

准确把握优化经济发展环境这一事关加快长沙"三化"进程的基础性问题,专家的看法、预测和对策建议是十分重要的。丰富的知识底蕴和高深的理论水平,以及思维的深邃和直言的秉性,决定了专家对问题认识的深刻和准确,更能描述出长沙推进"三化"进程、优化经济发展环境的基本脉络和走向。2002年7月,"加快长沙'三化'进程,优化经济发展环境"课题组采取非随机抽样方法,对50位在长沙地区工作的专家学者进行了问卷调查。本次调查的对象有广泛的代表性。从行业分,大专院校和科研院所占44%,党政机关占24%,企事业单位等占32%;从年龄上分,36~45岁占38%,46~55岁占46%,55岁以上占16名;从性别上分,男性占90%,女性占10%;从学科上分,有经济、社会、管理、法律、统计、教育、建筑规划等学科。被调查专家均具有副高以上学术职称,其中54%的专家有处级以上行政兼职。

注:本文获2002年"加快长沙'三化'进程,优化经济发展环境理论研讨会"三等奖。

关于"加快长沙'三化'进程,优化经济发展环境"的专家问卷调查分析报告

课题组除采用问卷法外,还辅以访谈法和文献法的方式,使整个课题的调研在个人理性选择和瞬间判断的基础上更为丰富和全面。现将专家问卷调查的结果综合分析报告如下:

一、对长沙经济发展环境的基本看法

1.对长沙经济发展环境的评价

问卷调查的结果显示,专家们对长沙经济发展环境的判断,认为"很好"的占2%,认为"较好"的占32%,认为"一般"的占44%,认为"不好"的和"讲不清"的分别占19%和3%。这说明专家们对长沙经济发展环境基本上是持肯定态度。但是专家们一般认为:目前长沙经济发展环境的特点表现有四个方面:物质条件好于制度条件;宏观环境好于微观环境;中上层的思想认识好于中下层的实际操作;政策舆论宣传好于政策执行效果。专家们从影响经济环境的十个方面,按优劣程度顺序排列的判断选择依次为:①"生产物质资料"肯定度为82%;②"区域交通通信"肯定度为78%;③"劳动力素质"肯定度为62%;④"社会文化与习俗"肯定度为49%;⑤"体制政策"肯定度为38%;⑥"人才发展"肯定度为34%;⑦"经济秩序"肯定度为30%;⑧"政府服务"肯定度为27%;⑨"与WTO对接"肯定度为26%;⑩"法制与执法"肯定度为19%。

2.对长沙优化经济环境方面工作进展的评价

对长沙市委、市政府近年以来加大优化经济发展环境方面工作的力度,专家学者们"有所了解"的占48%,"比较了解"的占24%,"非常了解"的占20%,"不清楚"的仅占8%。专家们按"显著"、"不大显著"、"很不显著"三个等级对今年长沙优化经济发展环境工作的进展进行了评价。专家学者们认为成绩

"显著"的工作按其肯定的顺序排列，依次为：①"开放带动招商引资"肯定度为86%；②"加强宣传教育精神文明建设"肯定度为74%；③"加强城市基础设施建设"肯定度为64%；④"简化行政审批"肯定度为52%；⑤"提高政府办事效率"肯定度为46%；⑥"提高透明度"肯定度为42%；⑦"惩治腐败"肯定度为40%；⑧"治理乱收费"肯定度为36%；⑨"配套改革"肯定度为24%；⑩"改善法制环境"肯定度为10%。专家们对长沙市委、市政府在优化经济环境方面所做的工作是比较肯定的，特别是前4项得到了半数以上专家们的肯定。在专家座谈和走访中，我们发现专家学者不仅十分关注长沙经济发展环境总体上的优化，也基本了解长沙各区、县（市）的经济发展环境的改善。如浏阳市成立的"招商引资全程代理服务中心"；岳麓区提出"建设学习型城区"；望城县提出联系重点项目制、目标考核制、服务承诺制和全方位监管制；宁乡县提出"强化五种意识"；芙蓉区推出"诚信芙蓉"系列活动；长沙市直33个重点部门单位向社会公开承诺，主动接受社会监督等。但是，专家学者们普遍感到，长沙优化经济发展环境工作进展不平衡。从纵向看，上层有危机感、紧迫感，基层群众和工商企业单位有强烈要求，有呼声并寄予很大希望，而在中层，特别是一些部门单位的干部和工作人员触动不大，主动性不强，有的仍然是泰然处之，行若无事，给人们的感觉是优化经济环境仍存在"中梗阻"的现象，特别是长沙市委、市政府花大力气制定的一些政策措施，落实不到位，基层不受益；从横向来看，各个部门单位工作进展不平衡，有的单位行动迅速，领导重视，积极落实，但仍有一些单位部门，观望犹豫，有的甚至把优化经济发展环境作为一阵风，顶过去就过去了,风头过去依然我行我素;从工作内容来看,虽然有突出重点,如精简行政审批,治理乱收费等,但相关配套工作还没有跟上,即使是工作的重点,落实督查也不平衡。

3. 长沙推进"三化"进程中存在的经济发展环境问题

专家们对长沙经济发展环境中存在的问题,依其严重性程度进行了排序,在所列20个问题中按次序比例的排列是:①"执法不严,司法不公"(84%);②"腐败"(81%);③"信用缺失"(79%);④"假冒伪劣"(75%);⑤"乱收费"(73%);⑥"政治体制改革滞后"(70%);⑦"地方保护主义"(68%);⑧"部门利益冲突"(65%);⑨"公务员队伍素质不高"(64%);⑩"企业合法权益保护不力"(61%);⑪"行政审批繁杂"(52%);⑫"社会治安问题"(50%);⑬"创业条件差"(48%);⑭"人才难以发挥"(47%);⑮"缺乏平等竞争基础"(40%);⑯"政务公开度不高"(39%);⑰"垄断经营"(29%);⑱"城市市容欠佳"(21%);⑲"社会保障体系不健全"(20%);⑳"劳动力素质不高"(12%)。

专家们对优化长沙经济发展环境工作进展作出"最不显著"的评价超过20%的有五项,依次为:①加强秉公执法(58%);②整顿经济市场秩序(40%);③推进政府机构改革(36%);④改进职能部门工作作风(28%);⑤惩治腐败(24%)。这与许多专家们建议加强执法监督、狠抓经济秩序、加大政府机改革力度、转变机关和职能部门工作作风是一致的。

专家们对"最需要改进"的工作评价超过20%的五项依次为:①执法人员的素质"(66%);②"政府服务意识"(60%);③"政策落实到基层"(52%);④"维护社会信用"(48%);⑤

"提高市民文明素质"（32%）。专家们对"最需要改进的"部门（单位）的评价选择也相对比较集中，按次序前五个部门（单位）的是①公安（82%）；②城管（74%）；③街道办事处及乡、镇政府（66%）；④交警（54%）；⑤工商（51%）。

二、对长沙优化经济发展环境的前瞻

1.对长沙经济发展环境优化前景的预测

对长沙今后一段时期加快"三化"进程，优化经济发展环境的前景，专家中有22%"充满信心"，有50%的人"有信心"，两者相加比例达72%。表示"信心不足"的为18%，"没有信心"的4%，另有6%的人表示"说不清"。这一结果说明，大部分专家学者对长沙加快"三化"，优化环境的前景比较乐观，但值得高度注意的是仍有五分之一的专家持不太乐观或不乐观的态度。

对今后一个时期长沙与沿海先进城市和地区经济发展环境的差距，专家们预测是：有30%人认为"将逐步缩小"；10%的人认为"将保持现状"；有4%的人认为"讲不清"；有56%的人认为"将继续扩大"。这说明有近三分之二的专家表示长沙与沿海先进城市和地区的差距不会逐步缩小，有一半以上的专家认为差距"将继续扩大"。这就迫使我们必须以沿海先进城市和地区为标杆，负重加压，奋起直追，勇于赶超，发愤图强。

2.对加快长沙"三化"进程，优化经济发展环境的基本条件的认识

专家们对加快长沙"三化"进程中经济发展环境的优化与否的主要标志的判断，按选择比例排序依次是（选两项的比例集合数）：①"经济持续快速稳定发展"（86%）；②城市综合实力增强（74%）；③"成为国内外知名企业投资热点"（62%）；④"城乡人民生活水平大幅提高"(58%);⑤"政策稳定,经济发展,文明进步"(52%)。这说明经济发展环境化的三个最主要的标志是"经济持续快速稳定发展"、"城市综合实力增强"和"成为国内外知名企业的投资热点"。专家们的这一判断启示我们:加快长沙"三化"进程,优化经济发展环境,最根本的目的是要努力实现经济持续快速稳定发展;最重要的要求是要努力增强城市综合实力;更具体的体现是要使长沙成为国内外知名企业的投资热点。

对优化长沙经济发展环境基本条件的认识,专家们依其重要性排出了序次(比例为选两项集合数):①"决策层对优化环境的认识"(82%);②"人民群众的认同、理解与支持"(79%);③"国家的政策支持"(75%);④"政府决策的科学化,民主化"(66%);⑤"政府及职能部门的服务意识"(63%);⑥"良好的法制环境"(60%);⑦"社会信用与诚信环境"(55%);⑧"市场经济的规则意识"(51%);⑨"突出矛盾(腐败、犯罪、经济秩序失范)的有效抑制与缓解"(49%);⑩"文化习俗与精神文明建设"(44%)。

3.关于影响长沙经济环境优化的主要因素

对影响长沙经济环境优化的主要因素,专家们的判断(按选两项的综合数排序)如下:①"领导干部和政府职能的观念落后"(86%);②"领导干部和职能部门的思想陈旧"(72%);③"政策与思路确定后抓落实不够"(65%);④"部门利益冲突"(60%);⑤"公务员(机关工作人员)队伍素质问题"(58%);⑥"现行体制改革滞后"(52%);⑦"国家对各地的政策差别"(44%);⑧"现行政策法规的相互矛盾"(40%);⑨"人际关系环境不宽松"（38%）；⑩"区位优势不明显"（32%）。

以上排序表明：第一，专家们认为影响长沙经济发展环境优化的两个主要因素是领导干部和政府职能部门的"观念落后"与"思想陈旧"。一些专家特别还注明，主要是"官本位"、"权本位"的观念和浓厚的计划经济和小农经济思想观念；在一些领导干部和政府职能部门中没有摆正政府在市场经济中的位置；缺乏服务意识。第二，专家们对实际工作中"抓落实不够"和"利益冲突"这样的影响因素是十分重视的，特别是一些专家还列举了一些典型现象。第三，专家们对影响长沙经济发展环境优化的主要因素的判断，主要着眼于主观方面找原因，而对国家政策差别问题、基础问题和区位问题等客观因素关注的比例明显很低。这也正如有些专家在建议栏中所写的那样："长沙市不要满足于自我纵向比较，要向沿海先进城市和地区看齐，既不能夜郎自大，固步自封，也不要妄自菲薄，怨天尤人，而是要认清形势，发挥优势，抢抓机遇，奋勇前进"。

三、从专家建议看长沙优化经济发展环境的对策

本次专家问卷调查设计了一个开放性的问题，即您对加快长沙"三化"进程、优化经济发展环境有什么建议（请简要列出观点）。绝大多数专家对这个问题都作了回答，而且大部分专家还作了详细的观点陈述。综合专家们的建议，我们可以得到许多重要启示：

1. 教育和管理好各级领导干部和工作人员是优化经济发展环境的重要前提

问卷调查结果显示：有五分之四以上的专家认为，领导干部和职能部门思想观念问题是影响长沙"三化"进程、优化经济发

展环境的最主要因素；有三分之二以上的专家认为，长沙经济发展环境的优化取得实效，主要取决于各级领导和政府各个职能部门的公务员的整体素质；有一半以上的专家认为，长沙经济发展环境的优化和社会风气的根本好转的取决于各级领导干部的以身作则和职能部门公务员的廉洁奉公；有五分之二的专家认为，加强对领导干部和职能部门公务员的教育是优化经济发展环境工作取得进一步进展的一个主要因素。有的专家还深刻指出："领导干部思想认识水平和观念更新的程度决定着长沙经济发展环境的优化和长沙'三化'进程的速度"。"长沙有些领导干部也想优化经济发展环境，但自觉和不自觉在实际工作中却与优化经济发展环境的要求背道而驰，主要的表现是在处理问题时如果'权'与'法'发生矛盾时，往往'权'比'法'大，以'权'代'法'，当小团体或个人的利益与法律冲突时，甚至是知法犯法，目中无法。"绝大多数专家强调指出，加快长沙"三化"进程，优化经济发展环境，特别是应对入世的严峻挑战，长沙领导干部和公务员队伍有两个不适应，一是观念的不适应，主要是权欲观念较强，服务意识淡薄，"官本位"意识浓厚，法制观念淡薄；二是专业素质不适应，相当一部分公务员对推进长沙"三化"进程面临的国内外的竞争压力与市场挑战缺乏思想准备和业务准备，缺乏危机感、紧迫感和强烈的责任感。

2. 优化经济发展环境是一项动态的、发展的系统工程

问卷调查、专题座谈和个别专访的结果还反映出专家们的一个重要思想：清理审批权项和审批项目、突出重点治理整顿、集中整治"四乱"、监督检查执法等，作为各种专项工作开展是很有必要的，但优化经济发展环境是一项动态的、发展的系统工程，它必须与各个方面的工作配合和各项政策措施要协调一致,对此要有一个清醒的认识。绝大多数专家看来,长沙上下必须形成统一认识,必须有一个全面、动态的、发展的、系统的工作思路。优化经济发展环境不仅是当前一个中心工作,也是今后一个时期长沙经济社会发展的战略性措施,是全市上下必须下大力气,下硬功夫推进的一项社会系统工程。优化长沙经济发展环境必须抓住当前特别突出的重点、难点,但也必须从优化政府服务环境、法制环境、诚信环境、社会治安环境、市容环境、投资环境、人才环境、社会观念环境、廉政建议环境、新闻舆论环境、社会监督环境、精神文明环境、生态环境等各个子系统环境优化工作的整体推进。许多专家特别强调,政府要把优化经济发展环境作为自己的基本工作要求和基本职能责任,市民也要把优化经济发展环境作为应尽社会义务和自身的基本生活态度。

3.积极稳妥地推进改革是优化经济发展环境的根本动力

大多数专家认为,只有积极稳妥地推进改革,才能从根本上解决长沙社会经济发展中的各种深层次问题。专家们建议和直言:"围绕加快长沙'三化'进程、优化经济发展环境,长沙经济体制改革和政治体制改革要有新的突破,真正的以改革为动力推进长沙经济社会全面发展。""长沙优化经济发展环境说到底都牵涉到利益和权力两个敏感问题,经济体制改革的实质是利益关系、利益结构的调整,政治体制改革的本质是权力关系、权力结构的调整,优化经济发展环境的工作,只要一深入就碰到这两个问题,是突破出去?这是在外围热闹一阵子?这是优化经济发展环境实质问题。"一些专家强调指出:"应对中国入世挑战,中国宏观经济发展环境将发生重大变化:政府管理经济的方式、方法将发生重大变化；经济和经济格局的调整将以前所未有的深度和广度展开；国内市场竞争进一步激烈化和国际化；对中西部发展的压力日益明显。所以，长沙'三化'进程必须进一步加快，优化经济发展环境必须要有重大的实质性进展。这就必须积极稳妥地推进改革，以改革为动力全面开展优化经济发展环境的各项工作。"许多专家深刻指出："推进改革，必须是从政府机构改革、政府行政管理体制改革、干部和公务员（工作人员）队伍的管理任用制度的改革开始！总之，应该以制度建设上的改革为突破口，既要大刀阔斧，又要积极稳妥。"

4.领导重视，思路明确，措施落实是优化经济发展环境的关键所在

问卷调查的结果告诉我们专家认为，领导重视，是长沙经济发展环境优化的一个关键。"领导重视"这在我们国家国情来说是做成一项事情的关键。对长沙的各级领导层来说主要是两个方面的重视：一是对优化环境在经济社会发展中的地位作用的认识；二是对领导层自身思想认识提高的重视。有专家认为影响长沙经济发展环境优化的一个重要原因是思路不明确，不能为了优化经济环境而优化经济环境，必须明确优化长沙经济发展环境的目的是加快长沙"三化"进程，推进长沙经济社会全面发展，这样不仅可以摆正优化经济环境工作的位置，而且更重要的是有了明确的判断经济发展环境优化与否的标准和要求。有不少的专家指出："现在是上下两头着急，中间的不急，在加快长沙'三化'进程、优化经济发展环境的工作中，'中梗阻'的现象时有发生。""上级喊破嗓子，群众急得像疯子，干部只是做样子。"很多工作部署、上级指令、政策法规到了一些中间环节就走了样，变了形。有的专家指出："有的领导干部到一个地方、部门、单位后，口号提得滥，要求提得高。常常是用会议落实会议，用文件落实文件，缺少实实在在的行动，更缺乏雷厉风行、硬碰硬的贯彻落实。"有的专家对各级党委和政府狠抓落实的愿望很强烈，他们指出"中央和省里的政策和措施都很清楚，长沙主要是抓贯彻落实，具体来讲主要是解决'怎么干'的问题。长沙各级领导的主要工作和职责就是落实上级的政策指令和服务基层，什么时候中央和省里的各项政策精神落实了，什么时候长沙经济发展环境就优化了"。

湖南经济社会发展实现科学跨越的路径抉择思考
——新型城市化还是新型城镇化

一、湖南经济社会发展面临的形势

①面对的挑战可能越来越大

一是周边区域经济社会发展对湖南的压力可能越来越大。东向、江浙长三角地区是我国一直保持经济最强区域；南边，紧靠的是中国改革开放先锋广东珠三角地区；北邻，是与长株潭城市群同被国家批准为"两型社会"配套政策试验区的大武汉城市群；西侧，作为全国统筹城乡综合配套政策试验区，并得到西部大开发政策优势的重庆成都。四周的经济社会快速发展的区域经济辐射强化，有可能使湖南处于边缘化。

二是与先进地区发展距离可能越来越大。在上世纪九十年代初期几乎与湖南同时起步开始发展的江浙长三角地区现在遥遥领先于湖南，而且它们已完成了经济转换、产业升级，正以全新姿态投入全球化；如山东等省也已完成了农业省份向工业省份的转变。我们还处于艰难的转型起步中。

三是区域发展的竞争压力可能越来越大。我国九个省区以万亿元、13个地级以上城市以三千亿元的实力组成了2007年中国经济第一方阵。2008年各地竞相发展态势强劲，全国七大试验区齐头并进、中部两大试验区同主题竞争。这将都对湖南经济社会发展产生强大的竞争压力。

②可供选择的发展机会可能越来越小

一是可供选择的发展模式越来越少。传统的发展战略模式已淘汰，规模效益型、速度效益型发展也受到质疑；先发优势已丧失，后发优势资源还有待探索；地域优势越来越不明显，政策优势也不可抱太大希望。

二是发展的空间越来越小。在周边区域发展强势下，很可能我们只能被动接受其他"发展极"的辐射、带动和覆盖；在与武汉城市群同一主题竞争中，如果用传统的类比统计分析和常规数理预测，竞争的结果几乎没有悬念。

三是发展的时间越来越急迫。先进省区和区域抢占了先机，三大城市群、七大经济圈的格局基本形成，中西部的省区各据优势，正强力推进赶超战略，所以湖南必须尽快决策、尽快行动。

③发展的要求可能越来越高

一是要切实走出一条有别于传统模式的区域经济（包括工业化、城市化）发展的新路，最终目的是全面提升区域经济社会发展的综合实力和竞争力。这使我们发展起点很高。

二是要在相对传统的农业大省、工业特别是现代工业发展相对薄弱、缺乏大的城市群经济社会发展带动、资源环境消耗相对较大的现实条件下，探索推进发展转型、实现富民强省。这迫使我们的发展步伐要快。

三是要求我们在既要降低总体与单位能耗，又要保持良好的生态环境下实现快速发展；要求既要实现城乡统筹发展，又要将四个建设总体推进，实现全面协调可持续的科学发展。这对我们推进经济社会发展的战略质量和效益要求越来越高。

结语一：湖南经济社会发展科学跨越的战略思维需要大智慧、大胆略、大视野、大责任、大决心！必须把浓烈的事业激情、沉重的历史责任感、强健的赶超意识与科学精神、务实作风结合起来。

二、湖南经济社会发展路径抉择的依据

①国家宏观战略意图的深刻领悟

党的十七大报告基本提法是"城镇化"，把"城镇化"列在工业化、信息化之后与市场化、国际化统称为要全面认识的"五化"、"新形势新任务"，并明确提出"走中国特色城镇化道路"，进而阐述为"按统筹城乡、布局合理、节约土地、功能完善，以大带小的原则，促进城镇协调发展"。报告也提到要"以增强综合承载能力为重点，以特大城市为依托，形成辐射作用大的城市群，培育新的经济增长极"。根据上下文语境和语序来理解，主要是"增强"能力、"形成辐射"和培育"新的经济增长极"。而不是走所谓"城市化"道路，无论是"新型"的还是"旧型"的。

②中国国情和湖南省情的整体把握

中国国情的几个关键词是农业大国、人口大国和农业、农村，基础差、底子薄等。所以，中央鲜明地确定符合中国国情的一条伟大的道路——中国特色社会主义道路，同时指出了符合中国国情的五条具体道路，其中一条非常明确的就是中国特色城镇

化道路！2006年全国城市化刚刚达到43.9%水平，而我国一些大中城市就开始出现"城市病"，还有7.18亿人口生活在广大农村，如果都变成"城市人口"是否可能？如果可能，环境资源的代价是什么？符合中国国情的是"中国特色城镇化"，而不可能是"城市化"。

  湖南以农产品品种多、数量大成为农业产出大省。湖南总人口居全国第七位，而农业人口以4241.22万人（2006年数）居全国第三位，农业大省而城镇化水平低（2006年城镇化率38.7%，低于全国平均水平），在全国排居第20位。由于湖南城镇规模偏小、质量不高、水平滞后，减缓了湖南农村剩余劳动力向城镇转移的进程。所以，加快推进湖南城镇化是湖南经济社会发展战略的迫切需要。

庞大的非农人口可以在众多得以建设和发展的城镇中得到就业和居住的机会；急待开发的农产品加工业可以在整体城镇化进程中得到发展；农业规模化经营可以在大中城镇网络中得到促进；遍布全省的现代中小城镇的优势位置和信息流通、基础设施、人才利用等方面的优势，决定了它们是湖南农村实现科技兴农和农业现代化的重要基地。

  ③区域经济发展中城市化的全面审视

  在区域经济发展中的城市化的发展形态有两种模式和发展道路：一是人口转移型的城市化，强调和突出的特征是农村人口直接向城市的空间转移；二是结构转移型的城市化进程，强调和突出特点是地区经济社会结构由传统社会向现代社会的转移。前者是城市化的初始阶段形态，即传统的城市化；后者是城市化的高级阶段形态，也称为新型城市化（也近似我国的城镇化的某些特征)。

当今国际社会,在摒弃传统的城市化发展模式的同时,已经开始对现代城市化采用了一些全新的概念。一是"紧凑型"的城市化模式,不是"摊大饼"式的,以扩大、平摊城市规模的方式,以达到节能降耗、提高承载力的目的;二是"优化城市"新理念,优化、简化城市空间布局,避免空间不合理和"城市病";三是"强化城市功能"新概念,现代科技、信息化和便捷交通网络,使城市功能得以强化。近年来,特别是经济全球化又使城市突破了传统城市的等级和体系框架,即使是中小城市功能也得以变化、扩展而进一步优化、强化,以崭新的、有机联系的、高效的城市网络发挥强大的整体功能。

传统的城市化发展模式显然不适宜中国的国情。湖南应适时顺势地推出"统筹城乡、布局合理、节约土地、功能完善、以大带小"(十七大)的新型城镇化战略,为中国特色城镇化闯出一条新路。

结语二:湖南经济社会发展路径抉择必须是坚持解放思想、创新思维、更新理念,坚决贯彻党的十七大精神,坚持以科学发展观为指导,用现代眼光、全新理念和求实态度制定科学的、切实可行的经济社会发展战略。

三、实现湖南经济社会发展科学跨越的判断

推出新型城镇化的经济社会发展战略,至少可以明确以下三个方面的价值判断:

(1) 理论上坚持科学发展观的指导

一是突出了发展这个第一要务,着力把握湖南经济社会发展规律、创新城乡统筹发展理念、转变城镇发展方式、破解二元结构的发展难题，提高区域经济社会发展质量和效益，为湖南又好又快发展指明了正确走向。二是推进新型城镇化自觉地体现"可持续发展"理念。新型城镇化强调的是走内涵式发展、优化功能、发展城镇的思想；以"做新、做精、做特"大中小城镇网络群的全新思路在区域经济竞争中取胜，摒弃所谓"做大做强"的"摊大饼"式城市群规模扩张的传统模式。三是通过推进新型城镇化战略增强了城乡发展的协调主动性，逐步打破城乡二元结构，实现均衡协调、双赢共进协调发展。

(2) 宏观上实现统筹协调的发展

一是在全国各区域经济社会竞相发展中，湖南与它们是双赢互补、功能配套、错位发展、共谋崛起的关系，既避免了同构化竞争，又避开了战略发展路径上的撞车（浙江省在2006年就提出了"新型城市化"战略），在我国经济社会发展整体推进中呈现的是协调互动态势。

二是通过实施新型城镇化战略，构建城乡一体化发展的体制平台，统筹协调推进我省的新型工业化和社会主义新农村建设。新型城镇化、新型工业化、新农村建设"三新"联动互动，由省统一协调统筹，从政策框架到运行机制，提高湖南经济社会整体协调发展效益和发展质量。

三是有序推出统筹协调配套政策，走出一条体制机制创新的路子。实施新型城镇化战略在统筹城乡发展的更大范围和更宽领域深化改革，特别是包括土地在内的要素市场改革，实施优化配置、打破二元结构、突破城乡壁垒、推进土地流转等。

(3) 实践上可以积极稳步地推进

一是有战略实施的基础条件。湖南以长沙为中心的城市圈特征是"市不强，圈不弱"（武汉城市圈是"圈不强，市不弱"）。湖南正可以变弱势为优势，在新型城镇化战略中，以增强长株潭城市群的综合功能，以发挥周边城市、城镇的强势，实现3+5+6+……的梯队形式，形成功能配套的城镇网络，发挥整体优势功能。

二是可以全面带动"两型社会"的建设。湖南主要为水山丘陵地带。有独特的生态环境条件，新型城镇化建设按山水林田连接开展空间布局，使城、镇、山、水、林、田相间，把城、镇融入自然环境中，田园山水、湖光山色又相映在城、镇间，使湖南的每一处乡镇和城市都成为人类宜居之地。

三是可以加快形成城乡发展规划、产业布局、基础设施、公共服务、劳动就业和社会管理六个一体化新格局（2008年中央一号文件要求）。

结语三：有关"新型城镇化"战略还有待深入系统研究。但是湖南究竟要建立一个什么样的湖南？湖南在21世纪中国宏观战略中处什么位置？扮演一个什么角色？发挥一个什么样的作用？兄弟省区乃至国际社会如何看待和评介当代湖南？值得我们深思！基于此，湖南经济社会发展科学跨越的路径抉择上我们可否更新理念、逆向思维、独树一帜，适时推出并实施好"新型城镇化"发展战略？中国社会高端将以全新视角关注湖南，国内外社会精英将对湖南刮目相看，而这一功德无量的善政之举在湖南本土将获得更为广泛的社会支持——这应该是个不争的事实。

坚持科学发展 实现科学跨越
——"一化三基"在长沙的成功实践

内容提要：

新型工业化是长沙又好又快、率先发展的第一推动力，是长沙经济社会全面、协调、可持续发展的必经之路，"一化三基"战略是长沙实现经济社会跨越式发展的战略平台；长沙抢抓中部崛起、改革试验先行、实行宏观调整三大机遇，以改进作风、提升领导发展能力为启动措施，以"解放思想、创业富民"为纵深发展推进举措，以"两帮两促、真抓实干"为推进"一化三基"战略的重大举措，实现了长沙经济社会跨越式发展。

2006年，省第九次党代会根据湖南省情和发展阶段性特征，提出了"一化三基"的战略发展思路，后又提出了科学跨越的明确要求。近三年来，长沙市委、市政府率领全市人民在大力推进"一化三基"战略中，以科学发展观为指导，大胆创新发展思路，

注：本篇为"长株潭城市群模式与新型城市化系列课题"的长沙研究成果；2009年湖南城市群发展模式交流文献。后入选《科学发展在湖南的理论与实践——"一化三基"战略》（湖南教育出版社）2009年11月第一版。

真抓实干勇于实践，奋力加快率先发展，取得了战略阶段性胜利。长沙的成功实践证明，"一化三基"战略是促进长沙又好又快、率先发展的"第一推动力"，是应对当前金融危机的重大举措，是长沙实现科学跨越的重大战略思想。

一、坚持科学发展 创新发展思路

2006年底，主政长沙伊始的陈润儿书记，围绕彻贯落实省第九次党代会的部署，组织力量深入调研，在常委会多次专题研究，2007年1月13日在主持中共长沙市委十一届三次全会上讨论通过了《关于加速推进新型工业化若干问题的意见》、《长沙市六大产业集群发展规划》。全会一致认为"一化三基"战略，符合长沙发展实际，真正抓住了科学发展的关键。近三年来，长沙市委、市政府坚持科学发展观指导，不断深化认识，广泛达成共识，提升理性思维，凝聚了实施"一化三基"战略的总体发展思想。

1.深刻领会，统一认识，明确实施"一化三基"战略的重大意义

进入新世纪以来，长沙确定并实施"兴工强市"战略，取得了明显成效。但面对长沙又好又快、率先发展的目标要求和区域经济的激烈竞争，长沙必须进一步统一认识，增强推进"一化三基"战略的紧迫性和责任感。长沙发展，弱在工业、差在工业。从新型工业化"三大效应"来看，推进新型工业化不仅是长沙未来发展的历史使然，也是长沙面临强大竞争压力的现实必然。

①推进新型工业化是转变经济增长方式的内在要求

"十五"以来长沙增长动力主要还是投资驱动，全市工业经济效益综合指数虽然连年提高，但在中部六省省会城市中仍偏低，这种主要靠投资驱动增长方式，虽短期内可以见到成效，但由此带来的高速度不可持续，实际上也很难长期保持强劲的投资势力，必须尽快以新的替代动力来支撑长沙持续快速发展。长沙迫切需要走一条科技含量高、经济效益好、资源能耗低、环境污染少、人力资源优势得到充分发展的新型工业化道路，加快从粗放增长向集约增长、投资驱动向创新驱动、数量增长向质量增长的转变。

②推进新型工业化是调整优化产业结构的根本动力

从长沙产业结构来看，尚未形成工业主导型产业结构。2005年二产业只占42.3%（远低于郑州52.9%、南昌52.81%、太原46.86%、合肥64.2%、武汉45.5%的水平），而且二产业中的工业比重仅73%（经济发达的苏州、深圳、杭州、南京、宁波、大连等城市工业产业90%以上）。沿海发达城市人均GDP大都在5万元以上，产业结构仍为"二三一"，而长沙2005年人均GDP不足3万元，却出现了"后工业化"阶段才会有的"三二一"高度化产业结构！这主要是工业总量不大，相对提高了三产业比重，形成"虚高现象"。同时，由于长沙工业发展水平不高，导致区域经济的内生增长力不强、综合竞争力弱。基于此，长沙调整优化产业结构，根本动力在于加速新型工业化来提高工业带动力、产业融合度和资源转化率。

③推进新型工业化是提升经济竞争实力的重要途径

长沙与中部其他省会城市比较，经济总量不大，主要是工业总量不大，2005年，地区工业增加值武汉为852亿元，郑州759.7亿元，长沙仅为469.28亿元；财政增长乏力，主要是工业增长乏力，其他省会城市工业提供的税收一般在40%左右，而长沙只占一般预算收入的24.79%；长沙发展后劲不足，主要也是工业后劲不足，从工业投入占城镇以上固定资产投入比重来看，2005年，武汉为26.5%，太原为71.6%，南昌为39.2%，郑州为37.2%，长沙仅为24.5%。长沙没有工业领先就没有发展率先，没有工业的强大就没有竞争实力的强大。因此，长沙必须以推进新型工业化来提高经济竞争力。

长沙决策层达成的基本共识是：新型工业化是长沙又好又快率先发展的"第一推动力"。

2.深入调研，科学论证，提升实施"一化三基"战略的理性思维

近三年来，长沙坚持以市委和全市各级党委（总组）中心组学习的形式，深入基层开展调研，加强学习，努力探索，不断提升领导干部理性思维和领导发展的能力，联系长沙的实践，创造性的理性思维，不断提高实施"一化三基"战略的自觉性和主动性。

①新型工业化与新型城市化相协调

新型工业化和新型城市化之间有着深刻的内在联系。在工业化早中期，主要是工业化带动城市化，在工业中后期，主要是城市化推动工业化。长沙目前总体上还处于工业化带动城市化阶段，工业化速度决定城市化速度，工业化模式决定城市化模式。长沙要充分发挥新型工业化带动作用，以产业布局优化推动城市布局优化，以产业发展提质推动城市发展提质，以产业结构推动升级城市经济结构优化。同时，适应新型工业化要求，在城市基础设施建设中，注重功能分区、设施配套，以优势产业基地、街区，实现集合要素、集聚辐射、集约发展。

②新型工业化进程与生态环保相适应

新型工业化重要原则之一就是节能降耗，生态环保；新型工业化重要特征之一就是可持续发展。我们决不能重蹈西方传统工业化的老路。2007年2月省政府出台的《新型工业化考核指标体系及奖励办法》充分体现了节能降耗，科技环保，集约高效的单位工业产值能耗和主要降排要求。长沙"两高一资"产业比重较小，但仍必须加强治理。同时，对新建和引进的产业企业，首先要符合能环保要求，通过提高环保门槛，淘汰落后生产力，严禁资源浪费、环境污染的项目。长沙应在推进新型工业化中促进"两型社会"的建设，在建设"两型社会"中加快新型工业化进程。

③新型工业产业结构优化与区域济结构调整相匹配

长沙作为区域性中心城市，经济结构处在进一步优化调整阶段，虽已步入工业化中期，但与现代工业相关的生产性服务业发育尚不充分。在加速推进新型工业化中培育制造业与服务业共进互动，在促进产业融合中实现产业升级，在发展先进制造业中发展现代服务业，在新型工业化产业结构优化中加快发展研发设计、现代物流、金融保险和商务会展等生产性服务的基础产业，带动整个城市经济优化调整。

长沙决策层达成的根本共识是：新型工业化是长沙经济社会全面、协调、可持续发展的必经之路。

3.联系实际，积极应对，创新实施"一化之基"战略的总体思想

近三年来，长沙发展遭遇了前所未有的挑战，也面临前所未有的机遇，但无论风云变幻、顺势逆势、危机先机、始终坚持科学发展，积极应对；在实施"一化三基"战略中，抢抓战略发展机遇，充分运用"三大战略"机遇的集聚、叠加、倍增效应，形成了动态的、发展的实施战略思想体系。

①抢抓中部崛起战略机遇，推进"一化三基"

2006年到2007年间，国家宏观调控对长沙部分生产要素投入产生相对制约，长沙经济增长方式转变过程中面临诸多压力，但长沙抢抓中部崛起的机遇，充分利用国内外产业向中部转移、长株潭经济一体化的有利条件，力争在建设中部地区"三基地一枢纽"（国家加强中部地区粮食生产基地、能源材料基地、现代装备制造及高技术产业基地建设，提升中部地区交通运输枢纽地位）的格局中赢得先机。长沙不具备能源材料优势，粮食生产在经济总量中比重较小。长沙必须充分发挥人才和技术资源的比较优势、装备制造和高技术产业优势，优化产业整体空间布局，增强自主创新能力，打造百亿元级优势产业集群。在市委、市政府"奋发进取、乘势而上、全力推动长沙经济社会率先发展"的号召下，"一化三基"战略在长沙进入全面启动阶段。

②抢抓改革试验先行机遇，推进"一化三基"

2007年到2008年，长沙在国家发展层面获得了重大的战略机遇。先是长株潭城市群与武汉城市圈并列为中国"两型社会"综合配套改革试验区；后是长株潭城市群体与北京、上海、天津、深圳、西安作为国家六大综合性技术产业基地，共同承担促进高技术产业集聚、辐射带动区域经济发展重任。长沙的经济社会发展不仅要"率先"全省、争做中部"领跑者"，而且要自觉地摆到全国大发展格局中去创一流。改革试验先行机遇，为长沙打造了金字招牌，也极大地提高长沙在全国发展布局中的地位，有力地推动长沙实现自主改革、走生产发展、生活富裕、生态良好的新型工业道路。在市委坚持好字优先，推动又好又快，开启率先基本实现全面小康的号召下，长沙推进"一化三基"的基本思路是：在转变发展方式中提高整体经济素质；在调整优化产业结构中做大产业规模；在推动科技自主创新中提升经济技术水平；在突出抓好节能减耗中提高经济效益。长沙在推进"一化三基"战略中迈出了坚定步伐。

③抢抓宏观调整历史机遇，推进"一化三基"

2008年到2009年，长沙面对纷繁复杂形势和突如其来的考验，积极回应中央宏观调整部署，明确"保持经济平稳较快发展"目标。在深入推进"一化三基"战略中，形成了"六位一体"的总体思想：①扩大内需，力保经济持续增长，突出坚持扩张投资规模和优化投资结构相统一。②转变方式，加快经济结构战略性调整，产业结构上调"优"，组织结构上调"大"，技术结构上调"高"。③抢抓机遇，全力以赴主攻项目；主导产业与基础产业一齐上，政府投资与社会投资一齐上，新开项目与续建项目一齐上。④夯实基础，大力提升城市基础设施配套功能；突出了强化交通、通信等重大基础设施。⑤突出重点，全力加速产业升级；突出发展"两型"产业、壮大优势产业集群、优化整合园区资源。⑥科学布局，强力拉伸长沙新型工业产业发展架构；打造"一级"（大河西先导区）、熔铸"双核"（高新区、经开区）、构筑"三轴"（以金洲大道为轴心，金洲开发区与望城经开区为两翼，向西对接宁乡经开区发展的西线工业走廊；以长浏高速建设为轴心，推进开元东路延伸到浏阳生物医药园，向东对接浏阳制造业基地发展的东线工业走廊；以芙蓉北路、湘江大道北段建设为轴心，加快南北货站、霞凝三期、铜官循环经济基地建设，以金霞保税物流园为中心，重点发展大运量产业为主的北线工业走廊），为新型工业化的持续推进提供广阔的发展空间。

长沙决策层达成的总体共识:"一化三基"是实现长沙经济社会跨越性发展的科学道路、战略平台、决胜之本!

二、推出重大举措 落实战略部署

长沙市委、市政府率领全市人民创造性地贯彻落实省委要求,在实践中积极推出了一系列具有鲜明长沙特征的战略措施,近三年来,从战略启动、战略推进到战略发展,连跨三大步,一步一个大台阶,演变出长沙经济社会发展一幕幕威武雄壮的史诗!

1.改进作风,增强能力,开辟实施"一化三基"战略发展新征程

推进新型工业化,不是简单地重复工业扩张的传统模式,而是生产要素重组、产业结构优化、增长方式转变的经济发展形态高级演变。这对领导发展能力提出了新的更高要求。长沙市委、市政府从2007年初开始,把加速推进新型工业化作为年度重点工作之首,从改进干部工作作风,提高领导能力入手,适应形势发展,把握客观规律,改进工作方法,从而开启了长沙全面推进"一化三基"战略的序幕。

①明确政府工作职能

一是抓好规划布局。规划是新型工业化加速推进和有序健康发展的重要前提与保障。市委、市政府首先是要制定区域产业规划、抓好规划编制落实、推进城区产业调整。努力构造以高新技术产业为先导的都市型工业和现代服务业为支撑的都市产业发展新格局。二是抓好政策引导。既要发挥企业主体作用,又要发挥强大的政策引导作用。大力支持产业集群发展、着力加强优势产业培育、加强产业投入引导、鼓励发展现代服务企业。三是抓好

环境营造。引进优质生产要素形成加速倍增的循环累积。优化产业投资环境、营造人才创业环境、改善企业发展环境、构建优美的生活环境。四是抓好组织领导。加速新型工业化进程，关键是加强组织领导。按产业规律抓产业发展、凝聚社会合力抓项目开发、明确目标责任抓考核落实。

②增强城市综合发展功能

一是着力提升城市综合竞争力。最具竞争力的城市才能孕育出最有竞争力的产业。通过致力于发挥城市聚合作用，大力度吸取产业资源、优效率配量生产要素、高层面激活发展能量。二是科学规划和拓展城市发展空间。科学合理调整城市发展布局，抓好城市整体功能设计，全面提升城市形象。三是不断完善城市综合配套功能。注重城市扩张发展的同时更加注重城市质量效益的集约发展，注重城市形态构架的同时更加注重城市承载功能的强化。增强长沙对"3+5"城市群的辐射互动作用。四是切实提高城市综合管理服务水平。完善城市管理体制，加强城市综合管理的基础工作，通过实施畅通工程，安居工程、生态工程和品质工程改善城市运行效率；建立完善的城市公共管理体系，不断提高公共服务水平。

③推进新型工业产业化发展

一是加快百亿元级产业集群发展。围绕做大做强优势产业集群，重点培育和壮大核心支柱产业；大力扶植壮大新兴产业；运用现代科技提升优势传统产业。二是推进工业自主创新，提高工业核心竞争力。充分发挥长沙科技人才聚集优势，建立"产、学、研"合作机制，促进科技成果转化；加强创新平台建设，积极支持重大技术创新项目；促进工业增长由投入拉动向创新驱动转轨。三是大力开展节能降耗，发展循环经济。2007年以来，长沙市财政每年拿出3000万元专项资金，鼓励企业节能降耗，重点是支持"六大产业"群。实施"百家企业节能工程"。四是深化国有企业改革，切实增强发展活力。继续推进长沙市属国有企业改革；做好中央和省属企业改制的交接工作；鼓励民营企业资本和社会资本参与国企改革。

2.解放思想，创业富民；奋力推进"一化三基"战略向纵深发展

2008年是长沙经济社会发展非同寻常的一年，也是卓有成效有一年。长沙市委、市政府直面困难、科学决策、超前谋划、从容应对，推进长沙经济社会逆势而上，率先发展。特别是全市开展以"科学发展、创业富民"为主题的新一轮解放思想大讨论，极大地激发了创新活力，增强了改革动力，把"一化三基"战略推向了纵深发展。

① 拓展改革开放深度和广度，实施创新发展

一是推进和深化各项改革。推进行政管理体制改革；深化财税，投融资体制改革；完善国有资产监管机制；推行事业单位分类改革；落实促进非有制经济发展政策等。二是加强产业招商和拓展外经贸合作。精心筹备系列招商洽谈会展活动；突出引进战略投资，加大总部经济引入；支持企业和园区"走出去"，增进与"泛珠三角"、"长三角"、东盟等国内外经贸合作，主动承接产业转移，提高经济开放度和外向度。三是拓宽投融资渠道。发展产业投资基金，抓好已上市公司培育，积极推动优质企业上市融资，推动投资重点战略性转型；加大关键领域和薄弱环节投资，把产业投资特别是工业投资作为重中之重；积极探索建立城市基础设施建设融资新模式。四是切实加强政风建设。突出抓好政务公开，完善重大决策专家咨询和社会公示、社会听证制；切实提高政务服务水平，强化绩效考核；全面落实廉政责任。

② **总体推进新型工业化，实施"四个依托发展"**

一是依托园区实施集聚发展。创新园区管理机制，引导中小企业和民营企业向园区集中、招商引资企业向园区集聚；启动经济新区规划建设，加快园区扩容提质。二是依托产业实施集群发展。加快"六大优势产业"集群发展；培育住宅工业、数字媒体、农产加工、浏阳花炮、服装服饰等产业集群；抓好科技成果转化基地、光伏产业基地、化工产业基地等重点项目载体建设；完施中小企业成长工程，鼓励发展"专、精、特、新"项目。三是依托创新实施集约发展。重点打造中试、对接、服务和投融资四大平台；突出抓好重点行业、重点领域节能减排；鼓励企业争创品牌。四是依托城市功能实施"双融"发展。促进先进制企业与现代化服务业的"互动融合"；依托"数字长沙、信息星城"的构建，推进信息化与新型工业化的"渗透融合"。

③ **强化重大项目支撑，实施"四大建设"发展**

一是交通。推进以轨道交通、湘江综合枢纽、黄花机场扩建、南北站迁建、出城口改造为重点的交通建设。二是项目。推进以一洲两岸、北三角洲、滨江新城、南湖新城、武广新城等为重点的提升城市品位的精品项目建设。三是民生。推动以固体废弃物处理场改造、污泥集中处置与综合利用项目等，加强生态环境保护和以经济适用房、廉租房建设为主要内容的民生工程建设。四是产业。推动以众泰汽车、陕汽重卡、中联技改、博云新材、瑞祥新材、红星肉食加工、湖南金山优质稻产业开发工程为重点的产业项目建设。

3.两帮两促、真抓实干：勇于争创"一化三基"战略阶段性成果

2009年是长沙经济发展极其困难而又极富挑战的一年。金融危机的影响加剧，经济下行压力加大，长沙在国家"保增长、扩内需、调结构"的宏观政策效应下，在省委"优势地区优先发展"的支持下，以"一化三基"为经济社会发展支撑，逆势上扬，率先发展。市委、市政府在全市开展以"两帮两促"（帮助扶持企业发展，帮助推动项目建设；促进民生改善，促进经济发展）为主题的活动，不失时机地推出实施"一化三基"战略的系列重大举措。

①抓大项目：实现战略重点突破

以十大基础设施项目、十大社会民生项目和十大产业发展项目为抓手，市四大家领导班子成员分头挂钩联系，围绕资金到位、项目开工、竣工投产"三个比率"，紧盯生态环保、用工用地、税收贡献"三大指标"，抓好重点项目、目标责任和牵头领导"三个落实"，推进项目投产、项目建设和项目储备"三个一批"。对符合产业规划和事关区域发展的重大项目，更加大扶持力度。仅十大产业建设工程总投资约281亿元，建成后销售总收入将达到1200亿元规模。年初就从市直机关抽调1000名得力干部组成工作组，帮助扶持全市筛选铺排的100个重点项目，同时，挑选成长性好、有发展潜力而又需要重点帮扶解决困难和问题的100家中小企业（包括工业、高新技术和农产品加工企业88家，现代服务业企业12家）派出工作组驻点帮扶。（见表）

长沙工业投入产出变化

年份	工业投入（亿元）	同比增长%	工业总产值（亿元）	同比增长%
2005	164.2	26.5	1300.62	27.3
2006	208	26.1	1650.85	26.9
2007	308	48	2154.64	30.5
2008	420.75	36.7	3231.84	33.3
2009上半年	246.52	27.12	1732.75	18.5

②调"优、大、高"：加速战略整体推进

一是产业结构调"优"。做优做强工程机械、汽车及零部件、新材料、新能源和食品加工业，打造一批千亿级产业；以制造业的两端延伸和服务业分离为关键、以服务外包、现代物流、电子商务、金融投资、研发设计为重点，加快发展新兴生产服务业，实现制造业与服务业相配套、信息化与工业化相融合、外延式与内涵式相促进。二是组织结构调"大"。完善生产组织体系，以大带小、以小壮大、配套上下游、延伸产业链，不断放大主导产业的集聚和溢出效应；加快项目集群进园区、产业集群发展、功能集群配套步伐。三是技术结构调"高"。大力提高产业科技含量，增强经济技术实力，完善产业技术平台，强化产业技术联盟，切实抓好一批科技龙头企业的培育、一批关键共性技术的突破和一批重大科技专项的实施；引导企业加大先进技术和设备的投入，鼓励通过技术进步推动节能减排，三年来，长沙财政投入近4亿元撬动节能市场，惠及400多个项目，力保增长不增耗，增产不增污。

③创先导区：激发战略创新活力

充分发挥大河西先导区改革试验和产业发展的战略先导作

用。启动建设一批支撑"两型社会"建设的重大项目，健全改革试验的推进机制，形成在点上突破、面上推进态势。加速枫林西路等12条道路和各项配套工程建设；以高新区为龙头，以望城经开区和宁乡经开区为两翼，以先进制造业和高新技术产业、现代服务业、现代农业等三大产业基地建设为重点，突出抓好国家级综合性高技产业基地建设；积极推动一批重大高端产业项目落地建设；聚焦资源节约、环境保护、土地管理、金融创新、行政管理等领域，先期启动若干重大标志性改革举措，尽快取得实质性进展。

④夯实基础：确保战略全面发展

一是建好基础设施。加快黄花机场扩建、武广客专长沙段、沪昆客专长沙段、长浏高速、长花灰韶等重大基础设施建设；重点推进轨道交通建设、加快劳动西路等4条过江隧道、潇湘大道等10条主干道、湘江大道捞刀河等5座桥梁建设。二是营造发展环境。重点是优化产业投资、培育人才创业、改善企业发展三大环境。三是打造宜居城市。突出推进城市交通畅通工程，继续实施城市品质工程，着力解决居民住房问题，建设食品安全城市，塑造满意政府。

三、全面协调发展　实现科学跨越

长沙发展实践证明，贯彻落实"一化三基"战略是贯彻落实科学发展观的具体化。长沙经济社会发展已经从赶超式迈入了跨越式，提升到一个全新的发展阶段。"一化三基"战略在长沙的成功实践，促进了长沙经济社会发展实现科学跨越。

1.长沙实施"一化三基"战略的显著成效

在科学发展观指引下，长沙市委、市政府率全市人民坚定信念，顽强拼搏，大力推进"一化三基"战略，取得了显著成效。2008年，长沙工业总产值3230.84亿元，进入全国省会城市工业十强。三次产业对全市GDP增长贡献率分别为2.6%、53.0%、44.4%，分别拉动GDP增长0.4、8.0、6.7个百分点。由于二产业，主要是工业的快速增长，使长沙GDP突破3000亿元，增长15.1%，居全国省会城市第9位，首次以三千亿元的经济实力进入我国经济第一方阵。长沙的经济总量在全省的占比达到26.9%，比上年提高2.9%个百分点。由于长沙在全省更为突出的引领作用，为湖南省2008年跨入万亿元省区行列作出了应有贡献。从发展战略层面看，"一化三基"在长沙的成功实践主要有以下三大亮点：

①成功推动了长沙又好又快、率先发展

一是推动了产业结构优化调整。2008年与2007年和2006年同期相比较，一、三产业比重分别降低0.6、6.6和1.2、7.6个百分点。三次产业结构由2007年的6.3：45.0：48.7调整到5.7：52.2：42.1。由"三二一"优化为"二三一"结构，二、三产业比重达到94.3%，2008年全部工业增加值占GDP比重为43.7%，比上年提高8.5个百分点，产业结构得到优化，工业成为长沙市经济发展主导，二、三产业共同推动经济的快速发展。

二是推动了经济增长方式转变。长沙工业经济加速了由粗放增长向集约增长的转型升级。全市工程机械、中成药及生物医药、新材料、汽车及零部件等六大产业集群共完成工业总产值1086.3亿元，占全年工业总产业33.6%。全市"两区九园"共完成规模工业总产值1456.9亿元，占全年工业总产值45.1%。长沙的全年工业总值由100亿元突破1000亿元用了13年，由1000亿元突破到2000亿元用了3年，而从2000亿元到3000亿元仅用1年时间。

三是推动了经济竞争力的提升。长沙经济发展在全国省会城市中的比较地位稳步提升，近年更是争先进位。2008年完成GDP3001亿元，在全国省会城市排第9位，比2001年提升5位，经济总量跨入中等偏上行列。2008年长沙市财政一般预算收入在全国省会城市排第8位，规模以上工业增加值排第10位。2009年长沙获得中国首届最具软实力城市称号，排名全国第5位；包括港澳台在内的全国最具竞争力城市评比中，长沙科技竞争力跻身第6位，文化竞争力排名第10位。

②大力促进了长沙经济社会全面发展

一是促进了新型城市化新农村建设。长沙按照产业布局优化、区域功能结合、基础设施完善、资源配置有序原则，以统筹城乡发展来落实"一化三基"战略，掀起新一轮新型城市扩展。长沙城市形象显著提升。全市城市化率由2005年的53.4%提高到61.3%，达到中等发达国家水平，比全省年均水平高近20个百分比，成为中部重要的特大城市，城市辐射带能力明显增强。长、望、浏、宁四县（市）综合实力全部跻身中部十强和全国百强县（市）。农村全面小康实现程度已达80.2%。

二是促进了"两型社会"建设。长沙率先全国于2006年成立能源管理办公室和能源执法队，全力推进节能降耗工作。长沙万元GDP能耗值连续三年为中部省会城市最低，走新型工业化道路、建节能型城市和"中部节能看长沙"的品牌效应日益现。长沙率先启动了环境保护三年行动计划，制定发布了我国首部《环境风险企业管理若干规定》，加快坪塘老工业基地产业退出，全面加速大河西"两型社会"试验先导区建设，实施重点建设项目"三年行动计划",开工建设重大项目52个。

三是促进了以民生为重点的社会事业建设。教育文化、社会保障、医疗卫生、环境保护等社会事业得到加速发展,安居、就业、畅通和生态四大民生工程扎实推进。2008年长沙城乡居民人均支配收入同比分别增长13%、16%,人民群众获得更多的实惠。长沙先后被授予全国人居环境范例奖,全国水环境治理先进城市、全国森森城市和国家园林城市,荣获国家知识产标示范城市称号。2007年,长沙被评为中国最有娱乐幸福感城市,2008年、2009年连续两年被评为中国最具幸福感城市。

③扎实构筑了长沙经济社会跨越发展的战略平台

一是发展速度提升到倍增的轨道。从经济总量变化速度来看,长沙GDP由1990年的100亿元上升到2003年的1000亿元用了13年,1000亿元上升到2007年的2000亿元仅用了4年时间,而2000亿元上升到3000亿元只用了一年时间。(见图)

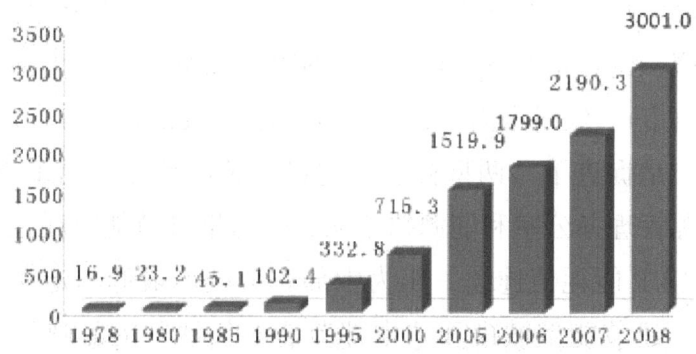

地区总产值

从工业总量来看也是快步跨台阶的发展趋势。2005年长沙工业总产量1300.6亿元比2000年长沙工业总产量的620亿元翻了一番,而2008年长沙工业总产量3230.84亿比2005年又翻了一番多，仅用了3年！

二是发展质量进入到优良的阶段。长沙已形成了以工业为首要支撑，二、三产业共同拉动了经济增长的良性结构；非公有制经济和高新技术快速发展。2008年，非公有制经济增加值占全市GDP比重55.3%，高新技术产品增加值占比达12.4%；高新技术工业总产量在规模工业总值中占比达43.8%；2008年成为国家知识产权工作示范城市。国内专利申请量、授权量和拥有中国驰名商标数均居全国地级省会城市第一位；长沙制造正向长沙创造升级，原有的工业产业集群继续发挥巨大的产能，一批新兴产业正在形成优势主导产业梯级发展新格局，开始形成长沙新的工业增量。

三是发展规模拓展到全新的空间。加大长沙经济大发展"骨络身架"的建设。除了加快"一极"、"双核"、"三轴"建设外，加强了有利于城市长远发展的重大基础设施建设。特别是加快了一批枢纽性、功能型、网络化重大城乡基础设施建设；重点推进了轨道交通、过江通道和先导区、七大片区和五城区的络网建设。

2.长沙实施"一化三基"战略的重大启示
①坚持科学发展观，注重理性思维，实现科学决策

近三年来长沙推进"一化三基"的奋斗历程，困难之大、变化之快、挑战之多前所未有。长沙市决策层推进"一化三基"战略实践中，始终坚持以科学发展观审视历史、分析现实、谋划未来，展开理性思维，深入调查研究，高度统一思想，广泛达成共识，超前谋划，科学决策。率领全市各级党委、政府团结全市人民，在挑战中争取主动，在困难中一路奋进，破解了一道道发展难题，推动长沙经济社会逆势而上、又好又快、率先发展。

②抢抓战略机遇，注重思想解放，实现改革创新

挑战蕴含机遇，困难蕴含希望；困难越大，机遇越大；挑战越多，机遇越多，机遇的影响是均等的，机遇的占有是不等的，而且，机遇稍纵即逝的特性决定了谁出手快，谁就机遇多，谁抓得住，谁机遇多。正是秉持着这种理念，在推进"一化三基"战略中，长沙市委一班人做到反应快、谋划快、行动快，并通过解放思想大讨论引导各级党委政府率全市人民破解了危机，赢得了转机，抢占了先机：在中部崛起、改革试验和宏观调整三大机遇中，先人一步，快人一拍；"两型社会"改革试验，有的地方还有搞规划、做概念，而长沙先导区已呈现出蓬勃的生机和良好态势；中央宏观调整刚启动，长沙就上项目"走捷径"、"争投资"、"拍硬板球"。2008年下半年，长沙市委、市政府解放思想、大胆创新，在11月份就确定了322个项目、总投资5636亿元的一揽子项目计划，抢抓了政策宽松机遇，一批重大项目随即迅速启动。

③发扬实干精神，注重联系实际，实现科学跨越

真抓实干，联系实际，务求实效是长沙近三年来推进"一化三基"战略的重大实践经验。面对罕见的冰灾，万名机关干部下基层，奋力组织抗灾，抓好生产补损；面对资源紧缺局面，积极组织协调，千辛万苦调煤发电，力保生产正常进行；面对中小企业资金困境，加大扶持力度，千方百计为生产发展解难；面对严峻的就业压力，积极开展创业富民活动；面对金融危机的严重考验，迅速组织"两帮两促"，组织各级干部带着感情、带着责任，深入基层、企业、项目开展帮扶工作。发扬实干精神，锻炼了干部、凝聚了人心，取得了实效，推进了发展。长沙经济社会发展一年一步大跨越，地区生产总值在去年跨入三千亿元的基础上，今年上半年达到

1484.13 亿元，同比增长 14.0%，比全省快 1.2 个百分点，在全国省会城市排名第四，已呈现强劲的跨越式发展态势。

3. 长沙实施"一化三基"战略的未来走向

①全面理清发展思路

着眼于全国争先、中部领先、全省率先，按又好又快、率先发展的总要求和率先基本实现全面小康的奋斗目标，进一步全面实施"一化三基"战略。一是研究要有新成果。要在近三年实践的基础上进一步扩大视野，创新思维，继续加深对"一化三基"的内涵、特征和发展方向的研究，特别是加强政策、标准、项目、规划方面的研究，不断丰富、提升和创新战略思路。二是战略要有新突破。战略实施标准上，要有先导性和示范性；战略内容上，要把握综合性，配套性；战略重点上，紧紧围绕经济效益、社会效益、生态效益和长远效益。三是发展要有新要求。战略发展不仅要与新型城市化、新农村建设互动共进，与"两型社会"建设互动共进，还必须与世界经济发展和人类社会文明进步互动共进。

②大力转变发展方式

加快推进经济发展的战略性调整和结构性转型，促进经济增长由主要依靠投资拉动向消费投资出口协调拉动转变、由主要依靠第二产业带动向一、二、三产业协调带动转变、由主要依靠物质资源消耗向主要依靠科技进步、劳动者素质提高和管理创新转变，不断提高科技进步对经济增长的贡献率，切实增强科学发展后劲。紧紧抓住"两型社会"建设综合配套改革的重大机遇。力争用 5—10 年时间把大河西先导区基本建成"两型社会"的示范区、高新产业的集聚区、城乡统筹的样板区、生态宜居的新城区和支撑发展的增长极，到 2020 年基本建成核心区，再造一个新长沙。

③全面实现跨越发展

一是加快项目建设。始终把项目建设作为保增长、扩内需、调结构的重要手段。策划包装一批改善民生、拉动内需、带动产业、为全市长远发展打基础的大项目。对2009年初确定的322个重点项目，纳入到"两帮两促"活动的30个重大工程、100个重点项目和100家中小企业，加强调度，重点帮扶，及时解决项目建设中存在的问题和困难。二是推进产业升级。制定出台全市八大产业振新规划和实施细则，强化产业政策和规划引导功能，指导产业转型升级推进战略深入发展，着力构建现代产业体系。集中发展若干千亿元产业、培育一批过百亿元企业。三是实现发展跨越。按照省委、省政府实现科学跨越的新要求，通过全面实施"一化三基"战略，力争到2010年地区生产总值达3900亿元左右；工程机械等三大优势产业集群和电子信息等三大新兴产业集群产值达1700亿元，第三产业增加值达1600亿元左右，农产品加工业总产值达700亿元；地方财政收入接近460亿元；城乡居民人均可支配收入分别达到20000元和10000元；全市城市化率达62%。长沙要为21世纪第2个十年科学跨越发展，建设好一个经济起飞的坚实的基础平台。

长沙城乡一体"两型社会"建设的探索与实践

长沙市是我国著名农业省份湖南省的省会。全市人口664.22万，全市土地面积1.1819万平方公里，其中城区面积556平方公里。下辖长沙、望城、浏阳（市）宁乡四县和芙蓉、天心、岳麓、开福、雨花五个区。2009年，长沙市实现地区生产总值3744.76亿元，地方财政收入406.07亿元，全市城镇居民人均可支配收入20238元，农村居民人均可支配收入8986元。

进入二十一世纪以来，特别是党的十六大以来，长沙市抢抓国家实施中部崛起战略机遇，在全球金融危机中逆势而上，实现了经济社会突飞猛进。长沙作为全国首批历史文化名城、首批优秀旅游城市，近年来又以国家森林城市、国家园林城市、中国最具软实力城市、中国十大最具幸福感城市、中国十大活力省会城市、中国十佳休闲宜居生态城市的全新状态，开始走向中国现代化发展历史舞台中心。

注：本篇为湖南省长株潭领导协调委员会智力办公室系列课题的长沙"两型社会"建设的专题研究。入选《两型社会城市更美好》文集（湖南教育出版社）2011年第一版。

2007年底,国家正式批准长株潭城市群为全国资源节约型和环境友好型社会建设综合配套改革试验区。这对于经济社会总体进入"又好又快,率先发展"阶段的长沙,是一次历史性机遇。如何在长株潭城市群形成城乡一体"两型社会"建设发展格局?近年来,长沙在积极探索一条符合"两型"特点、体现时代特点,具有长沙特色的城乡一体化发展道路,大力推进城乡一体"两型社会"建设,为实现经济社会整体跨越式发展奠定了新的着力点。

一、政府与政策

城乡一体"两型社会"建设是把城市和农村作为一个有机整体,促进城市与农村资源优化配置和转化利用,推进城市与农村之间人、社会、环境统筹协调和共同发展的过程。这既不可能是一个自然形成的过程,也不是市场效应的自发行为,必须要有政府的大力推进和政策效能引导。

1.政府行为自觉

为深入贯彻党的十七大精神,长沙市委十一届五次全会提出了长沙要率先基本实现全面小康社会的奋斗目标。实现这个目标的关键在农村,难点也在农村。新时期以来,长沙城乡面貌发生了翻天覆地的变化,但随着改革开放纵深推进,制约长沙整体发展的"三农问题"深层次矛盾进一步凸显:2008年,全市农村居民人均可支配收入达到7353元,虽然大大高于全国、全省平均水平,但城乡居民可支配收入之比由1990年的2.30:1扩大到2.48:1。长沙农业基础依然薄弱,农民增收依然困难,发展方式依然粗放。这种发展不平衡、不协调的矛盾和问题产生的原因固然有多方面的,但最根本的原因是城乡二元结构没有彻底改变,最核心的因素是城乡二元体制没有根本破除。

2007年的全市农村工作会议上，主政长沙伊始的市委主要领导提出，要科学谋划农村工作全局，坚决实现从城乡分割向城乡统筹转变、坚持以城市带动农村、坚定地加快城乡一体化发展。随即，为推动武广项目征地拆迁工作，长沙市委、市政府创造性地提出"两转变一纳入三同步"的实践模式，即实行农村集体土地转为国有土地，农村村民转为城镇居民，被征地农民纳入城镇社会保障体系，拆迁、安置、社保同步进行。在推动征地拆迁工作高效开展中开始，积极探索统筹城乡发展的有效途径。

2008年开始，长沙市委、市政府在决策"打造（两型社会）先导区，建设大河西"时，将"统筹城乡发展的样板区"作为大河西先导区的一个关键定位提出，把先导区的建设作为"推进城乡统筹，实现一体发展"的重要途径。鼓励先导区先行先试、敢闯敢试、边干边试。市委、市政府决策层领导走向农村，深入调研，建立联系点，掌握第一手资料。市委书记和市长分别在宁乡县关山村和望城县光明村进行新农村建设办点示范，就推进城乡一体化，加快建设新农村进行实质性探索。

2009年金秋十月，在深入长沙县、望城县和岳麓区调研城乡一体化发展的基础上，长沙市委、市政府在宁乡召开了全市城乡一体化工作流动现场会。会上，市决策层领导们就怎么走出一条长沙特色的城乡一体化道路进行了热烈讨论、深入研究和全面分析；会后，由市委书记亲自率队带着问题到杭州、苏州、嘉兴等地考察学习，认真学习借鉴长三角地区推进城乡一体化发展的先进经验。

通过办点探索、先行先试和调研考察，市委、市政府一班人进一步认真学习党的十七大精神,深刻领会科学发展观,思想越来越统一,达成了新的共识:在战略判断方面,当前长沙现代化区域中心城市功能日益增强,四县(市)均跻身全国县域经济基本竞争力百强,经济发展已进入工业化中期高级阶段,城市带动力、农村承接力和市场转化力明显增强,推进城乡一体化战略条件初步具备,战略时机基本成熟;在战略思维方面,以推进"两型社会"建设和改革为契机,突破城乡二元结构的障碍,加快城乡一体化进程。近期内,由长沙率先全省基本建立统筹城乡发展体制机制,初步形成城乡经济社会发展一体化发展新格局;中长期内,建立起比较健全的统筹城乡发展体制机制,城乡一体化发展加速推进,综合实力显著增强,人民生活质量大幅提升,文明素质明显提高,生态环境友好文明。基于此,长沙市委、市政府决定把推进城乡一体"两型社会"建设作长沙当前和今后一个时期的重大战略来抓。

2. 政策制定创新

科学的发展战略思想必须要有正确的政策措施来保障实现。长沙市在制定城乡一体"两型社会"建设的一系列战略措施和实施政策时,在形式上要求突出前瞻性、注重指导性、强调开创性、体现操作性。在内容要求"发扬思想民主精神,体现当今时代潮流,贯穿党的执政理念,符合'两型社会'要求,结合长沙具体实际,反映真实民意民生"。

2009年11月12日,中共长沙市委第十一届十中全会正式讨论通过了长沙市城乡一体化发展战略的主体政策性文件《中共长沙市委推进城乡一体化发展工作纲要》(下简称《纲要》)。这一《纲要》对新形势下推进长沙城乡一体化发展作出了全面系统布置。《纲要》既是指导长沙城乡一体化发展的工作思路，又是推动长沙城乡一体化发展的战略部署，更是推进长沙城乡一体化发展的政策体系。

《纲要》提出的开创性目标任务，涵盖了城乡经济建设、社会建设、文化建设和生态文明建设的各个方面，既与率先实现全面小康的目标相衔接，又反映了城乡一体化发展的总要求，更体现了"两型社会"建设的发展走向。

《纲要》明确提出要加快推进城乡规划、基础设施、公共服务、产业发展、生态环境和管理体制"六个一体化"。从"实现城乡供水、供电、供气以及通信，信息网络一体化"到"形成产业联系紧密，空间布局合理，资源深度整合，区域特色明显，基础设施共享的产业布局"；从"缩小城乡基本公共服务水平差距，逐步实现同城同待遇"到"推进城乡社会保障制度的并轨，建立城乡一体、居民共享的社会保障体系"；从"基本形成城乡生态环境融合互补、经济社会与生态环境相互协调的可持续发展格局"到"形成城市工作和农村工作相互对接、良性互动的管理格局"……

《纲要》系统提出了土地管理、人口户籍、社会保障、农村金融四大方面的制度创新。这些创新之举，有的是过去实施了但却没有较好坚持下来的，有的是曾经有设想但一直没有实施的，有的是以敢为人先的勇气首次提出来的。即使在全国范围内，也具有较强的突破性，在理论和实践上，均富有较强的挑战性。

《纲要》首次提出，要通过五年的努力，在都市圈初步形成了一体化发展新格局；《纲要》首次提出，要积极稳妥地开展以土地承包经营权置换社会保障、以宅基地永久使用权置换城镇房产的试点工作；《纲要》首次提出，要全面实现进城务工人员基本养老保险关系在本市范围内无障碍转移接续；《纲要》首次提出，要适时取消农业与非农业的户口性质差别，实行城乡统一的户籍登记制度；《纲要》首次提出，要对有一定人口规模和经济实力的中心镇赋予部分县级社会管理权限；《纲要》首次提出，要实行排污权交易制度，加快污染治理市场化步伐……

为了《纲要》要明确的目标任务落到实处，让《纲要》提出的举措收到实效，按照市委、市政府的统一安排部署，长沙市国土、劳动保障和环保部门相继制定出台了《长沙市农村土地综合整治试行办法》、《长沙市农村土地流转交易暂行规划》和《长沙市统筹城乡社会保障实施办法》、《长沙市城乡居民基本养老保险办法》、《关于推进城乡生态环境一体化发展的实施意见》等相关配套政策，一系列的配套政策，既是人民群众共同关注的热点，也是加快长沙城乡一体"两型社会"建设的关键；既是《纲要》内容拓展和延伸，也是《纲要》目标上的细化和落实。系列配套政策的制定和推出为长沙城乡一体化发展提供了制度保障。

二、实践与实效

针对城乡二元结构带来的矛盾和问题，长沙市充分发挥城市带动作用，充分发挥农民主体作用，充分发挥政策引导作用，积极、稳妥、有序地深化各项改革，勇于实践、勇于创新，逐步奠定了开创城乡一体化发展新局面的坚实基础。

1.实践不断推进

一是组织保障。2010年初由长沙市委组织部和长沙市城乡一体化领导小组办公室联合下发了《关于推进城乡一体化发展和建设扶贫布点示范工作实施方案》，对城乡一体化试点和建设扶贫村明确了组织措施，进行了整体安排。长沙市委、市政府领导身体力行，立即奔赴分别联系11个城乡一体化试点村，调研指导，现场办公，破解难题，为全市城乡一体化发展试点做出表率。各区、县（市）党政一把手按市委、市政府布署，在辖地联点办公。领导的高度重视，极大地鼓舞了农村基层干部群众建设新农村，推进城乡一体化的决心。长沙市直各有关部门遵照市委、市政府的统一部署，积极投入，及时跟进。市委组织部在后盾单位选派优秀后备干部担任各试点村第一书记，后盾单位对试点镇村从人力、物力、财力上保证大力支持。国土、环保、规划、交通、电力、农办、水利、林业、建设、旅游等部门优先安排扶持项目，支持示范镇村建设，做好指导服务。组织、宣传、公安、民政、劳动保障、教育、文化、卫生等部门进一步加大了提供农村公共服务力度，为促进城乡均衡发展、缩小城乡差距积极作出贡献。

二是先行先试。各区、县（市）从实际出发、在城乡一体化发展上大胆创新，先行先试。长沙县出台了《关于支持㮾梨镇、金井镇、开慧乡城乡一体化试点建设的若干政策》，明确县财政每年预算2000万元—3000万元专项资金，以年800亩用地指标用于三个试点乡镇建设；从2010年起，三个试点乡镇财税基数一定三年不变，而且财税增长中县实得部分全额或部分返还；支持乡镇户籍制度改革，允许符合条件的城镇居民办理"非迁农"落户手续等。望城县积极探索推进城乡一体化发展三种新模式，即都市综合型，城镇集中型和农村社区型；明确了"一江两岸、西主东副、一核多点、南融北通"的基本构架；安排了1.22亿元资金，用于靖港古镇、丁字镇、乔口镇、光明村，彩陶源村城乡一体化建设。浏阳市按照城区、新区（工业新城）、东区、南区、西区、北区六大版块分别成立片区城管统筹发展委员会开展试点示范；明确市财政每年安排新增财力的80%用于支付城乡统筹发展。宁乡县创立了县投资建设开发公司，举全县之力，支持试点示范镇村建设。长沙市内五区将城中村改造和城乡一体化建设有机结合起来，工作上突出了"四个狠抓"，即狠抓拆迁安置，让农民在居住上变市民；狠抓配套提升，让农村在环境上变城区；狠抓项目建设，让产业在调整上快升级；狠抓推进对接，让难题在发展中早破解。

三是规划一体。结合长沙城市总体规划和"十二五"发展规划的编制，片区规划和试点示范镇村规划全面启动。由长沙市农办联合长沙农业现代化研究所，湖南师范大学等单位共同编制了《长沙市"十二五"城乡一体化发展规划（草案）》，勾勒了全市城乡一体化发展的未来蓝图。根据全市城乡一体化发展总体规划和各地的实际，全市10个示范镇已有6个镇完成了规划修编。莲花镇打造中国最美乡村；靖港镇打造中国历史文化名镇；灰汤镇建设成国际旅游度假区；花明楼打造成华夏名镇；大瑶镇打造成区域性次中心城市；㮾梨镇打造成三湘首善镇；开慧乡打造成湘北旅游强镇；瑶溪镇建设成"两型社会"示范镇；丁字镇着力对接长沙主城区、省会物流园，打造成滨江新城区。全市31个城乡一体化试点示范村，已有15个村完成规划评审。如真人桥村从全国招标，高起点编规；东屯村着力打造美丽浏阳河畔的东屯新城；彩陶源村着力打造中国特色景观村等。这些试点示范镇村围绕城乡一体化发展，高端起点统一规划，科学定位，合理布局。

四是项目促进。2010年以来，10个示范乡镇31个试点示范村预计项目资金投入过20亿元，撬动企业、农民和社会投资超过100亿元。从整体发展态势来看，首先是这些重大项目品质优。各示范点围绕基础设施建设工程、公共管理服务工程、产业优化升级工程、居民素质提升工程、制度创新开发工程和基层组织建设工程等开展项目建设，如西湖文化公园、宁乡灰汤生态休闲旅游度假景区、浏阳大瑶新城、长沙县板仓小镇建设等。其次是这些项目建设进度快。真人桥村完成公路建设投资3270万元；枫林西路拓改和黄桥大道新建工程预计年底竣工通车；䣌梨、花明楼、灰汤、靖港、金井等镇主街提质改造全面完成；沙坪湘绣文化广场、沙坪老街复古改造全面完工；关山村区农民集居点已建成农居67套，完成农居改造170栋；光明村完成农居改造280栋；金峙村启动二个容纳100户农民的集中居住小区，目前已有70余户农民入住；洞井镇依托比亚迪项目发展新兴服务业；板仓小镇、金龙村、彩陶源村、汉田村民居改造加速推进，项目建设如火如荼。

2.实效逐步显现

长沙城乡一体"两型社会"建设坚持科学谋划，扎实推进，在城乡一体发展道路上已经迈出了可喜的步伐，在这一伟大社会实践中开始显现实效。

①实现新目标上的新成效

在城乡规划一体化方面，目标要求重点是完善城乡规划体系，强化区域功能定位，严格城乡规划管理，强化前瞻规划研究。如浏阳大瑶镇依托长浏高速建设大瑶新城。高起点规划构建城市骨架，统筹镇村资源，以打造新型小城市为目标，制定国民经济和社会发展规划、土地利用规划和城市总体规划"三规融合"的城乡一体化发展规划。槊梨镇在镇城发展定位上实现"一个转变"：依托"西接长沙，北接星沙，南接高铁，东临空港"的区位优势，抢抓城乡一体化机遇，实现从省会城市"近郊乡镇"向都市东大门"发展新城"转变；在功能战略布局上"四个集中"：积极推进"工业向园区集中，居民向社区集中，农民向城镇集中，商业向市场集中"。

在基础设施一体化方面，突出要求是加强城乡基础实施统筹，同步推进公共设施及配套的建设。如望城县丁字镇，投入2000万元，完成了日供自来水5万吨引入工程，投入3000万元，完成55km电网改造，全镇共架设7条长55公里的万伏线路到各工业小区，强化乡村干道220公里。

在产业发展一体化方面，突出要求是提高城乡产业关联度、市场集中度和经济适合度。优化产业布局，改善产业结构，加快产业升级。如著名的"麻石之乡"丁字镇突出现代物流、石材建材、先进制造、文教旅游和高档房产五大产业，在建的辐射中南石材大市场，年利税超10亿元；金井镇的万亩茶园；灰汤镇的温泉特色旅游业和生态高效农业；靖港镇的民俗旅游业和农产品深加工业；大瑶镇的花炮、造纸、陶瓷和建材四大支柱产业；莲花镇的现代农业和都市休闲产业等。长沙城乡一体化中已经开始呈现出城乡产业协调发展，优势互补，总体提升的良好发展态势。

②推进"两型社会"建设上的新成效

在实施长沙市城乡一体化总体工作方案中，按照建设"两型"新农村的目标和生态环境一体化要求，长沙选定了"一镇五村"（莲花镇和关山村、光明村、桐木村、立马村、金峙村）进行综合试点，推进整体规划整治、土地流转交易、生态环境改造和居住适度集中，初步实现了农民生产生活方式的转变。

在加强城乡生态环境建设、强化城乡生态环境管理、统筹城乡生态环境保护中，长沙出手快，发力重。2010年启动70家乡镇污水处理厂工程建设，其中30家在年底建成通水。长沙市乡镇污水处理能力将达到6.8万吨/天，每年可处理生活污水2500万吨。对农村垃圾处理，因地制宜推行"户分类、村收集、镇中转、县处理"的集中处理模式和"户分类减量、村分类利用、镇中转填埋"的分散处理模式，目前已有6个乡镇建成，41个乡镇在建。

在实践中，长沙农村创造了生态环境管理多种模式。如农村生态环境综合治理的"果园模式"。长沙县果园镇成立了全国第一个以农村生活垃圾分类处理为主要任务的合作组织——果园镇农村环保合作社，按照"分户收集、分类处理、村民自治、政府补贴、合作运营"的运行模式。2010年，仅长沙县在全县全面推行农村环保合作社模式，到年底，全县垃圾处理费将从3000万元下降到300万元。浏阳市金塘村充分发挥农民的主体作用，综合治理农村环境污染，科学发展生态农业，摸索总结出农村环保自治的"金塘模式"产生了良好的效应。

在新农村建设节地方面，通过在莲花、白箬铺、北山、永安等乡镇实施农村土地综合整治，探索实行整合资源、整村规划、整片推进和综合投入的新模式，同步实现了耕地的增加和建设用地减少。长沙从2008年到今年上年半，总投入6.9亿元，启动土地整理项目45个，整理总规模为20余万亩。

③建立新机制上的新成效

土地管理、人口户籍、社会保障三大制度上实现创新，取得成效是城乡一体化发展真正的突破口。长沙在这方面进行了实质性的探索。

全国新农村建设示范窗口关山村，围绕探索一条农村改革和发展新路，做好一篇土地节约集约集用和农村土地流转的文章，实现农村农民生产经营内容和方式的根本转变。具体做法：一是资产变资本，增加财产性收入。以"土地权益股权化、土地资源资本化"为改革核心，农民把手中的土地流转到合作社，再由合作社流转到项目业主，农民获得租金和股本红利。全村已有1100多户农户自愿入社，流转农地2200亩，引进了福建超大集团等农业龙头企业从事规模化农业生产。二是农户变商户，增加经营性收入。发展特色经营，推动产业转型，重点发展休闲旅游产业和现代农业，通过给予补助奖励、开展技能培训等措施，引导农民兴建农家乐、从事现代种养业等。目前已发展农家乐15户，年接待游客10万人，营业收入400万元；发展葡萄产业300亩，种植大户达65户，年收入310万元。三是农民变市民，增加工资性收入。依托区位、资源和环境优势，发展休闲产业，把农民就地变成农业产业工人和服务业工人，部分农民迁入集中小区，在不征地、不拆迁的前提下，保证农民土地流转不失利、不失业、不失权，使农民拥有"租金"（土地转包、出租和转让）、"股金"（以宅基地和土地承包经营权入股）、"薪金"（就业收入）和"保障金"（养老、低保和医保）等"四金"的稳定收入。

望城县光明村的具体做法有：一是在用地机制上求突破。注册成立了湖南省第一家土地流转专业合作社。全村800亩水面、1400亩旱土、4000亩山林以土地流转合作社为平台，采取村民入股、合作开发等形式实行集中流转。目前，已有葡萄基地完成建设，河西休闲农庄、景西都苗圃、狮子山生态农庄、清逸园运动场所、怀化黑茶基地已初具模型。二是在人居环境上求突破。禁止滥伐滥建，在不破坏自然生态环境的基础上开展基础设施建设，大力推广使用沼气、太阳能等清洁能源，实现"人、山、水、林、路、房"的自然和谐统一。按照新农村民居改造"青瓦灰墙、朱门木窗"的标准，目前民居改造已完工192栋，138户农户完成庭院绿化设计，打造出了一批具有"自然生态型、小康庭院型、乡村旅游型"的特色民居；新建户用沼气池125个，新装太阳能热水器52台；建设了乡村垃圾回收站1个，乡村废水处理净化池40个；完成5处大面积的公共绿化地。三是在加快农民增收上求突破。以发展产业促进农民就地创业和就业，通过加强农民技能培训、小额贷款扶持，实施税费减免等措施实现传统农民向产业工人、创业能手的转变。

三、启示与思考

长沙市城乡一体"两型社会"建设的生动实践，为我们深入贯彻落实科学发展观，开拓城乡一体化发展新局面，加快全面建成小康社会提供了宝贵的经验和有益的借鉴。

1.推进发展的启示

第一，推进城乡一体化发展，政府是主导，农民是主体。

政府的主导作用体现在组织领导上。如长沙市专门成立了城乡一体化工作领导小组，由党政一把手担任正负组长，组员由副职担任分管各线，由相关部门牵头负责。领导小组下设办公室全面协调，同时要求各区、县（市）相应成立城乡一体化工作领导小组办公室，并对各区、县（市）推进城乡一体化工作进行考核；体现在总体发展部署上。长沙市制定了发展工作纲要，国土、民政、劳动保障和环保等部门相继制定了相应的细则；体现在投入上，长沙市积极推进公共财政体系建设，加快城市基础设施向农村延伸，公共服务向农村覆盖。

农民的主体作用体现在对有尊严的幸福生活的渴望，希望满怀激情地投入城乡一体化的各项改革和推进中来；体现在对拆迁、征地、集中居住和土地流转的配合和拥护上；体现在对市委、市政府下派试点村担负第一书记的热烈欢迎和工作支持上。广大农民群众充分发挥在城乡一体化中的主体作用和政府正确引导是推进城乡一体化的基本保证。

第二，推进城乡一体化发展，改革是动力，创新是根本。

从根本上说，推进城乡一体化发展是城乡利益格局的深刻调整。破除二元体制障碍也是中国社会经济制度的深刻变革，只有通过改革才能推动城乡经济社会一体化发展。调整收入分配格局，把大量的社会资源和财政资金投入到农业增产，农民增收和农村社会发展上来，农村面貌才能发生深刻的变化。要破除二元结构体制机制障碍就要坚持改革为动力，加大改革力度和步伐。旧体制机制的破除与推进体制机制创新相相辅相成。长沙就是启动了以优化土地使用制度为核心的，包括就业、社会保障、户籍制度、新居民管理、涉农体制等改革，进入深层次的改革创新才触及了开展城乡一体化建设的根本。

第三，推进城乡一体化发展中，产业是基础，民生是目的。

从长沙推进城乡一体化先行试点的地区和乡镇村来看，都是源于经济实力比较强，产业基础比较优，或产业前景比较好和产业优化升级比较快。一些试点乡镇，早期的乡镇（社队）企业发展就有坚实的基础，后来民营或集体企业得到快速发展，尤其是有的乡镇村产业实现的转型优化升级，既为解决农民就业提供保障，又为发展农村社会事业奠定基础。不少试点乡镇更是抓住城乡一体化的发展机遇，大力推进"农业高效化、工业规模化、三产新兴化"，良好的产业基础推动了当地农民充分就业和生产要素合理配置，使城乡统筹发展战略得到有效的贯彻落实。产业发展不但使农民走向共同富裕，而且也快步奔向城乡一体化的康庄大道。

改善民生是城乡一体化的目标。长沙在推进城乡一体化发展过程中坚持以群众利益为最高出发点，提高农民的生活质量，维护农民的切身利益，向广大农民讲清楚，说明白，农民就会积极拥护和参与到这项工作中来。同时，严格遵循依法、有偿、自愿的原则，把为农民办好事实事作为城乡一体化发展的具体措施来抓，让农民看得见好处，享受到实惠，感受到尊严，从而受到了农民群众的支持和欢迎。10个试点乡镇和21个试点村（社区），没有发生群众的抵触情绪，也没有集体上访或阻工现象。城乡一体化推动了长沙地方经济社会发展，也带动了长沙人民群众生活水平提高。2010年上半年，长沙地区生产总值1951.81亿元，同比增长15.0%；地方财政收入252.12亿元，同比增长22.7%；城市居民人均可支配收入11848元，增长13.3%；农村居民人均可支配收入7194元，增长16.4%。

2.深入实践的思考

第一，必须有战略思维。

推进城乡一体化是发展观、转变经济发展方式的贯彻落实，是激活需求、优化资源配置的客观要求，是调整结构、促进产业升级的现实选择，是增强后劲，提升整体经济实力的根本途径，是改善民生、加速社会建设的有效方式。必须把城乡一体化提升到发展战略的高度来强化认识和推进实践。要制定科学的、符合实际的总体发展战略，要确定系统的、切实可行的发展战略举措和目标要求，要全面落实城乡一体化发展的各项战略任务。致力探索出一条坚持科学发展观指导、体现时代特点、符合"两型"特征、具有地域特色的城乡一体化发展路子，在促进城市与农村资源的优化配置和相互转化过程中，实现城市与农村之间的统筹协调和共同发展。

第二，必须要有典型示范。

城乡一体化是一个长期而渐进的历史进过程，不会一蹴而就、不能一哄而上。要遵循经济社会发展规律，根据各地条件成熟程度，按照"以城带乡、以镇带村、以点带面"的路径要求，根据分类指导、分区实施、分步推进的实施原则，坚持循序渐进和重点突破相结合的根本方法，集中力量、整合资源，在局部地区先行实验、在重要环节取得突破，通过典型示范、带动整体推进。要重点加大城中村、园中村、城效村建设力度，既要克服速成论、又要避免同质化，引导各地在创新机制、培育特色上下功夫，着力把这些区域建设成为一批示范作用强、影响范围广、推广价值高的典型和亮点，既让农民群众产生心理上的认同，又给其他地方提供操作性的指导，全面推动全市城乡一体化工作不断向纵深发展。

第三，必须要有理论思考。

关于政府角色的思考。"统筹"主要是政府作为，政府经济社会发展的宏观调控作用至关重要。政府从立法、财政、金融、科教文卫等方面，全面为城乡一体化发展创造条件是实现城乡统筹的基本保证。这就要求政府角色转换，这也进入到改革的深层次阶段，即政府要由改革的推手、领导者转变为改革的对象、服务者。这本身就是推进城乡一体化要面对的现实课题。政府的职能定位、服务型政府的行政管理体制，包括建立投资管理体制、公共财政体制，金融市场管理体制等都必须适应城乡一体化发展要求进行整治架构。

关于立法促进的思考。良好的制度和规划是秩序的保障。在推进城乡一体化中，必须认真落实"以工补农"、"以城带乡"的反哺政策。对农地非农化与农民非农化、农民市民化必须统筹规划，重视和加强对离土农民的培养、使用和安置，从而促进城乡一体化发展。而这些都必须在相关法律引导下进行，使国家支持和保护农业的政策措施法制化。在农民剩余劳动力就业方面，通过立法形式保证劳动力转移的步伐和流向不被城乡户籍制度等阻碍；在城乡一体化过程中，通过立法形式对农村土地的合理使用、赔偿和农民的社会福利进行相应的详细规定，以保护农民利益不受损害。政府应通过一系列实体法和程序法的建构，保障城乡一体化的规范运行，调整对农村、农民的政策和有关产业政策，为城乡经济社会健康发展提供法制保障。

关于科学规划的思考。政府部门要按照科学发展观的要求，坚持"科学规划、合理布局、因地制宜、分类指导、逐步到位"的原则，从规划上把农村和城市作为一个总体统筹谋划。城镇发展模式切忌一刀切，如基本农田集中区，人多地少，不宜把历史上形成的村镇都建成小城镇，而应借城乡一体规划空间布局之机，调整过去不合理的空间发展格局，走集中城市化道路。小城镇密度过高强化了区域空间的低质均衡性，公共设施严重不足且配置和利用效率低，辐射、带动周边乡村的作用不大，且比大中城市浪费土地。因此，应对那些需要发展小城镇的地区注重规划建设的分类指导，区别大城市周边、县城镇和中心镇，区别经济发达地区与不发达地区，区别工业、农业、旅游业等不同产业支撑的小城镇发展模式和规划，建设资源节约型、环境友好型城镇，在广大农村地区形成新的经济增长点和发展极，从而促进城乡一体化健康、有序地发展。

思想自觉——放言编

명태잡이——그물귀신

公有制实现形式的新探索

——评《公有制实现形式研究》

公有制实现形式问题，可以说是理论上观点分歧最激烈，实践上矛盾交织最集中的问题之一。改革开放20年来，我们不断从理论和实践中进行艰辛的探索，逐步认识到这些问题的内在客观规律，但源于对所有制及公有制的理解和把握的不同，人们对于公有制实现形式的理论认识和研究视角也就不同。直到党的十五大召开以后，我国对社会主义公有制实现形式的理论研究和实践探索才进入了一个新阶段，有关理论研究日趋活跃，相关理论不断出现。但是，系统研究社会主义公有制实现形式的专著还很少见。唐未兵同志的新著《公有制实现形式研究》（以下简称《研究》）填补了理论界的这一缺憾。

在我看来，《研究》在理论上至少有两点是值得我们重视的。一是此书认为生产资料所有制是通过直接生产过程中人们对生产资料的占有、资配、使用等而实现的人与人一定"生产关系"，提出了"生产资料所有制性质是由劳动者和生产资料结合

注：本文发表于2000年4月25日《中国图书商报》书评周刊。

的社会方式决定的"。二是此书认为所有制形式既包括所有制的存在形式，又包括所有制的实现形式，两者既有一定联系，又不能相互等同。所有制的存在形式是指所有制主体占有客体的形式，它反映的是所有制主体与客体的关系，体现着人们对生产资料占有关系的性质；所有制实现形式是指一定所有制形式的财产在经济运行过程中的具体经营方式和组织形式。

《研究》一书虽然是以理论逻辑为立论基础的学术著作，但并未妨碍作者在公有制实现形式实证方面的深入论述，从而使该书具有较强的实践指导性。作者强调：探索公有制的多种实现形式，不是为了取消公有制，而是要使其得到更充分的实现，任何脱离公有制存在形式而侈谈其实现形式的做法都是不可取的，也是行不通的。作者提出"公有产权制度创新是探索公有制的有效实现形式的真正出路。"

此外，作者在《研究》中，围绕公有制实现形式这一主线展开的相关分析与研究，也不乏创新之处。如对劳动者与生产资料结合方式的分析，对所有制是目的还是手段的分析，对传统体制下国有企业的基本特征与市场经济之间的兼容性分析，对产权的定义、产权制度及其功能、产权同市场经济关系的论述颇具见地。对一些难度较大的问题，如国有企业产权制度创新模式以及国有企业产权改革中的若干问题，法人财产权的意义，股份合作制的特征和性质，城镇集体企业进一步改革的方向等都作了较为深入的阐述，可以感觉到作者对所有制相关方面的研究是有相当的理论素养的，正是这种素养使他提出了一系列关于公有制实现形式方面的新观点。

通读《研究》，我们不难感觉到，该书不仅理论上有新意，实践上可操作，而且在体系结构方面也颇具特色。它从一般逐渐上升到具体，步步深入，逻辑严密，层次分明，资料丰富，史论结合。语言严谨而不晦涩，道理深刻而不费解，书中并无丝毫强加于人的语气。但隐含着人们关于公有制实现形式思维线索的某种潜在"亲和力"。尤其在公有制实现形式的战略选择和制度创新方而，引而不发、点到为止，能给读者有再思考和再探索的空间。虽然作者在该书中还可以从配套制度改革与进行系统创新方面作一些更为深入的相关研究，但总而言之，该书不失为一部研究公有制实现形式的力作。

学习伟人马克思
——读《马克思传(插图本)》

感谢中央社会主义学院副教授王珍博士翻译、中国人民大学出版社出版这本最新的《马克思传（插图本)》——这是一本很值得读的好书。原作者英国肯特大学政治学教授戴维·麦克莱伦博士长期从事马克思生平和马克思主义的研究，广采旁证新史料，特别是上世纪二三十年代以来，西方陆续出版的许多未经删改过的马克思和恩格斯的通信、出版的多部马克思从未发表过的重要著作和大量的笔记手稿，写成了这本新传记。至1972年第一版出版以来，成为了英语世界最权威的关于马克思生平、思想的研究文献。1995年麦克莱伦在新的历史条件下，重新修订并补充了后记出版了该书的第三版，这既顺应了当代思想界、理论界对研究马克思主义的现实需求，也表明了马克思主义的学术和理论价值经受时空检验。该书在中国的翻译出版，无疑对当前中国学界全面深入研究马克思有着十分积极的意义和作用。

"文革"之初，一个偶然机会我读到了德国马克思主义理论

注：本文发表示于《长沙通讯》2008年第八期。

家、史学家梅林写的《马克思传》。这本书曾伴随我好几年。当时小学都没读完整的我要读这样一本书是很艰难的，但我竟然读下来了。人如果适时适地的读到一本好书是可以影响人的一生的，特别是在人的青少年时代。像读《马克思传》这一类伟人的传记，能增添我们思想力量，树立锻炼人格榜样。一是打开了新的知识窗口，引领我们进入耳目一新的知识领域。我就是从那时开始读《共产党宣言》、《哥达纲领批判》，在纪念巴黎公社一百周年时读了《法兰西内战》等。至今，我在工作和生活中能脱口而出的经典语言都是当年打下的功底。二是能激发强烈的社会责任感和历史使命感。青少年时代的马克思满怀激情地提出："如果我们选择了最能为人类福利而劳动的职业，那么我们的幸福将属于千百万人，我们的事业将默默地、但是永恒发挥作用地存在下来，而面对我们的骨灰，高尚的人们将洒下热泪！"这是极有震撼力的。三是可以提升理性思维的能力。这位思想伟人不仅发现了人类历史的发展规律，更重要的是为我们提供了科学的思想方法、理性的思维方式。马克思的伟大之处不仅已经塑造了我们对于社会的观念，更重要的建立一个属于哲学、历史、经济学和政治学的思想方法体系。至今，几乎所有科学领域都自觉或不自觉地运用马克思主义的科学思想方法。

  以往的许多论述马克思的专著或多或少地受到历史的局限，甚至"受到各种政治斧钺的削磨"。该书作者充分利用了晚近才发表的大量史料外，力图做到客观公正的写作，"向读者呈现一个合理的稳妥的形象"。从马克思生活的三个重要层面（个人的、政治的和精神的）来述评马克思作为革命家、思想家的光辉一生。如果静下心来读这本书，对我们今天的现实而言是很有益的。比如，可以学习马克思认真、严谨、不屈不挠地探索真理的科学精神，在历史的新起点，我们正确地运用马克思主义的思想方式和科学理论分析研究、解决前进中的新课题。我国青年特别是大学生在择业、创业时，就可以看看马克思十七岁写的《青年在选择职业时的考虑》，可能会获到意想不到的收益。我国的学术界、社科界一度充斥着质地不高的"科研成果"，建议一些专家学者也看看马克思是怎么做学问的。即使不苛求学习马克思的人品和精神，也可以向那种治学态度"思齐"。一个时期来，在某些地方一讲到马克思或马克思主义竟到了令人发笑的地步！其实是无知所致。讲者知之不多，听者更为无知——既不了解又不懂得马克思。《马克思传（插图本）》旨在以普遍读者为对象，一般初高中以上的文化是可以阅读的。可以期望这本书的出版对我国的马克思主义普遍教育有所促进。

当然，这本书也存在一些缺点。例如，书中与中国的内容几乎完全空白，其实马克思在1853—1958年间，写了大量如《中国革命和欧洲革命》、《英人在华的残暴行为》等观点极为鲜明的重要文章在《纽约每日论坛报》作为社论发表，并在欧洲产生极大反响。麦克莱伦在该书中列举了一些与印度有关的文章和情节，却没有与中国相关的内容，尤其是当今中国影响力和地位已到了令世人瞩目的程度，而竟然在1995年修订版中被麦克莱伦所忽视（或遗漏），不能说不令人遗憾，希望再版时不存在这些显而易见的缺憾了。

一本好书

——评《聚集——社会热点理论普及读本》

"一本好书!"北京的朋友在电话那端大声道,并一再索求几本寄去;区县几位同行曾于是说,以为溢美之词;几位领导这么说,亦当勉励之语,没有当真。现在这位名誉京城的理论权威家也是这等评价,使我不得不把《聚焦——社会热点理论普及读本》(下称《聚焦》)。重新审视了一遍。

因为有幸参与了该书的编务工作,与几位同仁几经辛苦自不待言,书出来后总算长吁一口气,忐忑不安地期待各方面的反映。天道酬勤,好声一片,行内行外,颇得佳评。夜深人静,独伫灯前,揣摩着这本墨香暗透、朴实无华、冠之为"一本好书"的普及读物,好在哪里?

多名专家学者已在有关报刊圈点评说!平心而论,他们无不客观、中肯、言之有理。即使是作为该书的编撰之一,我仍可平心静气地说《聚焦》确实为"一本好书"。

一是这本书好在"应时"。好书如好雨,好雨知时节。一本书

注:发表于《长沙通讯》2009年第六期。

出版在适当的时节是很重要的，尤其是这种理论类的书，针对性和时效性是要求很强。当前是什么时期？从远处讲，经济全球化进程加快，世界经济、政治和文化的多元化对人们思想观念、价值取向、行为方式产生重大影响；从近处看，我国现代化加速推进，改革纵深发展、世界金融危机对广大群众生产和生活息息相关。2009年将是不平凡的一年，发展社会主义市场经济、新旧体制交替、社会转型加剧、广大干部群众提出了许多理论和实际问题。如何用党的创新理论成果诠释人们关心的重大时政和理论问题，是当前我国理论工作面临新的课题。《聚焦》就是在这个条件下应运而生，这不仅是长沙市贯彻落实科学发展观重大举措，更是适时地满足了大众的理论需求。

二是这本书好在"宜人"。一本好书犹如一道宜人的风景线，使人感觉赏心悦目、陶冶身心、获益匪浅、回味无穷。《聚焦》好在理论上平和朴实的对话与沟通的风格，适宜各个社会阶层人士阅读。这些聚焦的社会热点都是从群众中来的，从基层中来的，是为满足大众思想理论需求，维护大众思想文化公共权益的，而不是那种"我讲你听"的说教式，那种居高临下的训导式出版物。所以说《聚焦》是一本普及性和适用性很强的理论普及读本。作为理论工作者，写文章可作参考书，讲课可以直接运用素材；作为基层党员干部，政治学习、工作实践中有此书在手，可增加知识、指导学习、提升理论修养；而普通民众，无论是从在校学生到工农群众、从社区居民到部队官兵都能通过阅读此书，以释疑解惑、了解形势政策、掌握科学理论。把握时代发展脉搏，贴近大众思想实际。全书都是以事寓理、以例说理，理论生动化、政策具体化，正是这本书的出发点和立足点。

三是这本书好在"达理"。通过阅读这本书使人懂得、通达明白一些事理。所谓"知大势、明是非"。《聚焦》从选题方式到解说内容很适合当下流行的快浏览、浅阅读。有些人对这种阅读形式颇有微词，其实，快浏览、浅阅读也是一种阅读。不经意间阅读一段文字，弄清一两个问题，明白些许道理，不正是当前大众普遍的阅读方式吗？人们读书大致为两类：一类是消费型，为的是眼前实用，满足感知需求或信息需求；另一类是积累型，为长远和根本性的提高，满足知性需求或思维需求。一般来说前者可能改变生活，后者可能改变人生，而阅读《聚焦》正好游离于两者之间，既是一种文化消费又是一种知识积累；因为《聚焦》从"民生保障"、"医疗政策"、"创业就业"到"民主建设"、"经济形势"、"科学发展"等120多个贴近大众身边鲜活事例和现实问题引导人们进行讨论式阅读，而这种互动式、辩论式、评议式的阅读很能入情入理。所以，你可以品茗翻阅间，也可以细心通读间，或会意一笑、心悦诚服；或击节叫好、所见略同；或一扫疑窦、豁然开朗……你将品味到阅读的愉悦，通达的畅快。

正如马克思所言：理论只要说服人，就能掌握群众，而理论只要彻底，就能说服人。《聚焦》内容，客观真实地反映了我们时代丰富多彩的社会生活。这种勇于正视现实，用大众化的语言说理论事，必然会产生"面对面""心对心"的效果。这无疑是一个创新。如果说，我们的理论书籍（包括一些理论文章），没有抽象的从概念到概念，没有枯燥的"官味"语言，没有自以为是的压人架势；而是满怀激情地用大众话语，讲人们身边事例，抒群众切身感受，问题说明白，道理讲清楚，情景交融，可读可亲，可懂可信，真正使读者从认知到认同，在共鸣中凝共识。这应是这本书对我们的启示。我以为有了更多这类好书，我们的理论将更加鲜活常青，我们的生活将会更加灿烂辉煌。

解放思想 知行合一
——读《创业富民知与行：长沙市解放思想大讨论调研文集之一》

无论是浏览还是研读，你都会感到解放思想和改革开放在长沙成功实践的2008年乃至若干年后的成就都与你面前这本厚重的文集有着那么息息相关的必然联系。这就是由中共长沙市委宣传部编辑，湖南人民出版社出版的《创业富民知与行：长沙市解放思想大讨论调研文集之一》。

"解放思想是发展中国特色社会主义的一大法宝。"中共长沙市委在全面学习贯彻落实科学发展观的开局之初，长株潭"两型社会"综合配套改革起步之时，以全球视野理性审视长沙改革开放发展走向，以深层次战略思维考量长沙未来发展宏图，在全市提出了以"科学发展，创业富民"为主题的解放思想大讨论，通过进一步解放思想破解发展难题，开创长沙改革开放、加快推进社会主义现代化建设的新局面。长沙市决策层带头解放思想，针对影响和制约长沙科学发展的思想观念、政策制度等深层次问题提出十五个调研专题，由市委常委、四大家主要领导分门别类组

注：本文发表于2011年4月1日《长沙晚报》。

织深入调研，各个调研组贴近实际、突出重点、查摆问题、攻坚克难，形成了一批高质量的调研成果，首批就是以十五个专题调研报告为主要内容的《创业富民知与行：长沙市解放思想大讨论调研文集之一》。这本调研文集，内容大致可以分为九个方面：

一是把握宏观战略。突出的是开篇之作《鼓励全民创业，推动富民强市》。作者从"创业富民是民生之本、发展之基，也是战略之举"的高度，以长沙"率先基本实现小康"，"在全省经济社会发展中勇当领头雁"为历史担当，推出"如何鼓励全民创业、加快发展，是各级党委政府必须高度重视并认真研究的重大课题"。该文对长沙市创业富民工作的概况做出了宏观梳理，对亟待解决的问题进行了认真剖析，围绕"百姓创家业，能人办企业，干部干事业"为主旨的创业富民活动提出了全新的战略思想。从这篇调研报告中缜密的哲学思辨和清新的朴实文风中我们可以感觉到作者战略宏观把握的气度。

二是实现政治保障。方向已指明，战略已确定，怎么实现？怎么保障？《转变政府职能，提高办事效率，推进长沙经济社会又好又快发展》这篇调研报告交了一份有力的答卷。作为城市行政高层管理者，敢于对照落实科学发展观要求，认真查找职能转变存在的问题并深刻剖析原因。这让人不得不相信长沙解放思想、破解发展难题是用了真功、动了真格。作者在做了深入的调研、掌握了大量实证的基础上为把长沙"建设成创业之都、宜居城市、幸福家园提供有力保障"，提出了推进政府职能转变的总体思路、目标、途径。而《坚定信心，勇于实践，不断探索领导班子和干部队伍建设新机制》一文为长沙政治建设与组织保障作了最好的注脚。

三是关注民生民情。《让公共财政更多倾向民生》这篇关于对建立公共财政、发展社会事业的调研与思考的调研报告，直奔主题地提出要让公共财政更多更直接更实际地倾向民生，并运用了大量数据分析来证明。在查找出公共财政投向而影响社会事业发展的问题中，不回避矛盾，不文过饰非，不闪烁其词。在对策建议上条理清晰、循序渐进、切实可行，使人信服。

四是抢抓战略机遇。长株潭被国家列为全国资源节约型和环境友好型社会建设综合配套改革试验区，无疑是一次历史性机遇。在《抢抓历史机遇，建设"两型社会"》这篇调研报告中，我们不仅可以看到作者对"两型社会"建设必然性的深刻认识和长沙"两型社会"建设的实证分析，而且可以看到极具新意的路径抉择思考。如新型工业化与新型城市化道路的相应推进、统筹城乡与区域创新的共同发展，特别是对先导区示范带动效应也作了全面的理论阐述。

五是加快经济发展。文集中关于经济建设的篇幅比较多。从打造市场主体来看，有《加速推进企业市场化，增强企业市场竞争力》，该文提出了完善企业治理结构，增强国有资本的影响力、控制力和带动力等系列发展思路；从打造市场客体来看，有《强化服务意识，营造环境优势，促进经济发展》。该文从"环境是生产力发展的必要条件，是区域经济发展的第一竞争力"的高度，指出当前存在的"服务职能尚缺位、市场意识尚缺乏、行动规范有缺失、法规制度有缺陷、配套功能有缺口"五大问题，针锋相对地提出了破解的建议。《探索增减挂钩，促进资源节约》、《培育"两型"产业，提高经济素质，为建设"两型社会"提供强大动力》以及《开拓进取，强化引导，努力推进金融创新》，这三篇专题调研报告"口子不宽，切入很深"，不难看出作者的专业功底比较深厚，或专门研究这一专题的时日不短。

六是推进城乡统筹。《实现城乡统筹，改变二元结构，推进长沙农村改革发展》这篇分量很重，不仅资料翔实，而且作者在推进农村改革发展的"现状分析、总体思路、工作重点、保障措施"上进行了全面系统的论证和阐述。没有对十七大报告关于城乡统筹发展的思想深刻理解，没有对中央连续五个"一号文件"的认真领会，没有对长沙农村工作深入的调研，是很难写出这样好的调研报告的。

七是优化社会管理。在《提高社会公共管理水平、推进和谐长沙建设》一文中，作者客观估价了长沙市社会管理现状，分析了社会管理面临的新形势，科学合理地提出了社会管理新对策。《以人为本做好征地拆迁工作，加速长沙城市化进程》一文，作者通过典型案例，证实长沙征地拆迁工作中的困难与问题，提出了坚持以实现人民利益最大化为核心，树立新理念，创建新机制，探索新模式，构建新秩序。这两篇文章很具实用性。

八是提升文化实力。以《解放文化生产力，提升文化软实力》为题的调研报告独辟蹊径，自成一体，作者以全新的视角，对推动长沙文化产业优化升级进行了深入的调研和理性思考。"文化软实力"是十七大报告新提出的，作者正是从这一新概念切入，对文化生产力进行了新的诠释，对文化产业在城市发展的地位作用进行了科学分析和定位，对长沙文化产业做出了总体判断和思考，并在此基础上为长沙文化产业升级提出了新的发展路径。

九是创新科技路径。《推进科技创新，转变发展方式，促进长沙创新型城市建设》作为与文集开篇呼应的收笔，重彩地描绘了长沙城市发展的前景——"到2020年，长沙可以而且能够建成创新型城市"。作者运用比较分析法，最后提出"实施'两大战略'，推进'三大工程'、发展'四大产业'、构建'五大机制'"的政策建议。

这本文集有四个特点：

一是体现了战略性。所谓战略性就是全局性，具有强烈的大局意识。总体而论，这本调研文集遵循了大理论、引发了大激情、拓宽了大视野、体现了大品格、运用了大知识、提升了大境界。

二是体现了实践性。知行合一，是本文集的真谛。解放思想要取得实效，首先就要深入实际、深入生活、深入社会、广泛调查。文集的作者们虽身为市级领导干部，却能做到"甘当小学生"深入基层、深入实践，倾听民声、广纳民意、集中民智、聚集民心、激发民力。在实践的基础上凝成的思想成果具有强大的生命力。

三是体现了时代性。科学发展、协调发展、和谐发展已形成当今社会的发展趋势。本文集通过解放思想大讨论、创业富民大调研，把我们思想从不符合、不适应、不利于科学发展的认识中解放出来，把思想认识更正统一到科学发展观上来，促进长沙经济社会的科学发展、协调发展、和谐发展。

四是体现了创新性。创新激情、创新思维在这本文集中几乎随处可见。这本文集蕴含了长沙广大干部群众的聪明与才智，为长沙实践科学发展观提供了全新的理论支持，为长沙又好又快推进现代化建设提供了最新发展思路。其中许多思想理论成果已经或正在被吸纳进科学决策的制度程序，正在以实实在在的举措体现着解放思想的巨大成效。

在阅读本《文集》之一颇具心得之余，欣获新出版的《文集》之二、之三。这两本书分为两型社会、区域经济、三农关注、产业发展、城乡建设、招商理财、社会管理、人才开发、民生保障、文化建设、政务环境、理论探讨、活动检索等13个部分。各部门精英围绕市委、市政府提出的战略思路撰写的调研报告，将《文集》之一提出的宏观战略在各领域进行了具体化。至此，使整个《创业富民知与行——长沙解放思想大讨论调研文集》浑然一体，成为2008年长沙解放思想大讨论的一大思想理论成果。相信每个热爱长沙，关心、支持长沙发展的人，读到这本文集时，都会为之振奋。

马克思主义认识论认为，人对真理的追求是无止境的漫长过程，人的认知和践行也会不断发展变化，绝不会停留在某一阶段上。所以，解放思想是永无止境的，人的知行求进也是永无止境的。我坚信，在解放思想、改革开放的知行合一演进中，我们英雄的长沙人民将义无反顾地上下求索，毅然决然地努力实践。

一个久违了的话题
——关于《中国人的思维批判》的批判

初看书名《中国人的思维批判》还着实有眼前一亮的感觉，副标题"导致中国落后的根本原因是传统的思维模式"更为之一震：终于能看到一本直面中国人的思维批判的书！

中国人的思维批判可以追溯到上个世纪"五四"运动前后时期，封闭的中国被西方坚船利炮打得一败涂地后，引无数志士仁人艰辛探索救国救亡之道……直至文化反思，自然就倒逼到中国人的思维层面。最近的一次大的思想解放是三十年前的真理标准大讨论。思想是客观存在反映在人的意识中经过思维活动而产生的结果，可以说思想解放实际上又是思维方式的一次大变革。可能是上世纪八十年代一部电视政论片的缘由，有关中国人的思维方式讨论也就很少见了。所以，久违了！

但欣喜之后，无论是粗读还是细研这本书都令人失望。尽管添加了大量几乎毫不相干的插图，仍显不出该书应有的分量，尽管书名大得吓人却看不到作者通透的笔力。感觉是，作者陷入了

注：原文发表于《湘声报》2011年4月1日。

他自己批判的那种"中国人的思维"中去啦!

简言之,该书至少有两个显而易见的缺陷。

一是缺乏基本的理论创新。该书讲中西方思维方式的差异,并从差异中断定中劣西优。关于差异是肯定的。书后列了长长的参考书目,其中〔美〕理查德·尼斯贝特的《思维的版图》,不知楚先生真看没有?那书里有两个很有趣的试验证明了中美(西方)儿童和大学生的思维方式差异。中方首先看到的是事物的关系,其次才是被关系连接结在一起的实体。美方恰好相反。按西方人的思维,这只是看同一事物不同视角而已。特别是脑成像的试验证明:中国人使用象形文字激发形象思维能力,西方人使用拼音文字激发抽象思维能力,两者只是激活大脑右半球和激活大脑左半脑若干脑区的差异!楚先生凭什么就武断孰优孰劣?至于中国人的思维方式在历史和近现代思想文化方面的诟病,无论是章太炎还是梁漱溟,无论是鲁迅还是柏杨,"前人之述备矣"。从该书中看不出任何新意,看到的只是举了一些不伦不类的例子,如中医里的"春捂秋冻"等。不知为什么没举中国菜谱里"食盐少许"的例子?可能更说明中国人"混乱和僵化的模糊思维"!

二是缺乏正常的理性思维。首先是缺乏历史纵向思维。书中全盘否定中国数千年文明发展,把晚清时期近代衰败当作中国历史的全部。建议楚先生把读书范围稍扩大到清朝前中期历史,最好还是读到汉唐时期,否则就不会耸人听闻地说出"千百年以来我们中国人总是被欺辱,被人宰割"的浑话了!其次是缺乏唯物辩证思维。书中说"中国人的思维极缺逻辑性和求证性,不善于思考和学习,创新能力低。几千年来就是这样模模糊糊地走过来，直到现在，我们中国人仍然不能用正确的方法思考问题。"且不说中国历史的辉煌，楚先生总不能对近百年内外，特别建国和改革开放以来中国人民发愤图强、走向复兴的现实视而不见吧？如果按楚先生的"西方逻辑思维"，中国人"模模糊糊"早就按"优胜劣汰"的法则死绝了！中国落后"根本原因是传统的思维模式"，骂得煞是痛快，但运用马克思主义（这思维方式源头也是西方的哦！）的观点、方法和立场来分析，这却是典型的唯心史观！不是存在决定意识，而是意识决定存在；不是经济基础决定上层建筑，而是上层建筑决定经济基础。再次是缺乏严谨的科学思维。一本书可以没有文采，也可以没有新意，但至少要自圆其说。遗憾的是，该书说理不清、表事不明、前后矛盾、悖论丛生、令人不知所云。书中称毛泽东是"中国最伟大的政治家、军事家、思想家和诗人"。那么"感性思维概念模糊，带有过多的情感色彩，不太能对客体做出准确的判断，也难以认识事物的本质"的我们中国人包不包括毛泽东及其领导下的中国共产党人？

　　该书先是提出导致中国落后原因既非"封建和专制根源论"，也非"儒家文化根源论"和"制度、体制根源论"，然后连篇累牍罗列思维方式缺陷。看似提出了、也算是论述了问题，但终不见回答问题。真是神龙见首不见尾。当然，不能回答或提出付诸实践的可行途径也无可厚非。有评论说可能是楚先生用心良苦的反证法！用这一招反证中国的问题恰恰出在体制上！本人却不以为然！要不怎么楚先生鬼使神差地峰回路转到"改造中国人传统的思维模式是我国教育的头等大事"呢？君不见，搞教育也是"仍然不能用正确的方法思考问题"、"至今还是停留在带原始思维的感性认识中"的现代中国人啊！这不又绕回去了吗？

合卷之余，得一语评：这本书是用这本书批判的中国人的思维去批判中国人的思维。但无论如何，这本书蛊惑一些被产业化了的大学生，忽悠一些高学历、低学识的官员可能还管用。至少这个书名是吸引眼球的。毕竟是个久违的话题。我认为该书的价值仅此而已。

理论教育工作必须与时俱进

——兼论在职干部理论教学的创新

江泽民同志多次指出:"我们必须与时俱进。"并强调"首先理论上不能停顿"。理论教育同样不能停顿,必须与时俱进,必须随着理论创新而创新,随着时代的发展而发展。

一、理论教育工作必须积极应对新挑战

当今世界和我们所处的时代发生了很多新变化,给理论教育工作带来了许多新情况、新问题,对理论的教育工作提出了更新、更高的要求,充分认识理论教育工作与时俱进的重要性和紧迫性,积极应对新世纪的新挑战,是理论教育工作创新发展的首要前提。

1.理论教育工作面临的新形势

随着世界经济发展和科技进步,国际环境发生重大变化,世界多极化和经济全球化曲折发展,综合国力竞争日趋激烈。各种矛盾错综复杂,各种思想相互激荡,敌对势力加紧对我国进行渗透和破坏活动。随着我国改革开放的深入和社会主义市场经济的

注:本文是2001年度湖南省讲师团系统教学研讨会上的发言。

发展，国内环境发生重大变化，社会经济成分、组织形式、就业方式、利益关系和分配方式日益多样化，新事物新问题层出不穷。随着党和国家事业的发展，党的队伍状况发生重大变化，新党员大幅度增加，干部队伍新老交替不断进行，一大批年轻干部走上领导岗位，来自各社会阶层的精英充实到干部队伍。随着我国体制转变、社会转型和对外开放的推进，人们的思想观念发生重大变化，信息网络技术的发展，日益影响到社会生活的各个方面，社会出现了具有明显差别的不同群体，人们的思想意识活动明显表现出自主性、独立性、选择性、多变性、差异性甚至逆反性等新特点。这些重大变化对于理论教育工作来说，从环境到对象、从内容到形式都发生了前所未有的新变化。这些深刻变化对于理论教育工作既带来新的发展机遇，也带来了新挑战。

2.新形势下理论教育工作的新任务

在快速发展的经济社会中，广大党员干部观念变化日益加快，人们的竞争意识、效益意识、学习意识、自主意识不断增强；人们迫切渴求新理论、新知识、新信息，要求对复杂多变的社会实践正确的理论指引和理论阐释。摆在理论教育工作面前的任务是：如何抓住理论教育的发展机遇，适应新形势的发展变化，不断充实和丰富理论教育内容，探索新途径、新办法用科学理论武装人；如何创新发展理论教育，保证马列主义、毛泽东思想和邓小平理论的主导地位，进一步巩固广大干部群众团结奋斗的思想理论基础；如何拓展理论教育的空间渠道，加强对不同社会阶层、文化程度以及处于流动分散状态下的党员干部进行有效的理论教育引导，满足受教育者多层次、多方面的理论辅导需求；如何保证主流思想理论教育与各种新知识、新学科和人类文明新成果有机结合，引导人们树立正确的世界观、人生观、价值观。总之，新世纪的理论教育工作就是要进一步解放思想、实事求是；就是要以宽广的眼光观察当今世界和当代中国，以与时俱进的思想观念和奋发有为的精神状态开展工作，不断推动理论教育创新，不断增强理论教育工作的说服力和战斗力。

3. 新形势对理论教育工作的新要求

世界在变化，我国改革和建设在推进，人民群众的伟大实践在发展，新的形势迫切要求理论教育不断创新，与时俱进，始终站在时代前列和实践前沿，创造性地开展理论教育工作。马克思主义不断创新、与时俱进的理论品质决定了理论教育工作必须不断创新、与时俱进，这就要求理论教育工作在新的形势下，总结新鲜经验，积极进行理论教育工作创新，正确回答实践中迫切需要解决的问题，用我们党不断推进理论创新的实践教育党员干部，用我们党的最新理论成果武装党员干部。理论教育对象和范围的新变化要求我们的理论教育努力为各级各类在职干部和不同的教育对象打造、提供不同的理论教育思想平台，使"科学理论武装人"的工作落到实处。广大党员干部对理论教育和理论教学有更新、更高的要求和标准，他们不但要求敏锐地传递重大的理论信息，迅速地接触到重大课题、热点难点和前沿理论发展问题，而且要求把深奥枯燥的理论还原为朴实鲜活的道理，通俗地宣讲辅导和生动介绍马克思主义经典理论；不但要求抓住重点要点，学管用的，特别是在社会实践中起关键"点拨"作用的，而且要求用各种学科知识来丰富理论教育；不但要求不回避难点、热点、疑点，敢于触及一些敏感问题，讲真理，讲实话，作出科学的、有说服力的理论诠释和阐述，而且要求有理论深度和思想深度，而不是照抄照搬，必须有自己的研究成果，以鲜明的观点、立场和深刻的见解、体会引导人们如何正确认识世界和进行理性思维。

二、理论教育工作必须推进整体创新

理论创新当然也包括理论教育创新。理论教育工作也有一个随着社会环境的变化而变化随历史时代的发展而发展的问题。

1.理论教育工作要创新观念

一是要树立创新的观念。创新是马克思主义理论品质，也是理论教育工作的灵魂。理论教育工作要树立强烈的创新意识，自觉地把思想认识从那些不合时宜的观念、做法和体制的束缚中解放出来，从对马克思主义错误和教条式的理论中解放出来，从主观主义和形而上学的桎梏中解放出来，深入研究新形势新条件下人们思想活动的新情况、新特点，不断推动理论教育工作的创新，努力开拓理论教育发展的新境界。

二是要树立一切从发展变化实际出发的观念。理论教育工作对于我党长期以来形成的马克思主义理论教育基本指导思想和基本原则，任何时候都要坚持。但是，我们对待马克思主义理论绝不能采取教条主义、本本主义的态度。如果我们因循守旧，仍然习惯于单纯老方式老办法想问题、做工作，继续沿用过去旧的观念、方法和思维定式来思考、对待和处理今天理论教育工作中所面临的新情况、新问题，就无法适应今天已经变化了的实际；如果我们仍以一成不变和干巴巴的理论教育工作方式方法把已经发展了的、鲜活的马克思主义变成了简单说教，脱离发展变化了的实际，就会使我们的理论教育缺乏说服力，丧失生命力。我们的理论教育工作必须从我国社会主义初级阶段出发，从不断发展变化的国际形势出发，求真务实，锐意进取，努力开创理论教育工作的新局面。

三是要树立面向基层、服务实践的观念。"基础不牢，地动山摇。"我们党的思想政治工作和理论教育工作在新世纪的一个重要发展趋势，就是面向基层、深入基层、服务基层。理论教育工作要坚决破除高高在上、孤芳自赏、唯上唯书、空谈高调、形式主义的作风，要坚决杜绝和改变那种居高临下、强加于人的做派。要"下高楼"、"出深院"，放下"好为人师"的架子，深入到群众中去："先当学生，再当先生"，做到理论教育工作"入厂入校入社区、入村入户入农户"。要根据当前理论教育对象的生活环境、文化程度、理论水平各不相同的实际，把先进性和广泛性统一起来，针对不同层次，有的放矢，把理论教育工作做到广大党员干部的心坎上去。坚持把理论教育同经济工作和各种业务工作相结合，特别要善于结合本地区各项工作的重点，寻找做好理论教育新切点；坚持把理论教育同解决广大党员干部工作、生活中的实际问题相结合，体现理论教育工作的人文思想；坚持把理论教育同精神文明建设活动和各项思想政治工作相结合，使之相互促进，相得益彰；坚持把理论教育同科学文化新知识的传播与普及相结合，把理论教育搞得生动活泼，通俗易懂。

2.理论教育工作要创新内容

当前的理论教育的主要内容已经大大地突破了传统的基础知识、基本原理和基本理论的范围，其中主要有两个突出方面：

一是以邓小平理论和"三个代表"重要思想为标志的发展了的马克思主义。它是马克思主义在社会主义初级阶段的新的理论成果，它是亿万中国人民改革开放实践的思想结晶，是指导中国社会主义现代化事业前进的思想理论，其内容极其丰富。

二是以全面发展为主要特征的当代科学知识体系。当代人类文明发展的一个趋势是自然科学、社会科学和人文科学在高度分化的基础上走向高度统一，社会科学本身的发展也是不断细化的同时又不断地综合交叉，现在的理论教育必须是一种几乎涵盖了所有科学知识的"大理论"教育。

新形势下的理论教育必须把理论教育和理论教学与总结实践经验结合起来，与学习党的历史、中国历史和世界历史结合起来，与学习当代经济、科技、文化等知识结合起来。同时，对世界各国一切科学的新经验、新思想、新成果，都要积极研究和借鉴，丰富和充实提高理论教育内容。对在职党员干部和基层党员干部理论教育的内容将更为广泛，至少包括：①邓小平理论以及江泽民同志为核心第三代党中央丰富和发展马克思主义经典理论的宣讲与学习辅导；②党和国家治国方略、大政方针、政策文献以及重要讲话精神辅导学习；③国际重大时政、经济形势与国内重大改革开放举措的形势教育和报告分析；④各种新知识、新思想的理论以及社会人文科学的普及教育和学习；⑤对于思想理论领域的噪音、思想文化意识形态方面的困惑，需要的释疑解惑、思想疏导和理论批判；⑥社会热点、难点，当前社会思潮课题、学术焦点问题与前沿问题的理论认识与引导；⑦党建理论和思想建设理论的学习普及提高；⑧地方党委、政府改革开放政策措施和发展战略思想的理论宣讲和阐述；等等。

3.理论教育工作要创新方法

理论教育工作要根据人们思想活动的新情况新特点，探索新形势下做好理论教育工作的规律和办法，开辟新途径，开创新方法。在教学方法上必须实现四个转变：

一是由灌输式转向互动式转变。我们长期习惯于单向灌输的理论教育方式是在革命战争和建国初期，马克思主义很不普及和党的干部、党员文化水平不很高的情况下形成的，以致后来演变成了一些带指令性、强制性的做法，这不仅毁损了理论的科学性，而且失去了理论教育应有的品格和魅力。现在的在职干部、党员不仅年纪轻学历高而且思维敏锐，求知欲和参与意识强，单纯的灌输方式已远不适应今天理论教育的要求，更不适应信息时代对创新能力和创新思维呼唤的要求。所以，理论教育方式必须尽快地由传统的单一灌输式向启迪互动式转变，使理论教育和理论教学成为互动共进，互启相益的过程，使受教育者在思想上自我解放、自觉接受先进思想与正确理论的过程。

二是由单一化向多样化转变。理论教育只是单纯的采取某一方式已不能适应时代要求，必须采取多种的、能动的、科学的综合教学方式，让受教育者在接受讲授式、启发式、答疑式、研讨式、调研式、案例式教学中领悟理论教学的内容。

三是由平面型向立体型转变。改变理论教育在某一思维平面上的直线单行的状态，拓展丰富立体的理性思维空间，综合运用系统的、规范的、实证的、历史分析的、现实比较的、定量分析的、定性分析的等多种方法来展现科学理论的魅力和合理性。

四是由传统方式向现代方式转变。包括尽快实现理论教育软件和硬件的现代化，要尽可能运用和采取新科技、新材料和新手段，这不仅是教学工具的变换，更重要的是创造出现代理论教育的新感觉和新意识。

理性与激情

党政机关机构改革和干部人事制度改革是敏感而又热门的话题，因为，它属于政治体制改革范畴。尤其是现阶段，对党政机关干部人事制度改革进行探索性的研究与实验，并把研究成果和过程描述结集成书，也是难得的创新和先行。这不仅需要学识和写作水平，更需要社会责任感和理论勇气。从这个意义上讲，我们由衷地钦佩这本文集的编者与文章的作者。

改革需要创新。

这并非同义反复，因为即使是改革，也难免被模式化，也难免落入某种"俗套"。市委组织部机关的干部人事制度改革，其可贵之处首在创新。

在能力测试上，摒弃"一张试卷定优劣"的应试方式，组织干部结合业务工作开展调查研究，撰写调查报告，重点考察其业务素质、理性思维和独立解决实际问题和能力。

在演讲答辩上，紧扣本人所选调研课题，就调查报告的背景

注：本文是2002年初为中共长沙市委组织部岗位竞聘文集《特别答卷》写的总点评。

与内容、创意与价值进行陈述和答辩,打破了以介绍本人工作经历、履职情况和竞争岗位工作设想为主要内容的固有模式。

在评价方式上,把专家评审、领导评阅、相互评价以及民意测评有机结合起来,综合考虑竞岗成绩、现实表现、个性特点和岗位需求,突破了简单地"以票数用干部"、"以分数论人才"的定式。创新还表现在调研报告对所调研问题的分析思考和对策建议上,限于篇幅,这里就不一一列举了。

改革需要理性。

一个民族要想站在时代的高度,一刻也不能没有理性思维。理论上成熟是政治上成熟的标志,没有理论上的成熟和坚定,就不会有政治上的清醒和坚定。市委组织部的同志这次撰写调查报告或理论文章实质上也是一次理性思维的提升。正确地正视问题、提出问题和分析问题,从来就是正确地解决问题进而推动理论创新的首要环节,只有善于把握那些全局性、前瞻性、战略性的重大问题,才能把握工作的主动权。

问题是什么?问题就是事物的矛盾,"问题就是时代的声音。"(马克思语)这本文集探索的内容就直接涉及当前社会一些重大理论和实际问题,有的已触摸到相关思想领域的前沿问题。如党的建设和执政规律问题,树立正确的权力观问题,用什么人不用什么人的问题,干部选拔工作如何坚持制度创新问题,以及企业党建、社区党建、网络党建、企业干部选拔和使用管理问题,甚至还包括非公企业、新的社会阶层中的党建问题,新时期党员教育管理问题,今年组织工作"三件大事"(十六大组织准备、换届调整、作风建设)和组工干部队伍自身建设问题,干部政绩观异化问题和村干部职业化问题,等等。

理性地认识和回答这些问题，要求作者有宽阔的眼界、敏锐的感知和深刻的思考。本文集的每个作者从大处着眼，小处着手，结合各自的本职工作深入实践、深入调查、深入思考。每一篇文章不仅倾注了作者的精力和心血，而且也融入了作者的实践感受和真知灼见。文章无论是提出问题还是分析问题，大而不空洞，专而不琐碎，深而不浮躁，新而不离奇。观点正确，旗帜鲜明，材料翔实，提出的对策可行性强，其中有的调研报告已经具有一定的社科研究成果意义和较高的决策参考价值。

理性地回答和阐释问题要有好的学风和文风。读了这本文集，你以往对组织部门的那种神秘、陌生、沉闷之感将一扫而光。仅从目录的标题上你就有耳目一新的感觉，一些富于动感的词汇颇能争夺眼球。如"让党的旗帜在互联网上高高飘扬"、"分步推进社区党建"、"打造一个品牌"、"现实与发展的呼唤"、"整体推进配套改革人事制度"、"铸就一支铁军"……随意翻阅一篇文章或调研报告，你会感到一种阅读的愉悦。文章起承转合，摇曳多姿，令人不由自主地发出感叹：新的时代不仅催生新的思想和理论，而且也创造新的语言和风格。时代在发展，社会在前进，实践日益丰富，一些旧的概念、范畴、话语正逐渐被新的概念、范畴、话语所取代。在新的时代里，理论创新也促进了话语体系的创新。

改革需要激情。

从这本文集中，你会感悟到市委组织部党员干部的工作激情、学习激情、生活激情。看看书中的文稿，文笔流畅、自然真切，记人、叙事、论理，没有矫情的造作和斧凿的生硬。字里行间跳动着文章作者的赤诚之心，洋溢着作者的满腔激情，使人感受到一种情感上的冲击力和心灵上的震撼力。

处在新的发展阶段，面对改革带来的岗位机会和竞争压力，组织部门的同志和广大人民群众要求的一样，不断提高自身素质和履行岗位职责的能力，学习"充电"的热情也越来越高。因为同志们深刻认识到自己的工作是极富挑战性的。从世情来看，世界发生重大的历史转折对执政党建设提出了严峻挑战；从国情来看，随着改革开放的深入和社会主义市场经济的发展，既极大地增加了社会的活力，也使社会各个领域的新矛盾新问题层出不穷；从党情来看，我党所处的地位、环境和所承担的任务发生了重大变化。

市委组织部的同志们思考的、研究的是：怎样使党的建设紧紧围绕党的基本路线来进行？怎样密切联系党的中心任务和朝着党的建设总目标加强工作？怎样把党的思想建设、组织建设、作风建设有机结合并把制度建设贯穿其中？怎样在新时期新的历史条件下加强党的基层组织建设和干部队伍建设？怎样应对入世后党的领导、党的建设面临的机遇与挑战？等等。

把自己的本职工作与如此重大的时代课题紧紧地联系在一起，怎能不激情满怀？

读罢这本文集，你会被一种精神所激励。这就是改革的精神。这就是"用改革的精神研究新状况新问题，改进工作方法、工作作风和活动方式"，"用改革的精神从思想上、组织上、作风上全面推进党的进程"，勇于在党的组织工作、党的基层组织建设等各个领域进行改革的试验和探索，大胆破除旧的过时的东西，及时创造新的美好的东西。

我们的党就是这样一个勇于拼搏、朝气蓬勃、开拓创新、与时俱进的党。而党的希望所在就是拥有成千上万具有创新勇气、理性思维和生活激情的锐意改革开拓奋进的党员干部。

这就是这本文集想要告诉我们的,应该也是文集编写者们的初衷。

统一思想　引导学习
提升思维　指导实践
——撰写市委中心组学习综述的实践体会

党的十六大以来,以胡锦涛同志为总书记的党中央明确提出了建设学习型政党和学习型社会的重大任务,将全党的学习摆在了更为突出的位置。中共长沙市委理论学习中心组认真贯彻落实党中央的指示精神。以抓好领导干部的学习带动全市党员干部和全社会的学习。近年来,长沙市委讲师团在推进中心组学习科学化、制度化和规范化进程中,积极主动做好各项学习服务工作,大胆解放思想,勇于探索创新,以市委中心组学习服务为载体,紧紧抓住组织撰写学习综述这个关键环节,重点突出和实现了市委中心组理论学习的"统一思想、引导学习、提升思维、指导实践"四大功能。为建设学习型党组织,增强贯彻落实科学发展观的自觉性和坚定性,提高全市党员干部理论学习实效,加快长沙又好又快发展进行了一些有益的探索。

注:本文是在2008年全省党委(党组)中心组学习经验交流会上专题发言。

一、坚持理论武装，统一思想

我们党历来重视理论武装并以此达到全党的思想统一。在党的事业发展的每一个重大历史关头，在党领导的中国特色社会主义建设的每一个发展进程，我们党都是强调理论武装，实现全党的思想统一。我们党的性质、所肩负的历史使命和党章规定的组织原则也决定了，坚持理论武装实现思想统一是我们党的各级组织理论学习的基本要求。党委学习中心组为政治理论学习组织的基本性质规定，各级党委中心组必须具有学习理论、提高认识、统一思想、把握大局、指导决策、推动工作的重大功能。十六大、十七大以来，长沙市委中心组坚持用中国特色社会主义理论武装，不断在新的起点上达到思想统一，政治坚定，旗帜鲜明。如何充分体现市委中心组通过理论学习达到政治上的坚定性、思想上的统一性，一直是我们每次组织撰写学习综述的首要宗旨。近年来我们逐步形成了规范撰写综述时必须坚守好的两个基本的立足点：

一是对党中央和省委鲜明地表示市委中心组的政治思想立场和态度。这主要是从政治立场上表明学习理论、提高认识的思想结晶；从政治建设上形成统一思想，服从大局的认识成果。各地区、各部门、各单位情况千差万别，各种发展方式、思路各有不同，但通过每次的理论学习，达成共识，在政治上、在整体上、大局上，必须达到思想认识的统一，必须坚决在政治上与中央保持一致，必须拥护省委的正确领导。

二是对全市广大人民群众宣示党的执政理论、思想、能力和形象。当今时代，社会政治实际上是政党政治，作为执政党的中国共产党各级组织，有责任、有义务向广大人民群众宣传、解答、阐述党的政治主张、行动纲领、思想路线、政策措施。中心组学习综述应该是正确地、积极主动地和及时地发挥这一作用，人民群众也从这里了解、认识党的路线、方针、政策以及市委中心组这一班人学习贯彻落实党的路线、方针、政策的思想水平和执政能力。我们在组织撰写每次的学习综述时，集中体现了市委中心组在坚持理论，武装、统一思想三个层面上的统一认识。

一是集中体现市委中心组在重大思想理论问题上的统一认识。进入新世纪，特别是十六大以来，我国改革开放进入了一个新的历史发展阶段，各种思想文化，社会思潮相互激荡，市场经济、民主政治、人权法治、多元文化、公平正义等越来越成为人们关注的重大理论和实践问题，也成为我们党不断开创中国特色社会主义事业新局面必须应对的重大问题。以胡锦涛为总书记的党中央适时地提出科学发展观等一系列重大战略思想，实现了理论创新，形成马克思主义中国化的最新成果。市委中心组在学习和研究党的创新理论的过程中，保持头脑冷静，遵循科学精神，对形势发展有清醒判断，对创新理论有深刻领会，从而在思想理论形成统一认识，在政治上自觉地与以胡锦涛为总书记的党中央保持一致。在学习综述中我们着重阐述了市委中心组在思想理论上的三个共识：十六大以来党中央提出的理论创新，客观地反映了中国社会现阶段的新特点、新要求；党中央提出的一系列重大战略思想关键在加强党的先进性建设和执政能力建设；十六大、十七大以来以胡锦涛为总书记的党中央提出的重大理论创新，总的要求是以科学发展观统领经济社会发展全局。

二是突出体现市委中心组在国家重大战略举措的统一认识。在科学发展观的统领下，国家推出了一系列新的重大发展战略举措。实质是要实现又好又快地发展。要坚持把发展作为第一要务；以人为本这一核心；全面、协调、可持续发展这一基本要求；统筹兼备这一基本方法，特别是统筹好城乡、区域、经常与社会、人与自然、国内与对外开放这五大关系。市委中心组在对国家科学发展战略举措的深刻认识基础上，结合国家新推出的中部崛起战略和中央实施的宏观调控政策，形成了长沙又好又快发展的总体战略思想，实现和国家重大发展战略对接。根据国家的战略要求，结合长沙具体情况着力解决长沙三大发展战略性问题：即坚持可持续发展战略，建设资源节约型和环境友好型社会；落实国家创新体系，敢为人先，走自主创新发展道路；加快推进社会主义新农村建设，从根本上解决"三农"问题。长沙作为湖南省会城市在湖南经济社会发展中有着义不容辞的率先责任。长沙市委中心组在理论学习中，坚决维护省委领导权威，服务全省经济社会发展大局，十六大、十七大以来自觉服从服务于省委作出的全省发展战略部署，在推进"一化三基"战略上，在推进长株潭试验区改革建设上，在实施新型城市化、新型工业化和新农村建设的"三新"整体发展战略上，市委中心组全体成员中统一认识，鲜明地提出"科学发展、创业富民"的战略思路，与省委"坚持科学发展、加快富民强省"的战略呼应，凝成了长沙乃至湖南整体发展的战略合力。

三是明确体现市委中心组在对学习内容、学习形式和学习要求的统一认识。随着形势的变化和改革开放深入发展，面临新形势、新变化，对党委中心组学习也提出了新要求。市委中心组在遵循原有的制度规定的基础上，面对新形势，应对新发展，根据中央和省委指示精神，结合长沙实际，在学习内容、形式和要求上集思广益、积极完善,并达到了新的认识统一。在学习内容上主要包括:马克思列宁主义、毛泽东思想,重点是中国特色社会主义理论体系;中央、国务院重要文件、胡锦涛等中央领导同志重要论述和讲话;中央政治局集中学习内容和有关政治、经济、文化、社会建设以及相关的现代科技等知识。在学习要求上,做到三个"明确",即明确政治理论学习,以发挥学习理论、提高认识、统一思想、把握大局、指导决策、推动工作的重要作用;明确学习的政治任务,是各级党委的政治职责;明确中心组学习规范化、制度化,并纳入领导干部的绩效考核。在学习形式上,实行"一计",即必须制订学习计划;"两定",即定期集中学习、定期进行督查;"三结合",即分散自学与集中研讨相结合、专题读书与专题辅助相结合、理论学习与调查研究相结合。

二、坚持领导带头,引导学习

胡锦涛总书记多次强调:"学习必须始终作为一项极为重要的任务来落实。"这既是对全党特别是各级领导干部的要求,也是对各级党委中心组学习的要求。长沙市委中心组不仅自身坚持理论学习,而且要通过自身的率先示范学习引领全市各级党委中心组的学习,乃至带动全市广大党员干部的学习。引导全市各级领导干部深入学习中国特色社会主义理论,及时了解、理解党和国家的重大部署,在思想上紧跟党的事业的发展,在行动上始终与党中央保持一致,不断完善知识结构、提升综合素质、培养战略思维、开阔世界眼光,不断提高领导科学发展的实际工作能力和思想理论水平,推动长沙改革开放、实现又好又快发展。长沙市委中心组非常重视这个具有战略意义的问题。引导全市党员干部,特别是领导干部理论学习,必须展现市委中心组在学习上的示范性、理论上的先导性。近年来，我们在组织撰写综述时注重突出两个效应点：

一是对全市各级党委中心组理论学习宏观引导效应。这主要是对全市各级党委中心组学习的内容、目的和要求上有宏观指导上的意义，让各级党委了解认识、领会市委中心组的政治理论学习的意义和内容、政治思想信息、发展抉择思维。指导各级党委在各个不同学习时段上，开阔思路、提高认识、凝聚共识，帮助各级领导干部结合各地各部门实际理论先行，学在前一些，学得深一些。

二是对全市党员干部理论学习带头示范效应。这主要是为全市党员干部的理论学习作出表率，让广大党员干部认识和明了市委决策层的理论思想动态，使全市党员干部知道应该学什么，怎么学，引导党员干部积极学习，与时俱进，努力建设学习型政党，学习型社会。

我们在组织撰写综述，着重体现了市委中心组坚持领导带头学习理论在三个方面的学习引导：

一是引导学习中国特色社会主义理论。在政治思想上，要引导广大党员干部认识到中国特色社会主义理论体系，坚持和发展了马克思列宁主义、毛泽东思想，凝聚了几代中国共产党人的智慧和心血，是党最宝贵的政治和精神财富，是全国各族人民团结奋斗的共同思想基础；在指导意义上，要明确必须坚持用中国特色社会主义理论武装全党；在本质内容上，要弄懂体系包括邓小平理论、"三个代表"重要思想以及科学发展观等重大战略思想在内的科学体系，其中科学发展观在整个体系占有具有十分重要的地位；在学习宣传贯彻上，要创新形式，市中心组成员率先并倡导各级领导干部在深入学习的同时，积极开展"领导讲坛"、"市民课堂"等各种形式，下基层、向广大党员群众宣讲中国特色社会主义理论，在全市广泛开展中国特色社会主义理论宣传普及活动，认真落实中央关于用中国特色社会主义理论武装党员，教育人民的战略任务。

二是引导学习形势政策理论知识。这主要是通过市委中心组以学习中央文件、邀请专家学者作形势报告等率先示范，以及组织并由有市委中心组成员参与的形势政策报告团下基层宣讲等形式，把各级党委中心组和广大党员干部引导到中央对当前形势的科学判断上来。重点是对国内外形势的认识，当今世界正发生广泛而深刻地变化，中国在当前发展机遇前所未有，挑战也前所未有，我们必须抓住和运用重要战略机遇期，加快推进中国的发展。对我国发展新阶段要保持一个清醒认识，科学分析面临的新机遇、新挑战，要深刻认识我国社会主义事业发展中的新课题、新矛盾，在新的历史起点上继续发展中国特色社会主义，适应国内外形势的新变化，顺应人民群众过上更好生活的新期待，不断增强坚持走中国特色社会主义的自觉性和坚定性。

三是引导学习社会科学和高新科技的新知识。当今时代，科技发展日新月异，思想文化相互激荡，社会变化纷繁复杂。我们党的各级领导干部不同程度地担负着率领人民群众进行政治建设、经济建设、文化建设和社会建设的繁重任务，理论学习和知识更新是必要的前提和基础，掌握了中国特色社会主义理论体系的实质，还必须掌握各门现代社会科学和自然科学知识。以胡锦涛同志为总书记的中央领导集体，从十六大到十七大的五年中，共组织了44次集中学习，涉及内容和学科非常广泛，并请各个学科领域的专家进行讲评，为全党加强学习、增长才干、提高科学决策和执政能力做出了表率。长沙市委中心组积极跟进，近年在安排集中学习的内容中，涉及依法治国、市场经济、社会管理和科技文化等学科，特别是结合长沙发展实际，专门邀请循环经济、环保生态、公共管理等方面的专家进行讲座，在全市产生广泛影响。各级党委中心组根据工作需要和工作实践，主动更新知识，努力完善知识结构，通过广泛学习各门知识，不断增强把握规律，按客观规律办事的能力。近年来，全市各级党委中心组在拓展才智、知识更新方面都有积极的作为，并在实际工作中发挥出积极作用，为领导全市经济社会发展提供了有力的智力支撑。

三、坚持科学理论，提升思维

面对复杂多变的国际形势，面对国内改革发展稳定和党的建设的繁重任务，特别是面对经济体制深刻变革、社会结构深刻变动、利益格局深刻调整、思想观念深刻变化，迫切要求我们把全党的理论学习和理论武装工作不断引向深入。近年来，一大批中青年干部走上了新的领导岗位，尽快提高他们的理论素养，使他们始终保持对马克思主义的坚定信仰，对中国特色社会主义的坚定信念，对改革开放和社会主义现代化建设的坚定信心，是当前一项十分紧迫的战略性任务。原来我们党的老一辈各级领导干部，他们的人生阅历决定了对党、对革命、对马克思主义的信仰和忠诚，朴素的阶级感情是形成坚定信仰、信念和信心的坚实基础，这正是我们这个时代中青年干部所缺乏的，但一大批走向领导岗位的中青年干部拥有特有的优势和长处，他们一般具有聪慧的头脑、活跃的思维、优良的知识专长和较强的接受新事物的能力。长沙市委中心组按照中央的要求，对领导干部特别是对新进领导班子的干部，加强马克思主义、毛泽东思想和中国特色社会主义理论的学习，加强以科学理论武装头脑。这在全市各级中心组学习中也产生积极的带动作用。如何充分体现市委中心组通过理论学习达到这种深刻的思想性、前瞻的战略性，我们在组织撰写市委中心组学习综述中，突出了这个理论学习要求的思想高度，把握了提升思维的两个制高点。

一是始终坚持对领导干部理想信念的理论提升。以马克思主义基本理论为基础，以中国特色社会主义理论为重点内容，进一步加大干部队伍理论武装的力度。在真学真懂真信上下功夫，掌握精神实质，不断增强用科学理论指导新的实践自觉性和坚定性，努力培养造就一支以马克思主义最新成果武装头脑，政治坚定、业务精通、作风过硬、人民信服、善于治国理政的干部队伍。

二是注重加强对领导干部综合素质的理论提升。中国特色社会主义理论作为我们的强大思想武器，既要用之以指导客观世界的改造，又要使之贯穿于我们领导干部的党性锻炼和人格修养之中，解决好世界观、人生观、价值观改造的问题，解决好理想信念、思想作风、文化修养、人格气质、道德情操、生活情趣、清正廉洁等问题，始终保持共产党人的蓬勃朝气、昂扬锐气、浩然正气。

我们在组织撰写学习综述时，特别注重了市委中心组坚持以科学理论，提升领导干部理性思维的理论要求，重点是提升和启迪以下三大思维：

一是重点提升对马克思主义中国化的理论思维。科学的理想信念是建立在对科学理论的深刻认识基础上的。长沙市委中心组主要是从历史唯物主义认识论的大层面来展开理论思维。几代中国共产党人率领伟大的中国人民将马克思主义普遍真理与中国革命和建设实践相结合，凝聚产生了马克思主义中国化的思想理论。马克思主义在中国的成功实践和理论发展的历史进程证明了马克思主义中国化的两大成果，即毛泽东思想与中国特色社会主义理论的历史必然性和发展的继承性。中国特色社会主义理论作为马克思主义中国化的新理论成果，科学总结了国内外建设社会主义正反两个方面经验、科学把握了当代国际形势和时代特征、科学认识了亿万中国人民共同愿望、科学反映了我国改革开放和社会主义现代化建设生动实践、科学继承和发展了马克思列宁主义、毛泽东思想。所以，我们必须坚定不移地坚持中国特色社会主义理论体系。科学发展观在中国特色社会上的理论体系占有重要地位，是马克思主义中国化重要组成部分的最新成果。我们必须全面领会科学发展观的科学内涵、精神实质、根本要求，不断增强学习实践科学发展观的自觉性和坚定性。

二是全面提升对当代社会发展历史走向的理性思维。领导干部宽阔的眼界和大局的意识必须建立在广博的理性思维上。近年来，市委中心组在集中学习中，注重从人类社会发展历史的大趋势来启迪理性思维。以纵向视野来观察、思考，从中外历史成败兴衰，特别是一些执政党的政治经验教训中来认识和把握历史发展和社会进步的规律。全面思考和科学判断我们党所处的历史方位与肩负的历史使命，从而进一步明确每个党员干部的历史使命感；注重从我国面临国际环境的大变化上启迪理性思维。以横向视野来观察思考、认识世界格局变动走向。积极应对世界多极化、经济全球化和科技迅速发展走势，深刻理解中央关于重要战略发展机遇期的科学判断，自加压力，切实增强加快改革开放、实现科学发展、努力推进社会主义现代化建设事业的紧迫感；注重从实现中华民族复兴大业上启迪理性思维。三十年改革开放的伟大实践，半个多世纪艰苦卓绝的艰难探索，上百年的民族奋斗牺牲，都证明了一个真理：只有社会主义才能救中国！只有中国特色社会主义才能振兴中国！只有高举中国特色社会主义伟大旗帜，坚持中国特色社会主义道路和中国特色社会主义理论体系，才能引领中国特色社会主义伟大事业的航船沿着正确航向不断乘风破浪、乘胜前进，才能实现伟大的中华民族振兴！

三是系统提升对我国新世纪、新阶段发展的战略思维。战略思维是我们党的领导干部必须具备的重要特质思维。长沙市委中心组在长期的理论学习中注重系统地培养和提升领导干部的战略思维。从我国经济社会发展阶段性特征来看，我国从生产关系到生产力、经济基础到上层建筑都发生了意义深远的变化，但我国基本国情和矛盾没有变，我们这样十几亿人口的大国全面建设小康、基本实现现代化、巩固和发展社会主义制度，必须毫不动摇地坚持改革开放，坚定不移地坚持中国特色社会主义。从我国经济社会发展规律来看，把握发展这个第一要义，坚持以人为本，实现全面协调可持续，加快统筹兼顾，就把握了在中国实现科学发展规律的实质。在战略思维上，我们领导干部要着力把握发展规律、创新发展理念、转变发展方式、破解发展难题、提高发展质量和效益、实现又好又快发展。从发展布局上来看，必须按照中国特色社会主义事业总体布局，全面推进经济建设、政治建设、文化建设、社会建设，积极推进生态文明建设，特别是要推动城乡协调发展。

四、坚持联系实际，指导实践

学习的目的在于应用，理论的价值在于指导实践。长沙市委中心组遵循胡锦涛总书记关于用科学发展观"武装头脑、指导实践、推动工作"的指示精神，坚持"学与思"的有机结合，"用与行"的齐头并进。在市委中心组自身学习和率领全市各级党委中心组学习中，坚持理论联系实际，始终做到思想理论上清醒、政治立场上坚定、行动步伐上统一，在理论学习和工作实践中不断学习新知识、研究新情况、解决新问题。紧紧围绕中央部署和省市委中心工作，坚持以科学发展观为统领，牢牢抓住发展这个第一要务，着力研究解决影响本地区、本部门改革发展中的突出问题，切实把党委中心组理论学习的过程作为提升理性思维、统一思想认识、明确发展思路、推进实际工作的过程。切实把党委中心组学习的理论成果、思想结晶转化为推动长沙经济社会发展的发展思路、战略部署和政策措施。如何全面体现市委中心组理论学习的现实的指导性，我们在组织撰写市委中心组学习综述中紧扣了两大着力点。

一是着力坚持以科学理论指导社会实践。紧密联系本地区本部门实际，坚持学以致用，以用促学、学用相长，把用科学发展观武装头脑，指导实践，推动工作为党委中心组学习的出发点和落脚点，在全市范围内，把思想统一到科学发展观上来，把力量集中到科学发展任务上来，把科学发展的理念、精神、实质和要求贯穿到我们实际工作的各个环节、落实到深化改革开放和社会主义现代化建设的伟大实践中去。

二是着力坚持不断提高领导科学发展的能力。各级领导干部必须真正掌握统筹兼顾这个科学发展观的根本方法，就是要全面、辩证地考虑问题，避免片面和短视；各级领导干部必须把握深入调研这个科学发展的主动权，就是要身心下去，深入实际，真正了解经济社会发展急需解决的重点问题，人民群众关心的利益问题；各级领导必须是真抓实干，切实取得科学发展的实际成效。

我们在组织撰写学习综述中着重强调了市委中心组理论学习坚持联系实际，指导工作的实践性，并提出了三个方面的目标要求和工作思路：

一是坚持科学理论指导科学决策。以人为本，即是科学发展观的核心，又是我党执政的理念。长沙市委中心组在理论学习中，坚持把"以人为本"的理念转化为党委、政府的方针、政策。贯通于长沙重大发展战略、发展思路和机制创新的各个方面，融汇入市委、市政府重大决策、政策制定和行政执政中。十六大以来，市委中心组成员一致形成的共识主要有：①市委、市政府领导干部的重要工作就是把党的执政理念转化为亲民、爱民、富民的政策和措施；②在大力推进改革的过程中，坚持提高改革决策的科学性，做到理论准备更充分，政策思路更缜密、方法步骤更慎重，不断深化科学决策、民主决策、依法决策；③用科学发展观统一改革思想、凝聚改革共识、协调改革思路、配套改革措施、规范改革行为。近年来，得到广泛赞誉的长沙城市发展成就，就是市委中心组这些年来坚持科学理论指导，完善科学决策，实现长沙城市科学发展的典范。市委中心组对原来"开放强市、科技兴市、流通活市、依法治市"和"一江两岸、西文东市、六桥三环、山水洲城"的发展战略，在"继承、提升、创新"的基础上进行了系统性研究，确立了"东引西拓、优势带动、环境先导、城市提升"四大战略，使长沙成为繁荣的经济强市、开放的窗口城市、文明的现代都市、秀美的山水名市。根据科学发展新形势新要求，特别是抢抓长沙创建"两型社会"的历史性机遇，又科学地完善了新的发展宏图。当前，市委市政府正满怀激情的率领全市人民，为把长沙建设成为具有国际视野、人民引以为豪的创业之都、宜居城市、幸福家园而倍加努力。

二是坚持联系思想实际、工作实际开展工作，实现又好又快发展。长沙市委中心组深入学习科学发展观，紧紧围绕发展这个第一要义，积极开展思想交锋和观念碰撞。在长沙经济社会发展路径抉择、战略部署、目标要求上形成了新的思想统一。经过了三十年改革开放的长沙取得了巨大成就，但与先进城市和地区相比存在相当的差距，面对各地竞相争先发展态势，长沙必须保持清醒的头脑和强烈的紧迫意识。长沙必须用科学发展观来重新审视自身的发展，确立长沙经济社会全面、协调、可持续的发展走向；长沙必须顺应我国科学发展的宏观大势，抓住机遇，抢占新的制高点，科学地实现新的跨越式发展。市委中心组以科学发展观为指导，经过多次理论学习，交流思想，深入调研，围绕长沙全面建设小康社会宏观目标，先后达成了四大共识：形成了长沙必须又好又快发展的共识。长沙又好又快发展是学习实践科学发展观的必然要求，长沙的率先发展才能带动全省协调发展。达成了增强城市创新能力和竞争能力的共识。长沙要充分发挥科学技术第一生产力的作用，坚持走新型工业化、新型城市化、社会主义新农村，"三新"并进的道路。达成了加快经济结构战略性调整的共识。大力推进三二一产业的做"强"、做"大"、做"优"的战略性调整，全面提升产业水平和效益。达成了把长沙建设成为资源节约型、环境友好型社会的共识。长沙必须在国家战略发展层面上开创出一条科学发展的新路。

三是坚持继续解放思想，勇于开创中国特色社会主义新局面。"解放思想是发展中国特色社会主义的一大法宝。"市委中心组认真学习胡锦涛总书记关于继续解放思想的一系列重要论述，充分认识继续解放思想是党的思想路线的本质要求，是当今时代发展的必然要求，是在新的历史起点上深入推进改革开放伟大事业的迫切要求。市委中心组统一思想认识后，一方面大力倡导全市各级党委中心组、各级领导干部和广大党员积极投入以"科学发展，创业富民"的解放思想大讨论；另一方面市委主要领导亲自拟定的十五个课题，由中心组成员组成调研组，深入实际开展调研。今年初以来的解放思想大讨论到现在的服务经济建设百日大行动，市委中心组连续两次集中学习，议继续解放思想的大事、做继续解放思想的实事。在今年市委中心组第一次集中学习后，我们在市主要领导组织指导下撰写了题为"高扬解放思想大旗"的长篇综述；第二次集中学习后，市委主要领导亲自撰写了"解放思想是领导干部的必修课"的学习专论，对全市各级党委中心组的学习起到了极大的带头引领作用，有力地推动了全市的思想解放。今年三月份以来，以"科学发展，创业富民"为主题的继续解放思想大讨论活动，在市委领导下掀起了一个又一个新高潮。从年初的"万名机关干部下基层，抓紧生产补损促发展"，到年中的打破常规，调煤保电度用电高峰；从创建全国文明城市大迎检到河西"两型社会"先导区的大开发等，无不体现长沙市委中心组坚持科学发展观引领，继续解放思想，破除陈旧观念，勇于创新机制，大力开创长沙科学发展的新局面。

目前，市委中心组正在巩固和发展继续解放思想的理论成果和实践成果，同时，已开始谋划和思考认真落实中央关于深入学习实践科学发展观的重大部署，以崭新的精神面貌和高昂的激情，率领全市党员干部和广大人民群众坚持不懈地走科学发展道路，奋力开拓长沙现代化建设更为广阔的发展前景。

党委(党组)中心组学习秘书的工作要求与准备

党委（党组）中心组是党委党组的政治理论学习组织，是领导干部在职理论学习的基本形式。它对于提升领导干部的理论素质和党性修养具有重要作用，它通过学习理论，提高认识，统一思想，有利于领导干部把握大局、指导决策、推动工作，它对于加强领导班子思想政治建设有重大意义。

中央和省市委有一系列专门文件对党委（党组）中心组学习进行逐步规范和完善。特别是十七届四中全会通过的《中共中央关于加强和改进新形势下党的建设若干重大问题的决定》中，就建设学习型党组织方面明确规定：要"完善和落实党委（党组）中心组学习制度"。并作为党的领导干部"理论武装"的重要抓手。中办印发的《关于推进学习型党组织建设的意见》中，进一步要求"加强和改进党委（党组）中心组学习，严格规范管理，增强学习效果"。长沙市委历来重视中心组学习，特别是近年来

注：本文为2011年中共长沙市党委(党组)中心组学习秘书培训班上的讲课提纲，后发表于《学习导刊》。

把党委（党组）中心组学习作为全市各级党委（党组）绩效考核的首要指标。在长沙市委《关于建立健全学习型党组织建设长效机制的实施办法》中，也是根据市委《关于进一步加强和改进党委（党组）中心组学习的实施意见》要求来进行考核的。

党委（党组）中心组学习有如此重大意义和严格要求，我们中心组学习秘书工作有些什么"规定动作"或"基本要求"？概括地讲，中心组学习秘书的理论学习服务工作基本要求就是：制订两项计划，贯彻四项制度，把握六个环节。

一、制订两项计划

1.制订年度学习计划。每年初（或上年度末），根据年度重大时政，中央和国家部门要求，参照市委中心组年度学习计划，结合本地区本单位工作学习和干部群众思想实际，制订中心组学习计划和安排，经单位党委（党组）讨论通过，经党委（党组）主要领导（中心组组长）签署，正式作为中心组学习年度计划（并报市委宣传部理教处、市委讲师团综秘处存档）。年度计划内容包括：学习专题的确定，学习次数和时间规定等（如每年集中学习次数为四到六次，全年累计学习时间不少于12天），中心组年度学习计划也可以结合本地区本单位建设学习型党组织规划来制订。

2.制订集中学习计划。即每次中心组集中学习安排（亦可为中心组集中学习通知），每次集中学习计划是根据年度学习计划或实际需要来制定的。内容包括：本次集中学习主题、成员自学和阅读要求、集中学习时间地点、理论辅导专题、中心发言和讨论安排、学习总结和后续学习部署和要求等。集中学习计划是中心组每次集中学习的重要内容和程序安排，要求详细、周密、全面和可操作。计划必须报送市委宣传部理教处和市委讲师团综秘处。

二、落实四项制度

党委（党组）中心组的理论学习要靠高度的自觉性和主动性来驱动，同时也要靠规范的制度化、程序化来保障。中心组学习的第一责任人是党委（党组）一把手，具体分管可能是专职（分管）副书记，但学习秘书有责任协助领导来建立健全，特别是落实制度。

一是中心组集中学习制度。至少主要包括：中心组责任人与组成组员、学习计划安排、学习时间保证与经费保障、考勤与签到、学习记录、学习总结与综述等的制度规定。

二是中心组成员自学制度。包括自学时间、学习内容、心得体会、发言与讨论准备等。

三是中心组学习调研制度。包括学前调研与资料准备，专题调研报告，理论研讨课题，调研成果要求。

四是中心组学习考核制度。包括学习书目和资料自学和集中、学习笔记、学习成果和成效，学习档案管理。

三、抓好六个环节

根据省委（湘宣字〔2001〕18号）和（湘组发〔2001〕4号）文件要求，沿用近年来的基本做法，中心组学习秘书必须做好协助中心组组长抓好"六个环节"的学习服务。

一是集中学习会议通知。认真落实好成员自学计划规定的书目、文件和参阅材料，积极准备发言提纲的服务工作。

二是人员签到。落实应到、实到人数和请假、缺席情况，并报告学习组长。

三是认真做好专家学者理论辅导讲座的各项服务工作。协调好集中学习上的中心发言和会议讨论。

四是认真做好会议记录。（笔记和电化记录）

五是撰写学习综述或学习纪要。（存档或在相关媒体上发表）

六是认真做好所有学习资料归档和有关材料报送工作。

最后谈谈党委（党组）中心组学习秘书的工作准备，就是说从事这项工作要有那么准备？

1.**思想准备**。至少要有三个思想上的准备。一是思想政治要求严。要有极强的政治坚定性和政治敏锐性。要牢牢地把握正确的政治方向。二是思想境界要求高。恩格斯说过"一个民族要想登上科学的高峰，终究是不能离开理论思维的"。我们搞理论宣传、理论教育的同志思想境界始终要保持在崇高的位置上，这一点在当下尤为显得重要。三是奉献精神要求强。马斯洛讲人的自我价值实现。我们搞理论服务的自我价值是以奉献方式实现的。鲁迅讲："我好像一只牛，吃的是草，挤出来的是奶……"我们位不在尊，但奉献的是我们的聪明才智。

2.**知识准备**。理论学习秘书严格意义上来说，要比领导还要先学一步，深学一层，多学一些。这样才能搞好我们的工作。所以，要有尽量充分的知识准备，或者说知识面要宽一些。这就要求我们自觉的学习。不但要学习马克思主义理论经典，还要努力学习马克思主义发展的新成果；不但要学习经济、政治、文化、科技和国际等方面知识，还要懂得融会贯通。不断优化知识结构，开阔思路，创新思维，以备在中心组学习服务工作中的不时之需。

3.服务准备。2008年初，由组织部、宣传部、市直工委、讲师团四家联合发的《关于进一步加强全市县处级以上单位党委（党组）中心组理论学习的通知》（长宣联〔2008〕4号文件）。2009年8月3日，市委办公厅下发了《关于进一步加强和改进党委（党组）中心组学习的意见》（长办发〔2009〕50号）的文件。对全市县处级以上单位中心组学习服务进行了明确和规范，这里只谈谈个人从事市委中心组服务的一些体会。

一是科学定位，在明确学习要求上做好服务准备。党委（党组）中心组学习的定位是学理论、统思想、议大事、谋大局、出思路、促发展。定位准确了就能以最好的精神面貌和工作姿态为中心组学习提供优质服务。

二是合理安排，在精选学习内容上做好服务准备。具体来讲在学习内容安排上做到六个把握：①把握中央政治局和省市委有关理论学习动态，以积极跟进；②把握时政动态，以了解形势变化；③关注国家战略走向，以把握宏观发展态势；④关注省市委各个时期的中心工作，把握好高层决策意向；⑤关注理论实践中的热点、焦点，把握思想理论动态和社会舆情变化；⑥注重社会科学和科技发展，把握相关知识发展前沿动态。在这六个把握的基础上，联系实际制订学习计划，确定学习内容。

三是开拓创新，在探索学习方式上做好服务准备。发挥传统理论学习方式的优势和长处，综合运用新的形式方法，使中心组学习生动活泼而又严肃认真。如积极开展中心组成员"自学"与"讲学"相结合、"听学"与"议学"相结合、"动脑"与"动手"相结合、"理论阅读"与"实事调研"相结合等等。

四是率先示范，在增强学习成效上做好服务准备。如公开征集学习专题、邀请党员干部或党员代表旁听党委（党组）中心组集中学习讨论，以扩大影响；又例如撰写学习综述或学习纪要公开发表或分发到下属部门单位，以发挥中心组学习率先示范效应；再例如把中心组学习的成果编辑成册出版。

开拓自觉学习的新空间
——《党委中心组学习园地》更名为《学习导刊》的往思和寄语

中共湖南省委讲师团主办的理论性刊物《党委中心组学习园地》在2010年正式更名为《学习导刊》,作为热爱这个刊物的一名忠实读者,既有丝丝惜别之情,又有一份欣喜的期待。

因为从事长沙市委中心组学习服务工作,这个刊物在工作上是我良师,在学习上是我的益友。这些年来,这份党委中心组学习专刊对于我工作的帮助和指导是其他任何刊物或学习资料无法可比的。当我在理论工作中遇到困难时,当工作程序或工作要求出现疑窦时,我都可以从这本刊物中找到解答。至少在湖南省范围内,无论党委是中心组成员、中心组学习秘书或基层理论工作者,对这本学习专刊的理论性、权威性和实用性是有口皆碑的。

作为全省讲师团系统理论学习交流的一个平台和载体,这些年来这个刊物对我个人学习上的帮助是不能忘记的。除了从刊物上学到许多专业理论知识外,我个人的理论水平、写作能力都得到刊物的悉心指导和帮助。我在获长沙市社科一等奖的调研报

注:本文原载《学习导刊》2012年第一期。

告，最初是本刊推出的；我在省级、国家级报刊发表的理论文章，是由本刊首先刊登的；撰写长沙市委中小组学习综述的经验材料，也是在省团领导和本刊的指导下作为先进典型推出的。如果说，我个人工作能力、学识水平有所长进的话，是与本刊的热情帮助分不开的。我相信，在全省讲师团系统的理论工作者都有同感。而这份真挚的情感，将长久地激励着我们发奋学习，努力工作。

时代在发展，历史在前进，我们站到了一个新的起点。在各种思想文化相互激烈碰撞的现代社会，在科学技术日新月异的信息时代，党的十七届四中全会明确提出要建设马克思主义学习型政党，我们党要努力建设成为学习型政党，我们党员、干部特别是领导干部，应该实现从"学习的自觉"到"自觉的学习"的跨越。自觉的学习，是非功利性、非政治近视化和庸俗实用化的，其意义是实现学习的常态化、科学化、现代化，其目的是提升理性思维与科学判断以及实际领导能力。本刊不失时机地更名为《学习导刊》，现实的要求，是为党员干部加强学习开拓新的空间。《学习导刊》自加压力、勇立潮头、锐志进取、大胆创新，抢占制高点，适应新要求，可亲可敬！

改名《学习导刊》其最大寓意在"导"字，深蕴着"引导、指导、倡导、辅导"的内涵，这与讲师团工作性质、职责更为相符，更好地引导党员干部特别是领导干部，为建设学习型党组织，自觉地养成学习的好品性、好作风。

真诚期待《学习导刊》在理论学习服务这块阵地上发挥应有的作用，在建设学习型党组织这伟大工程中建功立业。希望本贵刊以自己的优势，对马克思主义理论经典作出新的时代解读与导读；对中国特色社会主义理论体系进行全面理解与诠释；对各种新的科学文化知识作出深入浅出的认识与鉴别……

热情期望《学习导刊》积极倡导自觉的学习精神，在学习目的、学习内容、学习方法等方面进行自觉的提升与更新。近来，本刊已经有所改观，已经给人感觉到几许清新。作为基层讲师团的一名普通的理论工作者，殷切企盼这份党委中心组理论学习专刊越办越好。为此斗胆建议：一是在推进马克思主义中国化、时代化、大众化方面把基础工作做实做好。马克思主义基本知识不牢，何谈中国化？社会发展大势认识不清，何谈时代化？百姓冷暖悲喜不知，何谈大众化？二是促进学习型政党建设要点面结合。以党委中心组学习为载体，以党员干部的理论辅导为基础，全面拓展和提升党员干部的政治思想理论素养。三是加快理论研究和理论教育的创新。要多刊登一些有思想、有深度的理论研究与探讨的文章，少刊登或不刊登由秘书（或他人）代劳的领导讲话，杜绝"假、大、空、套"的应景之作！一本好的刊物，特别是理论刊物，如果刊登的质量不高的文章，使人读之味同嚼蜡。而一篇知识性强、内容丰富的文本能给人以启迪，能起思想操练、认识升华、道德洗礼、精神提振的作用。质量高的文章刊登得多，《学习导刊》才真正名副其实。衷心希望《学习导刊》以本身的优势在思想理论界有真建树，在推进学习型组织、学习型政党建设中发挥不可替代的作用。

"君子乐得其道,小人乐得其欲。"如果把工作当作理想追求、价值实现、社会责任,我们的人品就会愈高尚,人生就会更快乐,工作过程也就会脱离低级趣味,变得有意义。在享受工作的境界中,个人进退、旁人误解,显得那么微不足道。人的精神生活因理性与激情而充实;人的现实生活因高雅与和谐而光亮。

享受工作

理论工作,一般人看来是了无情趣的苦差事、湮没无闻的冷板凳,也有人把它作为"敲门"的砖头、"混饭"的幌子。我却坚守着当年的选择,在年复一年的"枯燥乏味"中享受工作的愉悦,并在2008年的工作中产生了新的生活感悟,积淀了新的人生阅历。

感悟始于感受。那是冰灾过后,部领导到我们几个对口支帮村回访。每到一个村,部长总是要到重灾的贫困户去看看,当走到山脚一村民家时,我简直不敢相信冰雪压垮一大半的土坯房,这孤寡老人是怎么活过来的。我想凑近看看,一股刺鼻气味从贫病交加的老妪身上发出来,我不由赶紧抽身,这时有农村出身的带队领导同志却靠了上去,紧握老人的手……相似的场景是与一位农村出身的领导干部到宁乡东湖塘村调研。得知当年大胆向少奇同志反映农村真实情况的妇女队长,现在年老体衰,寡居多病,生活拮据时,他把我拉到一旁:"你身上能凑多少钱?

注:原文发表于《戊子感言》(湖南人民出版社)2009年第一版。

……"当他把钱全部塞在这位当年的"铁姑娘"手上时只说了一句:"我们都是党员!"这久违的场景把所有人感动了!

决非做作,决非矫情,完全是被他们对家乡父老、对农民兄弟的那份真挚的情感所震撼。我坚信列宁说的:"没有人的情感,就从来也不可能有人对真理的追求!"我体验着这份情感,也享受着这份感动,并将这份感动融入我在基层的每场宣讲,作为对农村、农民的那份真情反哺。

因为工作,我可以体察生活实践中许多震撼人心的情感与场景;可以很惬意地在理性王国里放飞自己的思想,使精神家园更加绚丽;可以很专心地研读经典,与先贤哲人神交;可以直入当前思想理论前沿,向名家请教,与高手过招。

我更重视紧贴社会实践的理论宣传教育工作。"师者,所以传道授业解惑也。"每次备课,专心致志,诚惶诚恐;每次讲课,身心投入,激情满怀。一年几十堂课,不敢稍有懈怠。在省公益大讲堂讲"和谐社会"、与机关干部讲"金融危机"、与部队首长讲"国际形势"、与下岗工人讲"改革开放"、与社区居民讲"文明创建"……在工作过程中,宣讲方针国是,传授理论知识,呼唤社会公正,张扬道德良知……自身的学识人品得以冶炼,个体的社会价值得以实现。有了这种工作自觉,就能感受到工作是一种享受。

在全省党委中心组学习经验交流会上,我作的"撰写长沙市委中心组学习综述的实践体会"发言获得好评。"你真不容易啊……"省团领导掂着沉甸甸的《十六大以来长沙市委中心组学习综述汇编》说。所有的"综述"都要鲜明体现市委中心组学习的理论旗帜,都要全面展示市委领导的学习成果,也都凝聚着同志们集体的智慧和心血。作为执笔者，我每次都是凝神聚气，殚精竭虑。听到省团决定将《汇编》正式列入讲师团历史档案时，几多艰辛顷刻化为丝丝欣慰。

市委中心组请来了郑佳明同志讲长株潭"两型社会"的创建。讲到当下热词"发展极"时，他话锋一转"……我在长沙最早看到这个词是谭砺写的"。望着工作人员席上很惊诧的我，又侃了一句，"也不知道他从哪儿抄来的！"佳明同志的率性，我还真"晕"了一下。1993年的那届市委班子，急切推出长沙为全省"重中之重"的发展战略。才进机关的我，无所顾忌地向时任长沙市委宣传部部长郑佳明同志提出，用法国经济学家佩鲁的"发展极"概念作为战略的经济理论支撑，书记也欣然采用，先为市领导的文稿发表，后将这一理念融入长沙市委第九次党代会精神。作为我个人再也没有提过。学习间隙，一领导拿着份材料走来谦和地"请谭教授帮着看看"；一年轻同志坦诚地说："……郑部长这样高规格点名，真不简单，我还真不知道你……""这是十几年前的事啦！"我赶紧打住。当然也有人揶揄两句"不讲后头那句就好了……"。其实，大凡学问，无非两类：一种是原创性的，原来没有，你创新了，但这类极少；还有一种就是学习、掌握和运用已有的知识，绝大多数人如此。读书人都知道。如果掌握了古今中外相关知识，并在实际中运用，你的工作和生活就会有知性了。

享受工作，我崇尚"低调做人，高格做事"。当然还要有适时的外部条件，我就有幸置于这种环境中。在"解放思想，创业富民"大讨论中，重头戏是市级领导牵头分别进行系列专题调研。我在宣传部看到调研题目时，提出应加"文化软实力"专题。部领导当即认可，并很快纳入专题系列。中国知识分子素来是"士为知己者死"，我认为更难能可贵的应是这种"无门户之虞、无官阶之俗"海纳百川的大气度和大环境。

享受工作，也就有了一种"谋道"不"谋食"的洒脱，我曾与几届书记有过工作相处。我很有幸与市委书记陈润儿同志畅谈理论问题，有时是不期而遇，有时近乎"忘食"。我很认同他对社会责任的人文情怀，钦佩他对理论思辨的哲学修养。酣畅的探讨、激扬的思绪……这种工作愉悦，不正是国学大师梁漱溟所说的那种"人生自主的快乐"吗？

如同马克思所说：工作已不是谋生的手段，而是一种生活的需要。那么我们的工作乃至生活就必然与大时代、大历史链接在一起。

今年一大工作幸事是参与编辑《创业富民知与行——长沙市解放思想大讨论调研文集》。窃以为，改革开放三十年，在战略发展层面上，影响长沙走向的至少有三本书：《走向新世纪》、《长沙市中长期发展战略研究》和这套《文集》。三本书历史意义在于开启、实施、提升了长沙经济社会战略性发展。前两本书的价值已经得到了历史的验证，而《文集》"科学发展、创业富民"的理念将在未来长沙经济社会全面发展中发挥里程碑效用。我和可敬的领导、可爱的同仁在辛勤工作中，自觉在学识水平和工作能力上得以提升，更在思想境界上培养出浩然的历史责任感和使命感。我们的工作见证并将继续见证长沙这块热土上改革开放、创新发展的大历史，我们的工作不是一种大人生的享受吗？

"君子乐得其道，小人乐得其欲。"如果把工作当作理想追求、价值实现、社会责任，我们的人品就会愈高尚，人生就会更快乐，工作过程也就会脱离低级趣味，变得有意义。在享受工作的境界中，个人进退、旁人误解，显得那么微不足道。人的精神生活因理性与激情而充实；人的现实生活因高雅与和谐而光亮。

2008年的中国，有着悲情与激昂。然而，日月经天，江河纬地，四时代谢，万物更新。中华复兴，哪一年不是风雨兼程、一路前行？当今时代，年复一年的悲喜情怀、坚贞智勇正在记忆中熔铸入中华民族的筋骨脊梁。

己丑之年，脚步声声。

感谢我挚爱的工作，使我将人生感悟镌刻在2008年的岁末，使我得以用清醒的头脑、理性的思维、激越的情感去拥抱2009年第一缕曙光。

真正仰视星空、守望精神家园、直面社会现实的人，才是有理性自觉的民族精英。

走向自觉

即将逝去的2009年无疑是一个重要年份。与国际社会氤氲着诡谲与突变形成强烈对比的，是中国大地演绎着雄壮与跨越，令世人瞩目，令国人震撼。

伫立己丑之末，拂去尘世喧嚣，信步精神家园，放飞思绪……2009年是我国思想文化启蒙运动九十周年，是值得我们记忆的。1919年以陈独秀为首倡导"民主"和"科学"，以救中国政治、道德、学术、思想之黑暗。有如一道强光闪电照亮了中国数千年黑夜，把中华民族从沉睡中唤醒。如今，轰轰烈烈的革命运动和一代社会精英已远去，中国已跻身于世界民族之林，而思想文化解放运动尚未有穷期。任何民族和国家走向现代文明，都是从自在走向自为的过程，思想文化更是不断走向自觉的动态发展。2009年的中国社会大实践、大发展，能不感慨中国的思想文化和民族精神正在走向自觉吗？

我以为，应该是肯定的！回首，刚迈出门槛的2009年，心

注：原文载于《耕耘》（湖南省人民出版社）2010年第一版。

如潮涌……

怎么感悟这90年？1919年，1949年，1979年，2009年，这四个历史节点，凝聚了我古老国度从"东亚病夫"到"少年中国"的奋进与砥砺，标记着社会主义新中国从"站起来"到"强起来"的巨变与威武。百年前中国，"强邻环列、虎视鹰瞵"，对我中华"蚕食鲸吞、瓜分豆剖"，"四万万同胞齐下泪，天涯何处是神州？"围绕救国救亡，一代代民族精英艰辛探索，一股股政治力量竭力表现。1919年的启蒙运动，高扬思想解放大旗，为中国共产党的横空出世做好了思想上组织上的准备。中国共产党的出现使中国和中国革命焕然一新。以1949年为起点，中国人民大步跨入新社会。一个贫困交加、四分五裂的旧中国变成了一个团结统一、前途光明的新中国；一个积贫积弱、一穷二白的半殖民地半封建的国家，变成一个初步繁荣昌盛、人民当家做主的国家。1979年实现改革开放，标志着中华民族的发展进入新纪元，"天翻地覆慨而慷"啊！每个有良知、有自尊的中国人无不心潮澎湃、热泪盈眶！尽管我们有过"大跃进"的惨痛代价，有过"十年内乱"的血泪教训，但最终我们依靠自己的力量，拨乱反正，在实践中探索出正确的航向，用60年风雨兼程铸就辉煌，展现了我们的党、国家和民族一步步走向成熟。

——我以为，有这种历史纵深感的思想认识是走向自觉！

2009年最大的现实是国际金融危机。突如其来的国际金融危机惊心动魄！年初有危言："中国已经开始经济衰落，也许比美国经济还要恶化"，中国"只是个身陷囹圄的大国！"但不到半年，也是这些人惊呼"中国能否拯救世界"？中国"几乎成为照耀全球经济信心的灯塔"！到年底，中国对世界经济增长贡献超过50%，形成了二战以来世界首次出现的新格局。中国经济总量既成世界排名第二已无任何悬念！全世界都在关注、谈论：一个强有力的中央权威和充满活力的经济社会体制形成的"中国道路"；亿万人民在中国共产党领导下的推进中国特色社会主义构成的"中国模式"。经历了狂热、贫困、惨痛和改革开放艰辛的我们这一代人，无论怎么思维、什么观念都有最基本的现实感：中国人民最终选择了中国共产党和中国特色社会主义道路，中国的改革开放、民族的发展振兴与世界历史发展、人类文明进程紧密地结合在一起了。然而，理论和思维在现实面前也有窘境，2009年的一些人和事对我们传统主流观念意识提出了新挑战，如黑人奥巴马当选总统，——原来我们对美式文明并不太了解；索马里海盗——不是世界上受苦受难的穷兄弟在"剥夺剥夺者"？新披露的蒋介石日记——起码我们知道蒋介石不是"躲在峨眉山等着摘桃子"，"国军"在抗日战争中也不全是"望风而逃，溃不成军"……我们的社会科学家、理论家们忙于声名显赫的巨大工程而无暇顾及现实中的理论紊乱。不争论不等于不讨论，理论上的隐遁将形成精神上的达摩利克悬剑，况且"出来混总要有还的"。在现实中，无论是平头百姓还是白领阶层，或多或少地感到，我们的理论发展比我国的社会发展更不平衡，在取得丰硕的理论创新成果的同时，又不时地显现出苍白和无序……

——我认为，有这种现实感思考追问是走向自觉！

去年此时曾写过一篇"享受工作"的感悟，竟也引起了些许讥讽。我无语，更悲哀的是当下社会的理性取向。华夏民族历来注重实际，经世致用更是湖湘学派特征，近三十年来对"纯政治化"的矫枉过正、急于脱贫和赶超心理使国人更加"现实"地讲究"实用"。随着市场经济的"恶"面的显现,急功近利、"丛林规则"、"狼性文化"的思维理性大肆泛滥,也正是马克斯·韦伯指出的"工具理性"膨胀问题。人们把理性当作实现物质欲望最大满足的工具,而不是承认它的自我存在的理由,因而泯灭了对于文明的渴望和对于理想的追求。回望一年里,强调动机纯正和选择手段正确的价值理性,在与只追求功利动机所驱使之工具理性的社会对决中屡遭遗弃,以致从阵阵悲壮中折射出社会隐形蜕变:或遭凌辱坚强求取尊严、或被迫开膛保全生存、或无奈自焚捍卫家产、或"纸币开铐"含冤而逝……非价值理性渗透的某些机制必然产生社会痼疾。千奇百怪、层出不穷的雷人官腔,使"公仆"之声强势无比,正如尼采所言"嗓音遏制思考"。搜索"周久耕"、质疑"富二代"、批判"70码"、声援"邓玉娇"……网络的力量表现出强烈的中国特色。尽管民意抒发渠道有限,但两位数的省部级贪官被钉在社会的耻辱柱上,能蔑视不屈不挠的民众力量吗?最令人扼腕的是,在功利至上的狂潮中,我们一些社会精英和知性阶层无法自持,把"捞钱"当成衡量万物的唯一尺度,推波助澜地把思维的工具理性营造到登峰造极的地步!所幸2009年,使我们在震撼中更加敬畏生命,关注自由,渴望公平,希冀平等,崇尚民意,尊重民权……亿万中国人民在实现伟大的民族振兴中,民族精神的价值理性在坚实地提升。

——我以为,有这种方向感的理性抉择是走向自觉!

我坚信,真正仰视星空、守望精神家园、直面现实的人,与我同感。而某些受人尊敬的所谓理论权威和灵魂工程师们呢?"噫,微斯人,吾谁与归?"

生活在这个日新月异的发展变化年代，我们终于可以如此酣畅淋漓地唏嘘人世沧桑的悲喜，我们终于可以如此感同身受地慷慨一路走来的壮烈。

感怀感知

又一次站在岁末的门槛上，新世纪已走过十年，而10代转瞬即至。

应该庆幸，让我们赶上了！生活在这个日新月异的发展变化年代，我们终于可以如此酣畅淋漓地唏嘘人世沧桑的悲喜，我们终于可以如此感同身受地慷慨一路走来的壮烈。因为，我们深知：这个即将到来的大国崛起是曾经被束缚、被践踏、被侮辱的民族经过铁与火，生与死的磨砺，用血和肉、泪和汗，以一代代求生存、求发展、求进步、求富强、前赴后继、死扛硬顶创造出来的人类奇迹！

中国人的2010年是如此平凡而又如此不平凡。在这一年里最令人骄傲的是中国的GDP超过日本，跃居世界第二，高铁巨量落成，里程和时速同列世界第一；最令人焦虑的是国民收入在全球倒数而物价如野马脱缰，毒奶粉、假大米、假牛羊肉令人防不胜防；最令人愤然的是政绩强拆不止，劳民工程浩大，非法拘

注：原文载于《耕耘》（湖南省人民出版社）2011年第一版。

禁上访，粉饰报道矿难，从轻发落贪官，大事化小命案；最令人沮丧的是少男发奋不如富二代，少女自重不如傍权贵，愤青反日砸同胞车，愤老怀旧指桑骂槐，行侠仗义要掂量再三，乐善助人须万无一失；最令人痛心的是"杀贪官英雄，杀孩子狗熊"、"冤有头、债有主、前面左转县政府"，曝光的日记和落马的贪官让人们窥见一些公权和公费的走向；最令人感动的是百万计的志愿者的无私奉献，千万人转发的寻人帖子，亿万人行动支援与己无关的灾情，以及数不尽的爱、微笑和拥抱；最令人欣慰的是中国共产党在十七届五中全会上提出的"十二五"规划建议。

体量是如此庞大，行进是如此迅猛，演化是如此纷繁，以至于2010年的中国，看起来不只是一个国家，而更像一个世界；中国的2010年，看起来不止是一个年份，而更像一个世纪！

自立于世界民族之林的梦想似乎近在眼前。世博会的宏大场面，亚运会的纵情欢呼，可见国民对强盛大国的渴望是何等热切。但与梦想相辅相成的现实顽强地把人从激情中拉回冷酷。最现实的反映要算是网上的民声了。进城务工求生群体的艰辛，无休止的堵车，看病难、上学难，王家岭的矿工，富士康的N跳，捍卫家园的自焚，夺命大火和微博求助……这些都作为一个个瞬间存留在2010年里。

历史的瞬间永远只是一个历史的横截面，但正是这无数的横截面叠加而成为了纵向的历史参天大树！

一个民族的历史、一个国家的历史乃至人类的历史总的趋势是向上的、发展的。当代中国正处在一个积极向上的发展的历史时期，是这些无数历史瞬间构成了我们的历史发展。包括我们困惑、迷茫都是我们前进和发展中不断出现的问题和不断解决的问题。这应该是我们积极的和科学的认识。一切根据和符合客观事物的认识都是正确的认识，而正确的认识形成了思想结晶又对客观事物的发展起促进作用。反之，则是错误的认识，它一旦形成观念就会对事物的发展起阻碍作用。

当下确有些社会认识不免偏颇。有的只看到阳光灿烂局面，只做锦上添花功夫，对存在的现实问题（也包括许多历史问题）采取回避、逃避，或认识肤浅、掉以轻心；有的只看到阴暗面，甚至看成一团漆黑，大呼小叫今不如昔，对我们通过辛勤劳动取得的成就视而不见、一叶障目，不见泰山。这两者都是不能全面、客观地看待事物的。实事求是、公平公正地认识事物，认识社会，认识历史，并形成社会共有的理性，是一个即将崛起大国国民必备的思想素质和心理准备。

在时空维度里，人类的认识是有传承性的。飞速发展的社会有时可能会影响到这种思想认识的传承性。如跨年度，出生于 1980 年的新一代将进入而立之年，而出生于 1950 年的老一代就进入花甲之年了，两个三十年中有沉稳的一代、坚毅的一代，之后的叛逆一代，再后的〇〇代等。即使对同一件事物也有迥然不同的价值判断。如"我爸是李刚"，也许包括八〇后的一些新生代有"恨爹不成刚"的感慨，而六〇、七〇的或许会不屑：跟爹较什么劲？是纯爷们吗？五〇代的也就冷不丁丢一句："文革"那会儿，耀武扬威的是"我爸红五类！祖宗三代根正苗红！"这就是差异！但认识的传承性即在其中。有愚昧的血统论、封建特权残余当代翻版；有对愚昧的鄙视和唾弃、对特权的蔑视和抗争。

二十一世纪一〇年代啦！曾经被政治和愚昧绑架过的中国，

现在决不能被金钱和权贵绑架。某些权贵很愚蠢（有的可能是装的），以为不提、不说、不问有些事过一阵老百姓就忘了。其实不然。"文革"的事都记得呢！中华民族是有记忆的民族。尽管它有博大胸怀，但曾经如何被欺凌、被侮辱、被愚弄、被欺骗的历史是刻骨铭心的；尽管它憨厚、耿直，但曾在何时何地跌倒是没齿不忘的。一个伟大的民族不能再被人欺侮，不能重复同样的错误。

2010年我们真正地开始学会面向世界，也开始学会直面历史。随着政治开明和社会进步，特别是信息网络的发展，近年来，一些尘蒙的史实被公开，一些颠倒的历史被曝光于公众。一批有深度、有分量的研究成果应运而出，如《"中间地带"的革命》、《历史：何以至此》、《重新发现社会》等，以独立知识分子的理性精神和理论勇气，深刻地探索和挖掘影响中国时代变迁的深层问题，并且努力寻求对历史和现实作出客观合理的解释。无论面对现实还是面对历史，实事求是是根本的原则。实事求是既是价值观又是方法论，它是个无敌法宝。特别是经过中国共产党赋予新的涵义后，成为马克思主义中国化的思想精髓。

毛泽东七十年前发表的《改造我们的学习》对"实事求是"作了通透的诠释。他说："实事"就是客观存在着的一切事物，"是"就是客观事物的内部联系，即规律性，"求"就是我们去研究。许多党员干部在创建学习型政党的活动中，追根溯源来到岳麓书院，面对高悬于讲堂的"实事求是"四个大字，禁不住肃然起敬。曾几何时，有人对"半部中国近代史是湖南人写就"颇有微词。对此无须理论，只教尔等多读书便是。且不说在近代那湖南人史诗般的壮举，就"实事求是"四个字的影响，在近现代、在中国革命和改革史上的地位就不可撼动。其指导地位、思想高度、学术价值和哲学秉性，不但影响到至今，还将影响到可以预见和不可预见的未来。

长沙近年来实现了跨越式的发展这是有目共睹的，但真正发展的核心原因就是长沙主政坚持的科学发展战略思维。说白了就是长沙人民在市委、市政府领导下以实事求是的哲学思辨和求真务实的拼搏精神努力实现长沙又好又快、率先发展。

正如长沙对湖南的发展应有较大贡献一样，湖南对中国的发展应有较大贡献；也正如近代湖南人对中国救亡图存、民族解放有所贡献一样，湖南人对中国的改革发展、民族振兴应有所作为。这是一种忧患意识、一种牺牲精神、一种担当责任的自觉。绝对没有狭隘的地域文化沙文主义意思，真正的湖湘文化是宽容的胸襟和广袤的胸怀，有极大的包容性和为我所用的大气。"实事求是"最早出自东汉史学家扶风安陵（今陕西咸阳）人班固之手，经湖南永州东安人氏宾步程撷秀悬堂，从此便发扬光大。湖湘文化源头屈贾均非湘人，但三湘大地百姓奉若神明，远非其家乡或出生地所比。湖南人称湘为"屈贾之乡"，有祠庙为证。从不把他们作外人！令史学家百思不得其解的是近现代一些外省人在湖南均建树不俗！也"把他乡作故乡"啦！近年在湘颇具口碑的河南禹州人氏张春贤前不久委以封疆大吏，据说从韶山直接走马新疆，下车伊始，有无意间一句"新湖南人"自称口白竟使得三股势力的敌对分子魂飞魄散！这就是湖湘文化的底蕴，这就是湖南人的霸气！

谈笑间步入 2011 年。这一年里，中国共产党九十周年了！中国共产党人将高扬理想的大旗，以坚定的步伐率亿万人民前行。这一年里,辛亥革命一百年了!民族振兴大业依稀可见,伟大的中华民族正处在大有作为的大变革、大跨越、大发展的历史时代。鹰击长空、鱼翔浅底、百舸争流、万类霜天竞自由,……问苍茫大地,谁主沉浮?让我们以最热烈的激情去拥抱时代!拥抱世界!拥抱未来!

2011年末我们驻足回望,悲情与惊喜、困惑与清醒、愤懑与欣慰、浮躁与沉思……中国人心情如此感知觉悟,心理如此跌宕起伏。

百十年间

中国人在追求幸福步伐是何等迅猛,但却并未走出多远。当我们为令人炫目的铁道高速惊叹时,蓦然回首,美国人竟在整整一百年前铁路建成长度遥居世界之首!当我们为国民医疗和养老保险艰难抉择时,猛然发现,英国居然整整一百年前开始实行医疗和失业义务保险!

2011年末我们驻足回望,百年激荡,辛亥革命一百年了!

"中国是带着首都被敌人攻占的耻辱进入20世纪的!"邓小平是这样痛说民族近代史的。太平悲欢、洋务夭折、变法幻灭、新政破产……是辛亥革命开启了中国历史上前所未有的社会变革,推翻千年封建专制,传播民主共和理念,中国思想文化史无前例的大解放。"辛亥革命打开了中国进步潮流的闸门,永远是民族复兴伟大旅程上一座巍然屹立的里程碑!"

百年间,从伟大的"五四"运动到中国共产党的成立,从新中国诞生到社会主义建立,从改革开放到建设小康社会。中国的

注:原文载于《跨越》(湖南省人民出版社)2012年第一版。

现代化充满了无数的艰辛与曲折，经历了巨大的牺牲与奋斗，谱写了崇高的梦想与光荣。波澜壮阔的中华民族复兴史诗验证了一个人类社会发展的历史逻辑：要实现民族独立、人民解放和国家富强、人民富裕，就必须顺应现代化这一现代人类社会文明发展趋势和时代发展潮流，从农业社会转向工业社会，从传统社会转向现代社会，推动中国跟上世界发展步伐，跻身世界先进行列。

2011年末我们驻足回望，十年"入世"，中国加入世贸十年了！

十年前的中国积极地、主动地走向世界，其标志是正式加入世贸组织。这是中国人的思想观念从"五四"运动以来，在中国现代化进程中的又一次思想启蒙。中国的发展离不开世界，世界的发展需要中国。这十年间，中国人的思想、思维、行为举止乃至生活习性，已经开始真正的走向世界。

"走向世界！"这是近现代以来无数有良知的中国知识分子啼血呼唤，砥死相拼的心声。一个叫钟叔河的湖南人，十年牢狱之灾后在上个世纪八十年代的长沙编辑出版了一套"走向世界"丛书。丛书编排了1840年到1911年间，中国人到欧美日本通商、留学、出使和考察等留下的日记、笔记和游记。鸦片战争失败后，一些有先进思想的近代中国知识分子亲往西方，并写下大量记录文字。其中很多文献从慈禧太后一直到中国改革开放之初都是"禁书"。这些一百年前的文字却是近代中国人睁眼展望现代文明的第一次，是中国人开始走向世界的最早脚印。这一套丛书至今仍在思想文化层面影响着中国严肃的思想界和真正的知识分子。

2011年末我们驻足回望，一年时光，中国正处在飞跃发展和巨变！

最影响当代中国人而又最具深远历史意义的当属中国提出"建设文化强国"。在改革开放三十余年取得令世人瞩目成就之后的中国共产党人提出建设文化强国，是基于中国共产党纪念九十周年继而在十七届六中全会提出的文化自觉与文化自信。中国共产党继经济体制改革以来提出的文化体制改革重大举措，是中国文化史上的一大幸事，可称中国思想文化发展的一个里程碑！值得欣慰和感慨的是，十年前自己一篇拙文："论中国共产党人的文化自觉"发表在《工人日报》纪念中国共产党八十周年专版。中国共产党人对中国文化，特别是中国先进文化和先进文化发展方向有着与之俱来的自觉。"文化自觉"的概念虽然是费孝通老先生最初提出来，但中国共产党人却是用自己的言行来验证和体现出了一个先进政党的文化自觉。否则，中国共产党到不了今天，也不可能领导中国人民取得今天这样的成就。也正因为中国共产党人具有的文化自觉特质，才被历史赋予引领实现中华民族振兴的伟大使命。

2011年末的驻足回首，引发感悟十年前的一篇文章、十年前的中国入世、百年前的辛亥革命，百年前的中国文字……思绪远不止这些。其实，在百十年间，对中国和世界最具震撼力的事件之一是二十年前的苏联解体。社会主义"老大哥"说没就没了！亨廷顿于是说"意识形态的冲突将度让给文明的冲突"。弗朗西斯·福山抛出了共产主义运动"历史终结论"，并断言现行的西方政体将是人类社会"最后一种统治形式"。一时为西方乃至世界主导哲学思想。然而，历史总是无情地嘲弄那些自作聪明的人。中国终于让世人惊愕！今年，福山又出了一本叫《政治秩序的各种起源》的书。预言美国政治制度的适应性有可能遇到一场"重大检测"云云。看来西方的名家和我国某些专家也都一个德行——说话千万不可当真!

谈笑间2011年即将过去,相关的历史情结深深影响我们的同时也将渐行渐远。百十年弹指一挥间。百十年沧桑在人类社会历史无尽的唏嘘中飞逝而过。未来十年扑面而来!对中国和世界将翻天覆地变化的下一个百年似乎依稀可见……"子在川上曰,逝者如斯夫。"孟德叹息人生"譬如朝露"。润之疾呼"一万年太久,只争朝夕"。面对浩瀚的历史长河、激荡的中国时代、未来的百十年间,每一个中国人曾否叩问自己心灵:为这样激荡的时代,这样激昂的生活,我曾做了些什么呢?未来我又将做些什么呢?

后　记

因本人工作关系和志趣所然，这些年写了一些文字。在朋友们一再鼓动下，把自己历年来的文字作些梳理，又从中选出些许编辑成册，就成了读者眼前的这本书啦！

马克思说过，文明如果是自发地发展，而不是自觉地发展，则留给自己的是荒漠。我以为，这个自觉发展的文明，不仅是物质文明，还包括精神文明；不仅是社会文明，还包括政治文明。当然，也包括生态文明。长沙近二十年来日新月异的发展进步，阐释了这种以改革开放为标志的文明发展自觉。正如此，本书试图从文化自觉、发展自觉、实践自觉和思想自觉四个方面进行分类编排。

"文化自觉"起势是从1994年"长沙迈向创建现代化国际性城市论纲"开篇的。这一编内容涉及面广，但重点始终在文化。特别是《邓小平文化发展战略思想研究》和《论中国共产党人的文化自觉》是较早研究文化理论方面的文章。

"发展自觉"是从近十年中共长沙市委中心组学习"综述"中筛选出来的二十三篇文稿。虽是时政文章，但作为执笔人尽量以文体的清新和内容的翔实，来展示长沙人民在改革创新发展中的激情与豪迈。

"实践自觉"是作者主持的几个社科课题和撰写的调研报告，十余年前的《长沙社区居委会干部思想状况调查分析报告》和

《关于"加快长沙'三化'进程，优化经济发展环境"的专家问卷调查分析报告》。今天看来，在选项与方法上仍不失现实的参考价值。长沙一些重大改革发展举措，《"一化三基"在长沙的成功实践》《长沙城乡一体化"两型社会"建设的探索与实践》的调研报告，应该说从不同角度反映了长沙经济社会的发展历程。

"思想自觉"作为一种放言，有书评、随笔，甚至有杂文。几篇年度"感悟"很期待与读者心灵交流。其中所谓"搞理论"工作的经验之谈，希望对文字理论工作有兴趣的人有所借鉴或启发。

总之，这本书回首当年砥砺前行。它幸许承载了长沙改革开放发展时期的一个历史截面；它力图从理论视角、从思想层面，折射出中国共产党领导下的长沙人民，在这片热土上积极奋进、开拓创新、改革开放、勇往直前的壮丽史诗！无论将来人们如何看待长沙今天的改革开放，如何评价这一代长沙人的功过是非，历史就在那儿！正如此，为尊重历史，此次出版当年的文章几乎未作任何修改。

《砥砺当年》出版之际，回望心路历程，感慨良多。如果不是在市委讲师团得到工作磨砺、知识积淀、单位培养和同志们的鞭策，本人的人生走向估计与今天的我相距甚远。当然也不可能有本书的出版！对此深表感激，包括长沙市委讲师团对本书的出版资助。本书的形成，应该感谢二十年来，历届中共长沙市委市政府领导及相关部门同志们对本人工作、写作和理论研究的指导、关怀和支持。特别感谢陈润儿同志为本书作序。

作者谨识。

是为后记。

癸巳年末